INVESTIGANDO
A MENTE

INVESTIGANDO A MENTE

ANÁLISE E INSIGHT SEGUNDO A ESSÊNCIA VAJRA DE DÜDJOM LINGPA

B. ALAN WALLACE

Editado (no original) por
Dion Blundell e Eva Natanya

Tradução para o português:
Jeanne Pilli e Marcelo Nicolodi

LÚCIDA LETRA

Teresópolis, 2021

© 2018 B. Alan Wallace
Publicado originalmente por Wisdom Publications
Título original: *Fathoming the mind: inquiry and insight in Düdjom Lingpa's Vajra essence*

Todos os direitos desta edição são reservados.
© 2021 Editora Lúcida Letra

Coordenação editorial: Vítor Barreto
Tradução: Jeanne Pilli e Marcelo Nicolodi
Revisão: Dirlene Martins
Projeto gráfico: Aline Haluch
Ilustração: Winfield Klein

1ª edição 01/2021

Dados Internacionais de Catalogação na Publicação (CIP)

W187i   Wallace, B. Alan.
Investigando a mente : análise e insight segundo a Essência Vajra de Düdjom Lingpa / B. Alan Wallace. – Teresópolis, RJ : Lúcida Letra, 2021.
272 p. ; 23 cm.

Inclui bibliografia e glossário.
ISBN 978-65-86133-14-1

1. Budismo - Ciência. 3. Mente. 4. Consciência. I. Lingpa, Düdjom. II. Título.

CDU 294.3:5/6

Índice para catálogo sistemático:
1. Budismo : Ciência   294.3:5/6

(Bibliotecária responsável: Sabrina Leal Araujo – CRB 8/10213)

Düdjom Lingpa (1835–1904)
Ilustração de Winfield Klein

Sumário

Sumário   6

Prefácio   8
Prefácio de Dzongsar Khyentse Rinpoche   9
Prefácio de Tsoknyi Rinpoche   13
Prefácio   14

Introdução   18
Uma Mente Funcional   20
A Atual Idade das Trevas do Materialismo   30

A Natureza da Mente   50
A Natureza Fenomenológica da Consciência   52
A Natureza Essencial da Mente   61
A Natureza Última da Mente   68
A Natureza Transcendente da Consciência   72

Revelando Sua Própria Face como o Vajra Cortante de Vipaśyanā   80

Revelando o Dharmakaya da Base   96
Determinando a Ausência de Identidade das Pessoas como Sujeitos   97
Determinando a Ausência de Identidade dos Fenômenos como Objetos   112
Considerações Grosseiras e Sutis para Determinar a Vacuidade   145
Como Todos os Fenômenos Surgem e se Manifestam   155
Objeções de um Ponto de Vista Realista   166
A Visão a Partir da Lucidez Prístina   186
Investigando as Aparências   207
O Sentido de Realizar a Vacuidade dos Fenômenos   214

Epílogo   225

Posfácio   232
Novas Fronteiras na Colaboração entre o Budismo e a Ciência   233

Glossário   245

Bibliografia   262

Sobre o autor   270

Prefácio

Prefácio de Dzongsar Khyentse Rinpoche

Dizem que ouvir ou se deparar, mesmo que acidentalmente, com o termo Mahāsaṇdhi ou Dzogchen supostamente tornará nossos preciosos corpos humanos valiosos e significativos. Então, nesse contexto, eu me regozijo com a tradução de Alan Wallace do capítulo sobre Vipaśyanā do texto *Essência Vajra*, que agora disponibiliza parte desses ensinamentos extraordinariamente preciosos para um público mais amplo. Só posso rezar para que pelo menos alguns daqueles que têm a sorte de aproveitar esta oportunidade não apenas ouçam, mas também entendam, pratiquem e compreendam totalmente a sabedoria que esses ensinamentos transmitem.

Neste texto, Düdjom Lingpa – um dos maiores mestres e reveladores de tesouros do século XIX – explica a visão quintessencial do budismo com máxima clareza. Mas ele o faz de uma maneira única, que não exige nenhum salto de fé cega por parte do leitor e do praticante.

Pelo contrário, na visão pura de Düdjom Lingpa, o professor Samantabhadra, manifestando-se como Padmasambhava, envolve-se com interlocutores que expressam de forma eloquente as dúvidas e objeções grosseiras e sutis à visão budista, que surgem em nossa própria mente e na nossa prática como projeções de nosso intelecto racional. No diálogo que se seguiu, reconhecemos todas as nossas próprias dúvidas, preocupações, perguntas e incertezas, às quais Samantabhadra responde com precisão, habilidade e paciência. Por meio do método desse notável intercâmbio, esse ensinamento de tesouro é perfeitamente adequado à nossa era atual de dúvida e questionamento.

Mas há outro diálogo que permeia praticamente todos os capítulos deste livro. É um diálogo com a ciência e seus vários ramos e métodos – da física, do behaviorismo e da neurociência ao empirismo e à mecânica quântica.

É um diálogo que confesso ter evitado como se evita uma praga, principalmente porque me desespero em pensar que os budistas, sem falar nos praticantes de Mahāsaṇdhi, e os cientistas possam sequer falar a mesma língua para se comunicarem genuinamente. E, portanto, me intriga ver Alan Wallace se envolver nesse discurso com tamanha paixão pessoal. Também me vejo torcendo por sua crítica incisiva ao materialismo científico e me sinto um pouco cético em relação às suas esperanças de uma verdadeira pesquisa colaborativa entre budistas e cientistas.

Na minha observação, o que os cientistas geralmente deixam de ver é tão básico que torna o intercâmbio genuíno extraordinariamente desafiador. Por exemplo:

- Os cientistas geralmente rejeitam a possibilidade da transcendência – de que exista algo além do que é observável.

- O método de cognição direta do iogue, que é fundamental para a lógica e a prática budistas, que penso ir além do que Wallace chama de "introspecção", geralmente é desconhecido para os cientistas.

- Em geral, os cientistas parecem não entender a visão da não-dualidade. Como resultado, eles também não entendem o significado da ausência de 'eu' e a sabedoria e, portanto, não estão interessados no que os budistas chamam de "liberação".

- A distinção entre verdade última e relativa – tão fundamental para o budismo – parece estranha para a maioria dos cientistas. No entanto, sem esse entendimento, parece impossível envolver os cientistas em discussões sobre renascimento e vidas passadas e futuras que, segundo eles afirmam, não podem ser provados por meio da análise. De fato, a distinção budista entre ensinamentos que requerem interpretação e aqueles que não requerem é estranha para a maioria dos cientistas.

- Assim, embora eles afirmem compartilhar a abordagem budista de explorar a relação entre causas e condições e seus efeitos, ainda não encontrei cientistas que realmente entendam causa e efeito no nível mais sutil. E, portanto, eles também não conseguem entender práticas como oferendas, homenagens, torma, maṇḍala e outras, as quais desprezam como "religiosas" ou "supersticiosas".

Obviamente, nada disso é motivo para rejeitar o diálogo com os cientistas. Na minha opinião, devemos nos engajar nesse discurso por razões muito pragmáticas, até mesmo samsáricas. Por exemplo, acho que os professores budistas podem tirar vantagem do fato de os intelectuais ocidentais serem atraídos pela confiança do budismo na razão e na lógica, e não na fé.

Ao mesmo tempo, acho que as lacunas no entendimento entre o budismo e a ciência são tão grandes que nunca devemos retratar o budismo como ciência, como muitas pessoas hoje em dia parecem propensas a fazer. Pode parecer chauvinista, mas estou convencido de que o budismo tem algo único a oferecer que a ciência simplesmente não possui em seu arsenal.

Por todas essas razões, aplaudo com muito prazer a coragem de Alan Wallace em expor e dissecar suposições presunçosas, crenças dogmáticas e ferramentas de medição limitadas do materialismo científico que se disfarçam de empirismo, e que ele afirma, com razão, que "são fundamentalmente incompatíveis com todas as escolas do budismo ao longo de toda a história".

Ao comentar seus trinta anos de experiência participando de conferências entre budismo e ciência, Wallace destaca:

> "Repetidas vezes, especialistas de diversas áreas, incluindo psicologia, neurociência e filosofia, apresentaram suas pesquisas mais avançadas aos budistas, e depois convidaram-nos a responder a esses avanços na ciência moderna. Praticamente todas essas reuniões são dominadas pelos cientistas ocidentais, que falam durante mais de noventa por cento do tempo... Em geral, encontrei uma abertura muito maior por parte dos budistas para aprender sobre descobertas científicas nas ciências da mente do que abertura de mente entre cientistas ansiosos por aprender sobre as descobertas budistas."

Podem me chamar de conservador e antiquado, mas tenho de confessar que continuo muito mais encantado com o diálogo de Samantabhadra com seus discípulos bodisatvas, que para mim faz da *Essência Vajra* de Düdjom Lingpa um dos ensinamentos de tesouro mais poderosos, relevantes e práticos que poderíamos desejar receber.

Não posso e não descartarei o outro diálogo que Alan Wallace está tão determinado a promover. De fato, se eu o fizesse, seria tão dogmático e rígido quanto os cientistas que ele condena tão veementemente. Pelo contrário, eu realmente aspiro a que o apelo de Wallace para que os cientistas respeitem a visão budista seja levado a sério.

Nessa frente, já passou da hora de atravessar a sutil implicação nos diálogos budismo-ciência ocorridos até o momento, de que nós, budistas, temos de provar de alguma forma nossa validade em termos científicos para que alguém nos leve a sério. Fico feliz em ver Wallace mostrar que isso é impossível enquanto os instrumentos de medição e verificação forem determinados pelos cientistas.

Mas, se Wallace puder convencer os cientistas a abrirem suas mentes para a possibilidade de transcender o observável, para o método da cognição direta iogue, para a visão da não-dualidade, para a noção de liberação e muito mais, então ficarei feliz em vê-los explorar nosso mundo e em participar de qualquer diálogo que se faça necessário.

Enquanto isso, fico feliz em me aquecer sob a glória da extraordinária *Essência Vajra* de Düdjom Lingpa, e sou profundamente grato a Alan Wallace por trazer esse diálogo brilhante e notável a um público mais amplo que fala o idioma inglês. Que todos que tocarem e lerem esse tesouro se beneficiem, e que sua verdade e poder liberem todos os seres.

Dzongsar Jamyang Khyentse

Prefácio de Tsoknyi Rinpoche

Ao ler o título deste livro, pelo fato de o inglês não ser minha língua nativa, eu não sabia o significado da palavra 'fathoming' (traduzido para o português como 'investigando'). Um aluno meu disse que poderia significar, no contexto do Dharma, um tipo de conhecimento que se aprofunda cada vez mais, ao mesmo tempo em que se abre e se expande, levando a uma consciência vasta e profunda. E certamente é isso que precisamos entender – as profundas visões e ensinamentos do grande tertön e mestre de meditação Düdjom Lingpa. Dizem que ele recebeu suas visões de muitos seres iluminados, incluindo Avalokiteśvara e Longchenpa. A coleção de ensinamentos de Düdjom Lingpa abrange mais de quarenta volumes.

Este livro chega em um momento crítico da nossa história comum, para um mundo em crise e que, como Alan tão clara e concisamente afirmou, "precisa desesperadamente ser resgatado das garras do reducionismo, cuja tríade de forças terríveis – materialismo, hedonismo e consumismo – está rapidamente destruindo a civilização humana e a ecosfera". Nesta tradução e nos comentários de Alan, o poder e a amplidão da sabedoria de Düdjom Lingpa fornecem um antídoto urgentemente necessário aos perigosos extremos do materialismo e do niilismo. Ele nos oferece práticas profundas que transformam a mente, permitindo-nos ver, com o tempo, que a mente tem a primazia e é a raiz da nossa experiência individual e coletiva.

Conheço Alan há muitos anos em razão das conferências do Mind and Life Institute com Sua Santidade o Dalai Lama, que tem sido seu mestre-raiz por quase cinquenta anos, e o encontrei aqui e ali em vários ensinamentos ao redor do mundo. Alan é um estudioso respeitado que tem escrito sobre a filosofia da ciência e tem profunda compreensão da filosofia da mente. Ele foi monge por catorze anos e professor na Universidade da Califórnia; tem sido um praticante dedicado há muito tempo, bastante experiente como tradutor e professor do Dharma com alunos por todo o mundo. Ele também é aluno do mestre Dzogchen Nyingma, Gyatrul Rinpoche, de quem tem recebido ensinamentos sobre a Grande Perfeição há quase trinta anos.

Também aprendi muito com a excelente introdução de Alan a esta obra, na qual ele apresenta as tendências filosóficas, científicas e históricas de nossos tempos e expõe o cenário em que *Investigando a mente* nasceu. Este livro é um comentário do capítulo sobre Vipaśyanā segundo a *Essência Vajra*, de Düdjom Lingpa, e acompanha o livro anterior de Alan, *Aquietando a mente*, que fornece um extenso comentário à seção anterior sobre shamatha da *Essência Vajra*.

Ngawang Tsoknyi Gyatso

Prefácio

As descobertas contemplativas realizadas pelo Buda na noite de sua iluminação, os muitos ensinamentos que ele deu com base em seu conhecimento direto e as extraordinárias habilidades que ele revelou ao longo de sua vida foram revolucionários nos primórdios da história da civilização indiana. E ele sabia o quão profundamente desafiadoras, perturbadoras e de difícil compreensão suas descobertas seriam para seus contemporâneos. Ele reconheceu em especial que seus insights sem precedentes sobre a originação dependente, que ele próprio concebeu com grande dificuldade, eram "profundos, de difícil apreensão, de difícil compreensão, pacíficos, exaltados, além da esfera da lógica e sutis" e que só poderiam ser apreendidos pelos sábios, aqueles que tinham "pouca poeira nos olhos". Mas suas descobertas, que declarou irem "contra a corrente" de todas as crenças filosóficas e religiosas de seu tempo, permaneceriam incompreensíveis e ameaçadoras àqueles cujas mentes estivessem dominadas por apego e ódio, e que estivessem apegados às suas próprias crenças, valores hedonistas e modo de vida materialista, sem questionamento.[1]

O impacto das descobertas do Buda constituiu uma espécie de "revolução contemplativa", primeiramente na Índia e, nos dois milênios seguintes, em grande parte da Ásia. No Ocidente, tivemos revoluções semelhantes desencadeadas pelas descobertas de Galileu, Darwin e Einstein. Em cada um desses casos, tais revoluções provocaram uma mudança irreversível na perspectiva da realidade daqueles que compreenderam sua autenticidade e suas implicações. Mas toda revolução encontra resistência feroz quando é apresentada pela primeira vez. As pessoas não gostam de ter suas crenças, valores e modo de vida desafiados em sua essência, e aqueles que são apegados ao *status quo*, incluindo as estruturas de poder já existentes – com toda a riqueza, prestígio e influência que elas implicam –, resistem a tais revoluções com unhas e dentes. Na Índia, aqueles que se apegavam às crenças védicas tradicionais simplesmente rejeitavam as alegações do Buda sobre sua própria iluminação sem precedentes, bem como seus muitos ensinamentos que desafiavam suas crenças e práticas, enquanto outros tentavam assimilá-lo no panteão védico alegando que era um avatar de Viṣṇu.

No século XX, a vida e os ensinamentos do Buda chegaram ao Ocidente e, se levados a sério, são ainda mais profundamente revolucionários para as crenças religiosas, filosóficas e científicas modernas do que eram para seus contemporâneos. Especificamente, seus relatos em primeira mão sobre seu "conhecimento direto" de incontáveis vidas anteriores, dele e de outras pessoas, as leis naturais

---

1 Majjhima Nikāya, *Ariyapariyesana Sutta*, nº 26.

da causalidade relativas a ações cometidas em vidas passadas e seus resultados em vidas futuras, o papel da mente na natureza e o caminho para a liberação do sofrimento e de suas causas desafiam as visões de mundo modernas em sua essência. É compreensível que aqueles que são resistentes a questionar suas crenças, valores e modo de vida aos quais estão familiarizados rejeitem suas descobertas e habilidades extraordinárias e as reduzam a mitos, superstições e meras conjecturas. Outros, que são atraídos por alguns aspectos dos ensinamentos do Buda, mas que se recusam a levar a sério suas afirmações mais profundas sobre a iluminação, procuram incorporar seus ensinamentos à estrutura contemporânea de crenças materialistas, valores hedonistas e modo de vida consumista, vendo-o como uma espécie de avatar do ateísmo e agnosticismo. O Buda aconselhou seus contemporâneos a não aceitarem crenças simplesmente por serem amplamente defendidas e frequentemente repetidas ou divulgadas, nem por estarem de acordo com a herança cultural ou por serem encontradas em algumas escrituras. Da mesma forma, não se devem adotar crenças baseadas apenas em conjecturas ou raciocínios espúrios, sem o apoio de evidências convincentes[2]. No entanto, os assimilacionistas contemporâneos, que muitas vezes se denominam "budistas seculares", tendem a alegar que os ensinamentos do Buda sobre renascimento e carma, por exemplo, eram aqueles que ele parecia adotar apenas por serem crenças comuns na época. Assim, seus próprios relatos de sua iluminação são frequentemente descartados como invenções posteriores, e ele é retratado como um hipócrita que falhou em seguir seu próprio conselho sobre ceticismo e mente aberta em relação às crenças predominantes de seu tempo. Dessa maneira, os budistas seculares de estilo próprio extraíram de sua vida e de seus ensinamentos um "filé do budismo", removendo cuidadosamente todos os ossos de suas descobertas revolucionárias que entalam em suas gargantas. Em muitos casos, seus ensinamentos foram submetidos e rebaixados a mais uma forma de psicoterapia, e é dada a psicólogos e neurocientistas a autoridade para determinarem os benefícios e limitações das práticas meditativas que ele ensinou, enquanto rejeitam qualquer coisa que não esteja em conformidade com suas próprias crenças e métodos de pesquisa. Contudo, não seria isso simplesmente uma extensão ideológica e metodológica do colonialismo que há muito caracteriza a exploração e o domínio do Oriente pelo Ocidente? A meditação budista é, assim, reduzida a algumas técnicas psicológicas que foram simplificadas, recebendo novos rótulos, comoditizadas e comercializadas para o mundo como novas e aprimoradas, livres pela primeira vez de todo o fetiche ritualístico e de todas as alegações sem sentido que vão contra a corrente da modernidade.

---

2 Aṅguttara Nikāya 3.65, *Kalama Sutta*.

Muitos budistas contemporâneos, tanto do Oriente quanto do Ocidente, rejeitam esse reducionismo etnocêntrico e a deturpação da vida e dos ensinamentos do Buda, que racional e experiencialmente desafiam as crenças da modernidade ainda mais do que as da Índia antiga. Este livro foi escrito com esse espírito de avaliação de mente aberta, porém crítica, das teorias budistas e práticas meditativas, especificamente com referência à tradição indo-tibetana do Dzogchen, a "Grande Perfeição", revelada pelo grande contemplativo do século XIX, Düdjom Lingpa. Meu trabalho anterior, *Aquietando a mente: ensinamentos sobre shamatha, segundo a Essência Vajra de Düdjom Lingpa*, é baseado em um comentário oral que ofereci sobre a seção de abertura da *Essência Vajra*, que se concentra no desenvolvimento das habilidades atencionais e introspectivas em preparação para a aplicação da atenção plena refinada à exploração experiencial da mente e de seu papel na natureza. Esta obra associada também deriva de um comentário oral que ofereci sobre a seção seguinte da *Essência Vajra*, na qual Düdjom Lingpa compartilha os ensinamentos revelados a ele em uma visão pura de Padmasambhava, elucidando o cultivo do insight contemplativo, ou vipaśyanā, sobre a natureza da existência como um todo.

Sou grato a Dion Blundell por editar meu comentário oral original apresentado em dezembro de 2012 no Instituto Caminho do Meio, no Brasil. Este livro não teria sido lançado sem sua dedicação em trazer os ensinamentos de Düdjom Lingpa para o mundo de língua inglesa, que ele tão habilmente facilitou com sua meticulosa edição de minhas traduções dos três volumes das 'Visões da Grande Perfeição de Düdjom Lingpa'. Mas isso acabou sendo apenas o primeiro passo no desenvolvimento desta obra. Enquanto seguia refletindo sobre os textos de Düdjom Lingpa e sua relevância para o mundo moderno, fui inspirado a elaborar substancialmente meu comentário original e a acrescentar ensaios introdutórios e um posfácio. Eles fornecem um contexto histórico e filosófico ao texto-raiz e aos comentários, que o livro anterior, *Aquietando a mente*, não fornece. Foi nessa segunda fase da produção deste texto que Eva Natanya mais uma vez contribuiu com suas habilidades extraordinárias como tradutora, pensadora e acadêmica para editar todas essas adições a este livro. Durante nosso trabalho juntos, fizemos várias revisões em minha tradução anterior da *Essência Vajra*, algumas delas de natureza simplesmente estilística, enquanto outras foram mais substanciais. Sou profundamente grato a ela por sua inigualável contribuição a este livro. Desejo estender meus agradecimentos a Michel Bitbol e David Presti, por seus comentários críticos sobre meu ensaio *A atual era das trevas do materialismo*. Também sou muito grato ao editor geral David Kittelstrom, à editora Mary Petrusewicz e a toda a equipe da Wisdom Publications por seu apoio incansável e entusiasmado, refinando e publicando meus textos. Acima de tudo, sou inexprimivelmente grato ao meu lama-raiz, Sua Santidade o Dalai Lama, pela orientação pessoal e inspiração que ele me oferece desde que o conheci, em 1971, e ao Venerável Gyatrul Rinpoche, que tem sido meu principal guia na compreensão e prática da Grande Perfeição desde 1990. Este trabalho é minha oferenda a eles, a todos os meus outros lamas e mestres e a todos aqueles que buscam a liberação e a iluminação seguindo os passos do Buda e de seus discípulos despertos. Para todos aqueles com pouca poeira nos olhos, que nossos esforços sejam benéficos.

Introdução

A *Essência Vajra* pertence à classe de ensinamentos conhecida como visões puras. Diferentemente dos tratados e comentários acadêmicos, esses ensinamentos provêm das experiências visionárias de um revelador de tesouros, ou tertön[3], neste caso, um dos principais mestres tibetanos da Grande Perfeição do século XIX, Düdjom Lingpa. Suas obras transmitem ensinamentos profundos do "Vajra Nascido no Lago", que era a emanação da fala do mestre indiano Padmasambhava, que por sua vez é conhecido no Tibete como Guru Rinpoche. A revelação surge na forma de um fascinante diálogo que ocorre na mente de Düdjom Lingpa. Vários aspectos de sua mente questionam a sua própria consciência primordial, e as respostas contundentes e provocativas elucidam o que hoje poderia ser chamado de psicologia profunda, que acessa a própria base do ser!

A autobiografia inspiradora de Düdjom Lingpa foi traduzida para o inglês como *A clear mirror*[4]. Desde tenra idade, suas visões de Padmasambhava, Mandarava, Yeshe Tsogyal e outros seres iluminados guiaram seu progresso espiritual. Deidades não-humanas, ḍākinīs e grandes seres realizados tornaram-se seus principais professores. Ele recordou suas vidas passadas, inclusive quando era um dos mais jovens dos vinte e cinco principais discípulos de Padmasambhava, Khyeuchung Lotsawa, ou o "garoto tradutor".

A *Essência Vajra* foi revelada em um estado meditativo vividamente claro, quando Düdjom Lingpa tinha 27 anos. Em sua visão pura, o buda primordial, Samantabhadra, manifesta-se como o Vajra Nascido no Lago – uma manifestação de Padmasambhava jovem com oito anos de idade – rodeado por um círculo de discípulos bodisatvas. Um a um, os bodisatvas se levantam de seus assentos, prestam homenagem e fazem perguntas ao Mestre, que responde com explicações breves e extensas, inclusive com suas próprias questões afiadas. O diálogo que se segue explora todas as etapas do caminho até o estado búdico em uma só vida, desde o início até o resultado insuperável do corpo do arco-íris, que significa a iluminação. Tudo o que você precisa saber para alcançar o estado búdico está neste texto de forma completa.

Apresentando uma visão panorâmica da *Essência Vajra*: uma breve introdu-

---

3 Tib. *gter ston*.
4 Traktung Dudjom Lingpa, *A clear mirror: the visionary autobiography of a tibetan master,* trad. Chönyi Drolma (Hong Kong: Rangjung Yeshe Publications, 2011).

ção leva imediatamente à prática de shamatha, ou cultivo da quietude meditativa, que foi o tema do meu comentário anterior[5], e, em seguida, o texto passa diretamente para vipaśyanā, ou o cultivo do insight contemplativo, o tema deste livro. Na sequência vêm os estágios da geração e da completude, seguidos pelas duas principais práticas da Grande Perfeição – o atravessar[6] até a lucidez prístina e a travessia direta[7] para a realização espontânea. Finalmente, por meio dessas práticas, o praticante poderia manifestar o corpo do arco-íris.

Com a fundação de shamatha e vipaśyanā, o Mestre explica que existem duas maneiras possíveis de identificar a natureza da base, Samantabhadra: "Identificando-a diretamente em seu próprio ser e identificando-a na dependência do caminho apropriado do estágio de geração".[8] Este último caminho, mais gradual, revelado na íntegra na *Essência Vajra*, inclui descrições elaboradas de várias práticas dentro dos estágios da geração e da completude. No entanto, em visões puras que Düdjom Lingpa revelou posteriormente, *O Tantra do Vajra Cortante da Consciência Lúcida* e *A visão iluminada de Samantabhadra*, Padmasambhava indica que, para os praticantes que são atraídos por práticas simples e diretas, apenas quatro são indispensáveis: shamatha, vipaśyanā, o atravessar e a travessia direta[9].

Aqui discutiremos a seção sobre vipaśyanā da *Essência Vajra*, da qual recebi a transmissão oral, ensinamentos e iniciação do Venerável Gyatrul Rinpoche. Ele me autorizou a ensinar esta seção do texto a alunos sérios, mesmo que não tenham recebido as iniciações da Grande Perfeição nem tenham completado as práticas preliminares tradicionais.

UMA MENTE FUNCIONAL

Neste texto, a prática de vipaśyanā é chamada de "tomar a realidade última (sâns. *dharmatā*) como o caminho". Uma boa metáfora para isso é derrubar a árvore da ignorância com o machado da sabedoria. Para derrubar essa árvore enorme, você deve primeiro ser capaz de plantar os pés firmemente – isso signi-

---

5   B. Alan Wallace, *Aquietando a mente: ensinamentos sobre shamatha, segundo a Essência Vajra de Düdjom Lingpa* (Teresópolis: Lúcida Letra, 2014).
6   Tib. *khregs chod*.
7   Tib. *thod rgal*.
8   Düdjom Lingpa, *The Vajra Essence*, vol. 3 de *Düdjom Lingpa's Visions of the Great Perfection*, trad. B. Alan Wallace (Boston: Wisdom Publications, 2015), 102.
9   Düdjom Lingpa, *Heart of the Great Perfection*, vol. 1 de *Düdjom Lingpa's Visions of the Great Perfection*, trad. B. Alan Wallace (Boston: Wisdom Publications, 2015), 27–38, 163–212.

fica ter uma base sólida na ética (sâns. *śila*). Então você deve ser capaz de mover o machado e acertar repetidamente o ponto certo – isso significa concentração meditativa (sâns. *samādhi*). Finalmente, você deve ter um machado muito afiado que possa atravessar a ignorância – isso significa sabedoria (sâns. *prajñā*).

A fim de obter todos os benefícios de vipaśyanā, a preparação essencial é a prática de shamatha, que tem por objetivo tornar o corpo e a mente funcionais: relaxados, estáveis e vívidos. Com essa base, o praticante está bem preparado para se aventurar nas profundas descobertas e insights de vipaśyanā que, diferentemente de shamatha, invariavelmente envolvem um elemento de investigação. Essa investigação pode ser essencialmente experiencial, como nas quatro aplicações da atenção plena[10], ou pode ser profundamente analítica, como nas abordagens de vipaśyanā na Madhyamaka, ou Caminho do Meio[11]. Shamatha é exemplificada por três práticas que foram amplamente descritas em outros textos[12]. Estas são a atenção plena à respiração, tomar a mente impura como caminho e consciência da consciência. O Buda ensinou que é a nossa identificação íntima com, ou a nossa fixação aos cinco agregados e implicitamente ao corpo, à fala e à mente, que nos torna fundamentalmente vulneráveis ao sofrimento. Em suas instruções essenciais sobre shamatha apresentadas em *O dharma tolo de um idiota vestido de barro e penas*, Düdjom Lingpa escreve que, seguindo a prática de shamatha de tomar a mente impura como caminho, os meditantes "observam seus pensamentos 'logo ali', como um velho pastor em uma vasta planície observando ao longe seus terneiros e ovelhas".[13] O tema de observar as sensações táteis do corpo, "a fala interna da mente" se expressando em pensamentos discursivos e de observar todos os processos mentais e a própria consciência mental "a distância" surge ao longo de cada uma dessas três práticas de shamatha.

A primeira delas, a atenção plena à respiração, é ensinada em três fases, concentrando-se nas sensações da respiração por todo o corpo, nas sensações de expansão e relaxamento do abdômen a cada inspiração e expiração, e nas sensações da respiração nas narinas. Direcionando cuidadosamente a atenção plena às sensações da respiração, observam-se essas sensações corporais de ma-

---

10 Ver B. Alan Wallace, *Minding closely: the four applications of mindfulness* (Ithaca, NY: Snow Lion Publications, 2011).
11 Ver Gen Lamrimpa, *Realizing emptiness: Madhyamaka insight meditation*, trad. B. Alan Wallace (Ithaca, NY: Snow Lion Publications, 2002).
12 Ver, por exemplo, B. Alan Wallace, *A revolução da atenção: revelando o poder da mente focada* (Petrópolis: Editora Vozes, 2008, 2017); e B. Alan Wallace, *Minding closely: the four applications of mindfulness* (New York: Snow Lion Publications, 2011).
13 Düdjom Lingpa, *Heart of the Great Perfection*, 145.

neira desapegada, neutralizando assim a tendência profundamente arraigada de se identificar com essas sensações. Dessa maneira, alcança-se um certo grau de separação do corpo, que pode abrir caminho para a mudança radical de perspectiva que ocorre em uma prática Vajrayana bem mais avançada, conhecida como "isolar-se do corpo"[14].

A segunda prática de shamatha, conhecida como tomar a mente impura como caminho, ou estabelecer a mente em seu estado natural, é o principal método ensinado na seção anterior da *Essência Vajra*, de Düdjom Lingpa. Essa prática envolve observar os movimentos dos pensamentos, em vez de identificar-se com eles, e em seu estágio mais elevado pode ser vista como análoga à prática Vajrayāna de "isolar-se da fala"[15].

A terceira prática é a consciência da consciência, sobre a qual Padmasambhava oferece uma explicação detalhada em *Natural liberation: Padmasambhava's teachings on the six bardos* (Liberação natural: ensinamentos de Padmasambhava sobre os seis bardos), em que a denomina shamatha sem sinais[16]. Nesta prática, o praticante solta a fixação a todos os impulsos subjetivos da mente e observa o fluxo da própria consciência mental, neutralizando assim o hábito de se identificar com qualquer aspecto da mente comum. Embora certamente não seja idêntica à prática Vajrayāna de "isolar-se da mente"[17], a prática da consciência da consciência pode, em seu último estágio, levar à realização direta da lucidez prístina. Tendo atravessado para esse nível da consciência primordial, a consciência da consciência pode se tornar análoga à realização, no estágio da completude do Vajrayāna, da mente intrínseca de clara luz.

---

14   Tib. *lus dben*. Este estágio da prática é tipicamente explicado como um meio pelo qual o praticante se isola ou se afasta da tendência de pensar em seu próprio corpo como algo ordinário e o experiencia como inseparável do corpo de um ser iluminado.

15   Tib. *ngag dben*. Durante esta prática do estágio da completude, o praticante se afasta da tendência de pensar em sua fala como algo ordinário e aprende a experimentar a manifestação mais sutil da fala interna, ou os movimentos do prāṇa no chakra do coração, como sendo inseparáveis do mantra de um buda.

16   Ver Padmasambhava, *Natural liberation: Padmasambhava's teachings on the six bardos*, comentado por Gyatrul Rinpoche, trad. B. Alan Wallace (Boston: Wisdom Publications, 2015), 105. Esses ensinamentos de Padmasambhava foram descobertos como um "terma da terra" pelo revelador de tesouros do século XIV, Karma Lingpa (1326–1386).

17   Tib. *sems dben*. Nesse nível avançado do estágio da completude, o praticante realiza uma versão aproximada da mente intrínseca de clara luz e, portanto, afasta-se da tendência de considerar a própria mente como algo comum.

Há uma progressão suave ao longo dessas três práticas de shamatha. Na prática de atenção plena à respiração, recolhemos nossa atenção do ambiente e a voltamos para dentro, para o espaço do corpo. Embora o objeto principal da atenção plena consista nas sensações relacionadas à respiração por todo o corpo, também usamos a introspecção para monitorar o fluxo da mente e notar quando ela for tomada pela lassidão ou pela agitação. Ao avançar para a prática de estabelecer a mente em seu estado natural, recolhemos ainda mais nossa atenção de todos os cinco domínios sensoriais, incluindo sensações táteis, e a limitamos apenas ao domínio mental. O objeto principal da atenção plena é o espaço da mente, e quaisquer pensamentos, imagens e outros eventos mentais surgem dentro desse espaço. Na consciência da consciência recolhemos nossa consciência ainda mais; em vez de focar os objetos no domínio mental, voltamos a consciência exclusivamente para si mesma.

Você pode imaginar que isso seja como beber uma dose dupla de café expresso para ficar bem acordado e depois entrar em um tanque de privação sensorial, no qual você fica completamente isolado do seu ambiente e até do seu próprio corpo. Então, imagine que sua mente fica completamente quieta – e ao mesmo tempo completamente desperta. Quando absolutamente nada aparece para a sua consciência, o que você ainda percebe? Você ainda percebe que está consciente.

Esses três métodos são como bonecas russas aninhadas. Na atenção plena à respiração, a atenção é focada principalmente na respiração, enquanto introspectivamente observa e libera pensamentos e imagens involuntários ao surgirem. Enquanto isso, você também está consciente de estar consciente, você tem certeza de que não está inconsciente. Portanto, a consciência da consciência é inerente à atenção plena à respiração, assim como quando se está consciente de qualquer outra coisa. Quando você passa para a prática de estabelecer a mente em seu estado natural, a boneca russa externa da consciência do corpo desaparece e você se concentra apenas na mente. Mas isso também implica consciência da consciência. Finalmente, a boneca russa do espaço da mente e seus conteúdos desaparece, e resta apenas o núcleo que sempre esteve presente: a consciência da consciência. Essa cognição foi alcançada por um processo de subtração. Ao liberar todos os outros tipos de cognição, você fica apenas com a cognição de sua própria consciência.

Shamatha pode ser descrita como o cultivo de um equilíbrio entre três características principais. A primeira é o relaxamento, que no mundo moderno, tão diferente da Índia antiga ou do Tibete, nunca é demais enfatizar. Os cientistas que estudam a atenção descobriram que, quando as pessoas ficam muito estimuladas e focadas, usando o esforço para sustentar um alto grau de atenção, elas logo se esgotam. A vida moderna é um ciclo de estimulação e exaustão em alternância. Para interromper esse ciclo, é preciso aprender a cultivar uma profunda sensação de liberação, relaxamento e conforto no corpo e na mente, sem perder o grau de clareza inicial. Especialmente na posição supina, é como se você estivesse convidando seu corpo a adormecer, e sua respiração gradualmente se estabelece em um ritmo semelhante a quando está dormindo. Sem nunca perder a clareza da consciência, é como adormecer com lucidez. Seu corpo adormece, seus sentidos acabam implodindo e sua mente adormece – mas você mantém a luz da consciência acesa.

Sobre essa base de relaxamento profundo, o segundo equilíbrio é o cultivo da estabilidade. Isso significa desenvolver uma continuidade da atenção, livre da agitação e da letargia, sem nunca sacrificar a sensação de conforto e relaxamento – o oposto do esforço habitualmente tenso e concentrado. A atenção é mantida continuamente, com uma profunda sensação de tranquilidade que reforça a crescente estabilidade.

Sobre essa base estável, o terceiro equilíbrio é o refinamento e a intensificação da vivacidade e da acuidade da atenção, sem comprometer sua estabilidade.

As práticas centrais de atenção plena à respiração e de estabelecer a mente em seu estado natural podem ser muito sinérgicas para equilibrar esses três aspectos. A atenção plena à respiração, especialmente na posição supina, desenvolve relaxamento e estabilidade; e estabelecer a mente em seu estado natural aguça e refina a vivacidade da atenção.

A prática de shamatha de Düdjom Lingpa denominada tomar a mente impura como caminho significa tomar nossas próprias mentes, com suas aflições mentais, fixação dualística, neuroses e assim por diante, como caminho. Esse método simples de shamatha implica o recolhimento da atenção de todos os cinco campos sensoriais e o foco único no domínio da mente: pensamentos, memórias, sonhos etc., que não são detectados pelos cinco sentidos físicos e por todos os instrumentos da tecnologia. Direcione sua atenção de maneira unifocada para o domínio da experiência mental; e, o que quer que surja, deixe ser como é. Se surgirem aflições mentais (como desejo intenso, ódio e confusão), virtudes ou não-virtudes, apenas observe a natureza deles e permita que se autoliberem, sem seguir os pensamentos do passado ou ser atraído por pensamentos sobre o futuro.

Aqui está uma breve sinopse dos estágios dessa prática, conforme apresentado no *Tantra do Vajra Cortante da Consciência Lúcida*. A entrada para a prática de tomar a mente impura como caminho é definida pela experiência de distinguir entre a quietude da consciência e os movimentos da mente. Normalmente, quando um pensamento surge, temos a sensação de estarmos pensando esse pensamento, e nossa atenção é desviada para o referente do pensamento. Da mesma forma, quando um desejo surge, há uma fusão cognitiva entre a consciência e o desejo, de modo que a consciência é atraída para o objeto do desejo. Nesses casos, nosso próprio senso de identidade se funde com esses processos mentais, e a nossa atenção se prende ao objeto do pensamento, desejo ou emoção. Nesta prática fazemos o possível para manter a quietude da consciência e, a partir dessa perspectiva de quietude e clareza, iluminamos os pensamentos, memórias, desejos e assim por diante, que surgem na mente. Distinguir entre a quietude da consciência e o ir e vir da mente é o ingresso na prática de tomar a mente impura como caminho.

Prosseguindo na prática, quatro tipos de atenção plena são experienciados em sequência. O primeiro é a *atenção plena unifocada*, que ocorre quando você experiencia simultaneamente a quietude da consciência e o movimento da mente. É como assistir a imagens surgindo e desaparecendo em um filme e ouvir a trilha sonora, sem nunca reificar essas aparências – ou seja, sem considerá-las coisas inerentemente reais – nem se envolver no drama.

À medida que se acostuma a deixar sua consciência repousar em seu próprio lugar – acompanhada por uma sensação mais profunda de liberação solta e sem fixação, juntamente com a clareza da consciência que ilumina o espaço da mente –, você entra em um fluxo sem esforço de consciência simultânea de quietude e movimento: este segundo estágio é a *atenção plena manifesta*. Memórias, desejos e aflições mentais irrompem periodicamente em vez de continuamente, e com o tempo sua mente gradualmente se estabelece em seu estado natural, como uma nevasca em um globo de neve que gradativamente se dissipa e dá lugar à transparência.

No terceiro estágio da atenção plena, a consciência do corpo e dos cinco sentidos se recolhe para a consciência unifocada do espaço da mente, e você se desconecta do seu corpo e do ambiente. Antes desse estágio, os pensamentos e outras aparências mentais se tornam menos frequentes e mais sutis, até que finalmente todos se dissolvem e a mente comum e todos os processos mentais concomitantes se tornam dormentes: isso corresponde à *ausência de atenção plena*. Perceba que os termos traduzidos como "atenção plena" a partir do pāli (*sati*), do sânscrito (*smṛti*) e do tibetano (*dran pa*) conotam principalmente lembrar-se ou manter em mente. Agora você não está relembrando ou sustentando nada em mente; sua mente grosseira se tornou dormente, como se você tivesse caído em um sono profundo e sem sonhos. Mas, ao mesmo tempo, sua consciência está luminosamente clara. O fator mental grosseiro da atenção plena que lhe permitiu alcançar esse estado também está dormente, por isso é chamado de *ausência de atenção plena*. Quando está nesse estado de transição, você está consciente apenas do puro vácuo do espaço da mente: esse é o substrato (sâns. *ālaya*). A consciência desse vácuo é a consciência substrato (sâns. *ālayavijñāna*). Aqui está uma analogia do século XXI: quando o computador baixa e instala uma atualização de software, ele fica inoperante por um curto período de tempo antes que o novo software seja ativado. Da mesma forma, quando sua mente grosseira se dissolve na consciência substrato, a atenção grosseira que o levou a esse ponto se tornou adormecida, como se você tivesse desmaiado – porém você está bem acordado. Essa é uma fase de transição breve, e é importante não ficar preso aqui, pois, se fizer isso por um período prolongado, sua inteligência poderá se atrofiar como um músculo não utilizado. É como estar lúcido em um estado de sono sem sonhos, com a consciência absorvida no puro vácuo do espaço vazio da sua mente. Esse espaço é pleno de potencial, mas, por enquanto, esse potencial permanece dormente.

Por fim, surge o quarto tipo de atenção plena: a *atenção plena autoiluminadora*. Isso ocorre quando você volta a consciência para si mesma e a consciência substrato ilumina e conhece a si mesma. No cânone pāli, o Buda caracterizou essa mente como brilhante (pāli, *pabhassara*) e naturalmente pura (pāli, *pakati-parisuddha*). Essa dimensão sutil da consciência mental é realizada experiencialmente com o atingimento de shamatha, correspondendo ao limiar da primeira dhyāna, ou estabilização meditativa. Repousando nesse estado de consciência, você experiencia três qualidades distintas de consciência: bem-aventurança, luminosidade e ausência de conceitos. E o mais importante, essa consciência é descrita como funcional, seu corpo e sua mente são permeados por um grau sem precedentes de flexibilidade[18] e se adequam ao uso que você desejar.

O Buda explica a profunda mudança que ocorre quando se alcança essa primeira dhyāna:

> Estando assim desapegada do desejo hedônico ardente, desapegada de estados não-virtuosos, a pessoa acessa e permanece na primeira dhyāna, que é imbuída de investigação grosseira e análise sutil, nascida do desapego, plena de deleite e alegria. Com esse deleite e alegria nascidos do desapego, ela imbui, permeia, preenche e irradia esse corpo, até que não haja nenhum lugar no corpo inteiro que não seja tocado por esse deleite e alegria nascidos do desapego.[19]

Uma explicação semelhante é dada no discurso Mahāyāna conhecido como *Saṃdhinirmocanasūtra*:

---

18 Tib. *shin sbyang*, sâns. *praśrabdhi*.
19 Dīgha Nikāya 1.74–75.

> Senhor, quando um bodisatva direciona sua atenção para dentro, com a mente focada na mente, até que a flexibilidade física e a flexibilidade mental não tiverem sido alcançadas, como é denominada essa atividade mental? Maitreya, isso não é shamatha. Diz-se que está associado a uma aspiração que é uma imitação de shamatha.[20]

Mesmo quando você encerra a meditação, esse aprimoramento de corpo-mente pode ser empregado em suas atividades no mundo. É uma mudança psicofisiológica radical, embora não seja irreversível, provavelmente pode ser mantida pelo resto da vida. Os cinco obscurecimentos – desejo intenso hedônico, maldade, lassidão e embotamento, agitação e ansiedade, e incerteza aflitiva – estão em grande parte adormecidos. Há uma flexibilidade e elasticidade do corpo e da mente sem precedentes durante as sessões formais de meditação e nos intervalos.

Esse refinamento do sistema de energia do corpo pode ser cultivado em algum grau com exercícios físicos e exercícios de respiração controlada, tais como prāṇāyāma, chi gung e tai chi. O Buda conhecia bem as muitas disciplinas ascéticas do corpo e da respiração praticadas em seu tempo, mas elas não são ensinadas no cânone pāli; em vez disso, ele enfatizou bastante a prática simples de atenção plena à respiração. Essa é uma prática profunda para estabelecer o corpo sutil, o corpo energético, em seu estado natural e está intimamente relacionada ao estabelecimento da mente em seu estado natural. O Buda descreveu os benefícios da atenção plena à respiração com uma analogia:

> Assim como no último mês da estação quente, quando uma massa de poeira e sujeira se forma e uma grande nuvem de chuva a dissolve e a pacifica imediatamente, da mesma forma a concentração da atenção plena à respiração, quando desenvolvida e cultivada, é pacífica e sublime, um repouso ambrosíaco, e ela dispersa e pacifica imediatamente os estados não-virtuosos onde quer que eles surjam.[21]

---

20   Conforme citação por Jé Tsongkhapa em *Small exposition of the stages of the path to enlightenment*. Ver B. Alan Wallace, Balancing the mind: a tibetan buddhist approach to refining attention (Ithaca, NY: Snow Lion Publications 2005), 198.
21   Saṃyutta Nikāya 54.9.

Na prática de estabelecer a mente, por meio do processo de trazer a consciência plena e claramente de maneira unifocada para o espaço da mente e liberar todo o controle sobre o que surge nesse espaço, você permite que a mente se cure. Isso ocorre simplesmente por estar gentilmente consciente de tudo o que surge, sem a fixação da aversão ou do desejo, e sem se identificar com os pensamentos.

Lembre-se de que isso não será sempre uma viagem tranquila! Todos os seus anjos e demônios se levantarão para cumprimentá-lo ou atacá-lo, dependendo de como você os designar conceitualmente. Mas nenhum buda que surgir poderá ajudá-lo, e nenhum demônio poderá machucá-lo. Você está se tornando lúcido no estado de vigília. Como alguém que é proficiente em sonhos lúcidos, você sabe que nada pode prejudicar sua mente, porque nada que está testemunhando é realmente existente: tudo consiste em aparências vazias em sua mente.

Como um paralelo, a prática da atenção plena à respiração, como o Buda ensinou, é um tipo natural de prāṇāyāma. Em vez de regular a respiração – como seria o caso em muitas práticas clássicas de prāṇāyāma –, aqui estamos permitindo que o sistema do corpo e da mente sutil como um todo se equilibre e se cure. Essa prática é especialmente relevante nos tempos modernos, quando muitos de nós sustentamos tensões e bloqueios crônicos no corpo; se não soubermos como liberá-los, eles bloquearão nossa prática meditativa, bem como nossa energia vital (sâns. *prāṇa*).

Na atenção plena à respiração, mesmo quando permitimos que a respiração se estabilize em seu ritmo natural, trazemos esta mesma qualidade de consciência (que trazemos ao espaço da mente, quando estabelecemos a mente) para o espaço do corpo. Observamos as sensações associadas às flutuações da energia vital, ou *prāṇa*, que correspondem ao ritmo da respiração à medida que surgem por todo o corpo, e simplesmente as deixamos ser sem alterações. Às vezes a respiração pode ser forte, irregular ou interrompida; pode ser superficial ou profunda, rápida ou lenta, regular ou irregular. Deixe-a ser como é. Permita que o fluxo da respiração se estabeleça gradualmente em seu ritmo natural, mantendo a consciência imóvel, descansando em seu próprio lugar. Depois de algum tempo, as flutuações no campo de energia do corpo correspondentes à respiração se tornarão suaves, sutis e rítmicas; mas não force isso – permita que ocorra naturalmente. Todo o sistema corpo-mente se estabelecerá em equilíbrio e, para que isso ocorra, sua mente também deve se tornar mais quieta e sutil. Aprenda a liberar o controle e a vontade em níveis cada vez mais sutis. Evite qualquer tipo de interferência ou modificação da respiração. A postura do cadáver (sâns. *śavāsana*) é extremamente valiosa nessa prática porque promove o relaxamento total no corpo e na mente. O desafio é evitar o embotamento e a letargia, mantendo a clareza da consciência.

Normalmente, quando conhecemos algo, é nossa mente conceitual que conhece, e ela conhece dentro de uma estrutura conceitual. No entanto, todos nós experienciamos diariamente um estado de consciência não-conceitual: o sono profundo e sem sonhos. No sono não-lúcido e sem sonhos, a mente não é conceitual e não temos conhecimento explícito de coisa alguma. Até o fato mais óbvio de nossa experiência – de que estamos dormindo – é desconhecido para nós.

Na prática de shamatha procuramos cultivar um fluxo contínuo de cognição explícita que é simultaneamente não-conceitual. Mesmo que essa cognição não seja absolutamente não-conceitual, ela não está envolvida com pensamentos explícitos. Essa capacidade de cognição perceptiva precede qualquer rotulação ou descrição conceitual. Está de acordo precisamente com os ensinamentos do Buda sobre a atenção plena à respiração:

> Inspirando longamente, sabemos: 'Eu inspiro longamente'. Expirando longamente, sabemos: 'Eu expiro longamente'. Inspirando de forma curta, sabemos: 'Eu inspiro de forma curta'. Expirando de forma curta, sabemos: 'Eu expiro de forma curta'. Treinamos assim: 'Irei inspirar experienciando todo o corpo. Irei expirar experienciando todo o corpo. Irei inspirar acalmando o composto do corpo. Irei expirar acalmando o composto do corpo'. Assim treinamos.[22]

Não há necessidade de acrescentar palavras a essa percepção. Nas fases iniciais dessa prática, a duração da respiração pode variar consideravelmente durante uma única sessão, mas, à medida que a mente e o corpo se estabelecem em um estado mais profundo de equilíbrio, a respiração se torna superficial. Em minha própria experiência, descobri que ela se estabelece em uma frequência de quinze respirações por minuto e, com o tempo, a amplitude ou volume da respiração diminui. Alguns estudos indicam que no sono profundo a respiração ocorre no ritmo de cerca de quinze respirações por minuto, e fontes budistas Vajrayāna afirmam que os humanos experienciam 21.600 respirações em um período de vinte e quatro horas, o que resulta em quinze respirações por minuto. Seria interessante estudar esses paralelos com mais cuidado por meio de uma combinação de investigação contemplativa e científica.

Estudos científicos de sonhadores lúcidos revelaram que o ritmo da respi-

---

22   Ānāpānasati Sutta, Majjhima Nikāya, 118. Bhikkhu Ñāṇamoli e Bhikkhu Bodhi, trad., *The Middle Length discourses of the Buddha: a translation of the Majjhima Nikāya* (Boston: Wisdom Publications, 1995), 943, sem modificações da tradução original.

ração do sonhador dentro do sonho corresponde ao ritmo da respiração do corpo físico do sonhador deitado na cama. Se, por exemplo, o sonhador lúcido retém a respiração dentro do sonho, a respiração do corpo físico também fica suspensa enquanto ele retém a respiração dentro do sonho. Isso significa que, ao escolher fazer respirações longas e curtas no sonho, o sonhador pode enviar mensagens por código Morse aos pesquisadores, que observam a duração das respirações do corpo físico do sonhador. Também demonstra que um sonhador lúcido pode estar consciente do ritmo da respiração de seu corpo físico, mesmo sem ter consciência de quaisquer sensações táteis desse corpo físico. Em um nível de consciência ainda mais profundo, os meditadores que são hábeis em se tornar lúcidos durante o sono sem sonhos relatam que ainda são capazes de detectar mentalmente o ritmo de sua respiração, embora não tenham consciência de nenhuma sensação tátil no corpo. Isso implicaria que as pessoas que alcançaram shamatha e estão repousando na consciência substrato ainda podem estar cientes do ritmo de sua respiração, e essa atenção plena poderia continuar mesmo quando a pessoa alcança completamente a primeira dhyāna e vai além, com a consciência imersa no reino da forma. Essa consciência da respiração poderia continuar presente até que se alcance a quarta dhyāna, quando a respiração cessa completamente pelo tempo em que se permanecer nesse estado meditativo.

A Atual Idade das Trevas do Materialismo

Bem no início de suas instruções essenciais na *Essência Vajra*, antes de explicar como tomar a mente impura como o caminho, Samantabhadra pergunta ao bodisatva Grande Vacuidade Ilimitada: "Entre seu corpo, fala e mente, qual é mais importante? Qual é o agente principal?". O bodisatva explica em detalhes como a mente é mais importante, enquanto a fala e o corpo são derivados, concluindo com a afirmação: "Então, esses três nada mais são do que a mente; eles são determinados como sendo a mente apenas, e esta é a melhor e mais elevada compreensão".[23] Essa afirmação ecoa o verso inicial do *Dhammapada*, no qual o Buda declara: "Todos os fenômenos são precedidos pela mente, provêm da mente e consistem na mente".[24] Uma afirmação semelhante é encontrada no Sūtra Mahāyāna Ratnamegha, também atribuído ao Buda: "Todos os fenômenos são precedidos pela mente. Quando a mente é compreendida, todos os fenômenos são

---

23   Düdjom Lingpa, *The Vajra Essence*, 15–16.
24   *Dhammapada* 1.1. *Dhammapada* é o segundo livro do Khuddaka Nikāya.

compreendidos. Ao controlar a mente, todas as coisas são controladas".[25] Como os ensinamentos budistas pertencem ao mundo da experiência, o termo "todos os fenômenos" se refere às aparências que surgem para a consciência, e não a uma realidade objetiva e independente presumida, como normalmente os cientistas acreditam ser possível observar.

A visão budista se opõe diretamente às crenças materialistas típicas de que, entre o corpo, a fala e a mente, o corpo é o mais importante; e que todas as experiências são precedidas pelo cérebro, emergem do cérebro e consistem no cérebro; e que, quando o cérebro é compreendido, todas as experiências são compreendidas; e que, ao controlar o cérebro, todas as atividades mentais, verbais e físicas são controladas. A julgar pelas muitas referências à mente nos textos científicos e filosóficos contemporâneos, bem como na mídia em geral, podemos facilmente assumir que a ciência já resolveu o problema mente-corpo e que a natureza e as origens da consciência não são mais um mistério. Essa é exatamente a posição adotada pelo influente filósofo John R. Searle, que declara que existe uma solução simples para o problema mente-corpo, e "essa solução está disponível para qualquer pessoa instruída desde que o trabalho sério sobre o cérebro começou, aproximadamente um século atrás, e, em certo sentido, todos sabemos que é verdade. Aqui está: os fenômenos mentais são causados por processos neurofisiológicos no cérebro, e estes são características do cérebro".[26] Esse conhecimento científico deveria se basear em descobertas conclusivas que revelassem as causas necessárias e suficientes da consciência, e Searle sustenta que esse é, de fato, o caso: "Em termos causais, sabemos que os processos cerebrais são suficientes para qualquer estado mental", e "a consciência é inteiramente causada pelo comportamento de fenômenos biológicos de nível inferior".[27] Ele esclarece ainda: "A consciência é uma característica biológica que opera como um sistema da mesma maneira que a digestão, o crescimento ou a secreção da bile são características biológicas que operam como um sistema".[28]

Essa crença, tão claramente articulada por Searle, domina a academia moderna, a comunidade científica, as instituições médicas, as políticas de governo e a mídia em geral nos dias de hoje em todo o mundo. Se os cientistas realmente tivessem

---

25   Extraído de *Ratnamegha Sūtra* (Sūtra da Nuvem de Joias), citado em Nyanaponika Thera, *The heart of buddhist meditation: Satipaṭṭhāna* (São Francisco: Red Wheel/Weiser, 1996), 198, com modificações da tradução original.
26   John R. Searle, *The rediscovery of the mind* (Cambridge, MA: MIT Press, 1994), 1.
27   Ibid., 23, 92.
28   John R. Searle, *Mind: a brief introduction* (Nova York: Oxford University Press, 2004), 115.

estabelecido evidências empíricas que demonstrassem, além de qualquer dúvida razoável, que todos os processos mentais e estados de consciência são produzidos unicamente pelo cérebro, eles deveriam ser capazes de apontar as descobertas específicas – eminentemente dignas de um Prêmio Nobel – que revelariam as causas necessárias e suficientes para o surgimento da consciência nos seres humanos e em outras formas de vida. Mas o próprio Searle reconhece: "Nós ... precisaríamos de uma teoria neurobiológica da consciência muito mais rica do que qualquer coisa que agora podemos imaginar para supor que poderíamos isolar as condições necessárias para [o surgimento da] consciência"[29], e: "Se tivéssemos uma ciência do cérebro adequada, uma explicação sobre o cérebro que trouxesse explicações causais sobre a consciência em todas as suas formas e variedades, e se superássemos nossos erros conceituais, não restaria nenhum problema mente/corpo".[30]

Em outras palavras, a hipótese de que a mente nada mais é do que uma função ou propriedade emergente do cérebro, e de que a consciência é produzida unicamente pelo cérebro, é uma expressão de fé, não fundamentada por evidências empíricas conclusivas. Como essa conjectura pode ter sido aceita tão amplamente, praticamente sem questionamentos, por cientistas ou jornalistas científicos, que parecem ter abandonado a própria noção de investigação não-tendenciosa e reportagem investigativa quando se trata da redução materialista da mente ao cérebro?

As raízes dessa anomalia podem ser rastreadas nos textos seminais de 150 anos atrás do eminente biólogo Thomas H. Huxley (1825–1895), que foi extraordinariamente eficaz em promover a ideia de que toda a pesquisa, escrita e ensino científicos deveriam ocorrer dentro dos limites ideológicos e metodológicos do materialismo. Para ele, era uma questão de fé profundamente enraizada de que apenas a ciência possuía as chaves para desvendar todos os mistérios do universo. Quanto à relação entre corpo e mente, ele declarou: "Eu sustento a visão Materialista de que o corpo humano, como todos os corpos vivos, é uma máquina, cujas operações serão mais cedo ou mais tarde explicadas com base em princípios físicos. Acredito que mais cedo ou mais tarde chegaremos a um equivalente mecânico da consciência, assim como chegamos a um equivalente mecânico do calor".[31] Em outras palavras, sua crença, assim como a de John Searle e de muitos de seus con-

---

29   Searle, *The rediscovery of the mind*, 91, 76–77.
30   Ibid., 100. Fiz uma extensa análise sobre as inconsistências ideológicas e metodológicas dos textos de Searle em meu livro *The taboo of subjectivity: toward a new science of consciousness* (Oxford: Oxford University Press, 2000).
31   Thomas H. Huxley, "Materialism and idealism" in *Collected Essays*, vol. 1, Methods and Results (Nova York: Cambridge University Press, 2011), http://www.bartleby.com/library/prose/2766.html.

temporâneos cientistas e filósofos, não se baseia em nenhuma evidência científica disponível, mas em sua confiança de que futuras pesquisas científicas confirmarão sua crença metafísica no materialismo. Huxley afirma esse ponto quando declara que "existe pouca dúvida sobre o fato de que, quanto mais a ciência avançar, mais extensiva e consistentemente todos os fenômenos da natureza serão representados por fórmulas e símbolos materialistas".[32] Para ele, o único caminho verdadeiro para o conhecimento sobre toda a realidade era apenas a ciência, pois "nunca a tentativa de estabelecer limites à investigação científica e à extensão do método científico, em todos os assuntos sobre os quais uma proposição possa ser formulada, proclamou-se ao mesmo tempo tão insensata e tão impotente quanto agora".[33]

Embora teólogos e filósofos tenham discutido suas doutrinas e especulações sobre a natureza da alma humana, ou consciência, e o problema mente-corpo desde o início da história registrada – sem chegar a qualquer consenso –, foi apenas no final do século XIX que uma ciência experimental da mente começou a surgir. Um dos pioneiros mais proeminentes desse novo movimento foi o psicólogo americano William James (1842–1910), que definiu esse novo ramo da investigação científica: "A Psicologia é a Ciência da Vida Mental, tanto de seus fenômenos quanto de suas condições. Os fenômenos são aquilo que chamamos de sentimentos, desejos, cognições, raciocínios, decisões e afins".[34]

Essa primeira geração de psicólogos enfrentou um dilema: eles poderiam seguir o caminho do empirismo não-tendencioso, adotado por Galileu e Darwin, que assim desencadearam revoluções nas ciências físicas e nas ciências da vida, ou poderiam se limitar às restrições ideológicas e metodológicas do materialismo, que já haviam dominado todos os outros ramos da ciência. O empirismo exige que se observem diretamente os fenômenos de interesse com métodos imparciais, rigorosos, sofisticados e precisos, que possam ser replicados por outros pesquisadores não-tendenciosos adequadamente treinados. Por outro lado, o materialismo científico implica a suposição ideológica de que todos os fenômenos naturais podem ser compreendidos dentro das categorias materialistas de espaço, tempo, matéria e energia; e assume que todos esses fenômenos podem ser adequadamente explorados usando instrumentos de tecnologia que façam medições objetivas, físicas e quantificáveis.

Deve ter sido óbvio para as pessoas instruídas e inteligentes da Europa e

---

32   Thomas H. Huxley, "On the physical basis of life", *Fortnightly Review* 5 (1868).
33   Thomas H. Huxley, "Science and 'Church Policy'", *The Reader*, December 1864.
34   William James, *The principles of psychology*, 2 vols. (Nova York: Dover Publications, 1950), 1: 1.

América do final do século XIX que os fenômenos mentais e os estados de consciência experienciados subjetivamente não podiam ser medidos usando os instrumentos físicos da ciência e que, quando observados introspectivamente, não exibiam características físicas. Para qualquer pessoa sensata, essa é uma evidência convincente de que a mente não é física. Portanto, a única maneira de explorar a natureza e as origens dos eventos não-físicos da mente seria observando a própria mente – introspectivamente. Embora William James tenha reconhecido o valor de inferir indiretamente fatos sobre a mente, examinando objetivamente suas expressões comportamentais e correlatos neurais, como um firme defensor do empirismo radical, ele insistiu que, quando se trata da exploração científica da mente, "é na Observação Introspectiva que temos de confiar primeiramente, acima de tudo e sempre. A palavra introspecção nem precisa ser definida – significa, é claro, olhar para as nossas próprias mentes e relatar o que descobrimos. Todos concordam que o que descobrimos ali são estados de consciência".[35]

Se desejamos entender a relação entre dois fenômenos, o senso comum determina que devemos observar cuidadosamente cada um desses fenômenos individualmente, obtendo assim uma compreensão clara de suas naturezas e origens individuais. Então, devemos examinar simultaneamente os dois fenômenos em conjunto para verificarmos como eles interagem mutuamente. Fenômenos mentais – diferentemente de suas expressões comportamentais e correlatos neurais – só podem ser observados por meio da percepção mental ou introspecção. O corpo também pode ser observado introspectivamente – de dentro para fora, por assim dizer – e, usando essa mesma faculdade de introspecção para observar cuidadosamente as próprias experiências psicológicas e somáticas, pode-se explorar como o corpo e a mente influenciam um ao outro.

Para os psicólogos que adotaram o materialismo, todas as referências científicas aos estados mentais subjetivos e à introspecção representavam uma ameaça terrível à sua doutrina metafísica dogmaticamente defendida. A reação materialista ao empirismo de James foi promovida com veemência pelo behaviorista americano John B. Watson (1878–1958), que equiparou a psicologia ao estudo do comportamento humano objetiva, física e quantitativamente mensurável. Argumentando que a psicologia deveria "enterrar o assunto subjetivo [e] o método introspectivo"[36], ele insistia em que a psicologia "nunca deve usar os termos consciência, estados mentais, mente, conteúdo, introspectivamente ve-

---

35   Ibid., 1: 185.
36   John B. Watson, *Psychology from the standpoint of a behaviorist* (Londres: Frances Pinter, 1983), 3.

rificável, imagens e afins"[37]. O empirismo não-tendencioso que havia sido adotado por todos os grandes cientistas naturalistas dos três séculos anteriores foi abandonado em favor da lealdade a uma doutrina metafísica que valorizava a crença inquestionável acima da observação experimental.

Ao longo do século passado, desde a ascensão do reducionismo comportamental, inúmeros estudos foram realizados sobre a influência do corpo – principalmente do cérebro – sobre a mente. Porém, um número muito menor de pesquisas foi realizado sobre a influência da mente sobre o corpo, pois a introspecção foi amplamente excluída do arsenal de métodos que os cientistas poderiam usar para estudar as interações mente-corpo. A pesquisa objetiva limitou-se ao estudo da atividade cerebral e do comportamento humano, enquanto a observação direta da mente e do corpo na perspectiva de primeira pessoa foi marginalizada. A implicação dessa parcialidade em termos de pesquisa é de que os processos mentais imateriais são influenciados por processos físicos no corpo, mas essas experiências subjetivas imateriais não exercem influências causais no corpo. Como declarou o físico ganhador do prêmio Nobel, Richard Feynman: "Não há nada que os seres vivos façam que não possa ser entendido do ponto de vista de que eles são feitos de átomos agindo de acordo com as leis da física".[38] O físico Sean Carroll, da Caltech, concorda com essa visão amplamente difundida quando escreve: "Somos conjuntos de átomos, operando independentemente de quaisquer espíritos ou influências imateriais, e somos pessoas que pensam, sentem e que produzem significado pela maneira como vivemos nossas vidas".[39]

Ao longo de todo seu livro *The big picture: on the origins of life, meaning, and the universe itself* (O panorama geral: sobre as origens da vida, do propósito e do próprio universo), Carroll insiste repetidamente em que a descrição fundamental do mundo inclui apenas átomos, forças e leis da física. Todas as referências a "propriedades emergentes" desses processos físicos, incluindo pessoas que pensam e sentem, mente, ética e significado da vida, são simplesmente "maneiras de falar" sobre o verdadeiro mundo dos átomos e forças. Essa bifurcação do universo em "realidade definitiva" das entidades físicas e "realidades convencionais" de todo o resto é uma expressão da teoria do biólogo evolucionista Stephen J. Gould sobre os "magistérios não interferentes". Essa é a visão de que os domí-

---

37   John B. Watson, "Psychology as the behaviorist views it", *Psych. Rev.* 20 (1913): 166.
38   R. P. Feynman, R. B. Leighton, and M. Sands, *The Feynman lectures on physics* (Reading, MA: Addison-Wesley, 1963), 1: 1–4.
39   Sean Carroll, *The big picture: on the origins of life, meaning, and the universe itself* (Nova York: Dutton, 2016), 3.

nios da ciência e religião não se sobrepõem: a ciência lida com o mundo dos fatos objetivos, enquanto as ciências humanas em geral, e a religião em particular, se preocupam com o mundo dos valores subjetivos.[40] Em 1999, a Academia Nacional de Ciências adotou uma perspectiva semelhante, afirmando que: "cientistas, como muitos outros, ficam impressionados com a ordem e a complexidade da natureza. De fato, muitos cientistas são profundamente religiosos. Mas a ciência e a religião ocupam dois domínios separados da experiência humana. Exigir que sejam combinados deprecia a glória de cada um".[41]

O contexto específico dessa afirmação é a relação entre Criacionismo e ciência, e os autores dessa posição têm razão ao afirmar que essa visão fundamentalista em particular não pode de forma alguma ser combinada com visões científicas. Mas confundir o fundamentalismo religioso com a religião é tão equivocado quanto confundir o materialismo científico com a ciência. Não há nada de glorioso no dogmatismo obtuso do fundamentalismo religioso ou no dogmatismo obtuso do materialismo científico. O primeiro é a ruína da religião, enquanto o segundo é a ruína da ciência. Os materialistas científicos conseguem ser tão hábeis em ignorar fatos empíricos que desafiam suas crenças quanto os fundamentalistas religiosos são capazes de ignorar descobertas científicas que desafiam sua fé. E, quanto mais veementemente uma facção insistir em sua compreensão exclusiva da realidade, mais ela desencadeará respostas fanáticas do outro lado desse abismo entre ciência e religião. Essa intransigência dogmática obscurece igualmente as verdades da investigação espiritual e científica – idiotizando a religião e a ciência nesse processo – ao ponto de que um número crescente de pessoas está abraçando cegamente valores materialistas e preconceitos ideológicos, unificando assim os lados obscuros da ciência e da religião.

O problema evidente dessa visão dualística dos magistérios não-interferentes é que fatos e valores nunca existiram independentemente uns dos outros, e os domínios da ciência e da religião sempre se sobrepuseram, especialmente no que diz respeito à natureza da mente e da identidade humana. Nenhuma pessoa religiosa em sã consciência aceitaria a proposta de que deveria abandonar todas as suas crenças religiosas em relação ao mundo natural, e nenhum defensor da ciência poderia razoavelmente afirmar que suas opiniões são intocadas por valores não-científicos. A visão de mundo do materialismo científico tende a se

---

40 Stephen Jay Gould, *Rocks of ages: science and religion in the fullness of life* (Nova York: Ballantine, 1999).

41 Steering Committee on Science and Creationism, *Science and creationism: a view from the National Academy of Sciences* (Washington, DC: NAS Press, 1999).

entrelaçar com valores hedônicos e um modo de vida orientado pelo consumismo, com cada um desses três elementos apoiando os outros dois. Não há como desentrelaçar a visão de mundo e os valores de uma pessoa; portanto, a noção de que a combinação de uma investigação científica genuína e os valores não-materialistas da religião "deprecia a glória de cada um" é simplesmente absurda.

Com relação à influência de nossas intenções e decisões subjetivamente experienciadas sobre o nosso comportamento, Carroll comenta: "Na medida em que a neurociência se torna cada vez melhor em prever o que faremos sem referência à nossa vontade pessoal, será cada vez menos apropriado tratar as pessoas como agentes de livre ação. A predestinação se tornará parte do nosso mundo real".[42] De acordo com essa visão de mundo, os processos mentais subjetivamente experienciados, sendo epifenômenos inertes do cérebro, não devem ter influência causal sobre o corpo. Mas essa crença é enfraquecida pelo chamado efeito placebo, que de fato deveria ser chamado de "efeito da expectativa do sujeito", pois sua eficácia causal decorre de processos mentais subjetivos, incluindo fé, confiança, desejo e expectativa. A única coisa certa sobre os efeitos do placebo é que eles não são efeitos do placebo!

Atualmente, existem evidências científicas convincentes de que o efeito da expectativa influencia não apenas a experiência subjetiva, como diminuir a depressão e a dor, mas também exerce influências mensuráveis no corpo, que estão de acordo com as expectativas da pessoa. Por exemplo, estudos mostraram que, quando os pacientes receberam o placebo, a liberação de opioides endógenos era desencadeada, o que diminuía a dor.[43] Em outro estudo, pacientes com mal de Parkinson receberam uma injeção de placebo, e sua expectativa de que isso aliviasse os sintomas desencadeou uma "liberação substancial de dopamina endógena", que trouxe o efeito esperado, "comparável ao das doses terapêuticas de levodopa ... ou apomorfina".[44] Simplesmente acreditar e esperar que a substância injetada alivie seus sintomas desencadeia exatamente os mecanismos no cérebro que provocam isso, pois uma diminuição na produção de dopamina endógena contribui para aliviar os sintomas do mal de Parkinson.

A historiadora Anne Harrington, de Harvard, questiona contundentemente

---

42   *The Big Picture*, 384.
43   Martina Amanzio e Fabrizio Benedetti, "Neuropharmacological dissection of placebo analgesia: expectation-activated opioid systems versus conditioning-activated specific subsystems", *Journal of Neuroscience* 19, nº 1 (1999): 484–94.
44   Raúl de la Fuente-Fernández, et al., "Expectation and dopamine release: mechanism of the placebo effect in Parkinson's disease", *Science* 293, nº 5532 (2001): 1164–66.

como "a crença de uma pessoa em um tratamento falso poderia enviar uma mensagem para sua glândula pituitária para liberar seus próprios produtos farmacêuticos endógenos".[45] E Irving Kirsch, um dos principais pesquisadores desse campo, levanta essa questão extremamente importante que é tão inquietante para os materialistas. Mesmo assumindo que a expectativa é o fator fundamental, "a questão que resta é como essas expectativas geram as respostas correspondentes".[46] Muitos cientistas hoje tratam fenômenos mentais subjetivos como produtos da atividade do sistema nervoso, e, na visão deles, isso evita o problema do mecanismo mente-corpo de como a mente subjetiva poderia agir sobre o corpo objetivo e físico. Mas, como alertados por Patrick David Wall, um neurocientista britânico apontado como o principal especialista mundial em dor, as explicações oferecidas até agora parecem não ser mais do que "rotulações de um processo desconhecido".[47]

A influência da mente sobre o corpo está sempre presente e certamente não se limita aos efeitos das expectativas, sejam eles positivos, no efeito placebo, ou negativos, no que é conhecido como efeito nocebo. Uma área que atraiu a atenção científica é a neuroplasticidade, em que se descobriu que as funções cerebrais são influenciadas não apenas por fatores biológicos influenciados pelo ambiente e pelo comportamento físico, mas também por atitudes, emoções e treinamento mental, incluindo a meditação. Uma visão geral provocadora desse tema é apresentada no livro de Sharon Begley, *Train your mind, change your brain: how a new science reveals our extraordinary potential to transform ourselves* (Treine sua mente, mude seu cérebro: como uma nova ciência revela nosso potencial extraordinário de transformação). Esse livro foi inspirado por uma reunião entre um grupo de cientistas da cognição e Sua Santidade o Dalai Lama, na qual tive a honra de servir como cointérprete. O Dalai Lama escreveu em seu prefácio:

> Chegamos a um divisor de águas, uma interseção na qual o budismo e a ciência moderna se tornam mutuamente enriquecedores, com enorme potencial prático para o bem-estar humano.

---

45 Anne Harrington, ed., The placebo effect: an interdisciplinary exploration (Cambridge: Harvard University Press, 1997), 5.
46 Irving Kirsch, "Conditioning, expectancy, and the placebo effect: comment on Stewart-Williams and Podd (2004)", *Psychological Bulletin* 130, nº 2 (2004): 341–43.
47 Patrick David Wall, "Pain and the placebo response", in *Experimental and theoretical studies of consciousness*, ed. G. R. Bock and J. Marsh (Chichester, UK: John Wiley & Sons, 1993), 214.

> Um grande professor tibetano destacou certa vez que uma das qualidades mais maravilhosas da mente é que ela pode ser transformada. A pesquisa apresentada aqui confirma que esse treinamento mental intencional pode trazer mudanças observáveis no cérebro humano. As repercussões disso não se limitarão apenas ao nosso conhecimento sobre a mente: elas têm o potencial de ter importância prática em nossa compreensão sobre a educação, a saúde mental e o significado da ética em nossas vidas.[48]

Juntamente com Galileu e Descartes, Francis Bacon (1561–1626) teve grande influência na direção que a Revolução Científica tomou. Ele declarou que o surgimento da ciência experimental foi sancionado pelo próprio Deus e apresentou evidências bíblicas que apoiavam essa visão.[49] A essência de seu argumento era de que a ciência ajudaria a restaurar o domínio do homem sobre a natureza, que foi perdido pelo pecado de Adão. Ele também foi o principal divulgador do ideal de progresso científico e tecnológico, com base na premissa de que o conhecimento é poder e, quando incorporado sob a forma de novas invenções tecnológicas e descobertas mecânicas, é a força que impulsiona a história.

Bacon identificou quatro "ídolos" que impediam esse progresso, usando esta palavra do grego *eidolon* ("imagem" ou "fantasma") para se referir a um engano ou fonte potencial de mal-entendido, especialmente aquilo que obscurece ou confunde nosso conhecimento sobre o mundo físico.[50] O primeiro deles consiste nos Ídolos da Tribo, que são crenças e percepções enganosas, inerentes à mente humana. Isso inclui nossos sentidos, que são inerentemente embotados

---

48 Sharon Begley, *Train your mind, change your brain: how a new science reveals our extraordinary potential to transform ourselves* (Nova York: Ballantine Books, 2007), viii–ix.

49 Ver Daniel 12: 3–4: "Os que são sábios resplandecerão com o fulgor do firmamento; e todos aqueles que se dedicarem a conduzir muitas pessoas à prática da justiça serão como as estrelas: brilharão para sempre, por toda a eternidade! Porém tu, ó querido Daniel, tranca em segredo, mediante um selo, as palavras do Livro, até o tempo próprio do fim. Muitos farão de tudo e correrão de uma parte a outra em busca do maior saber; e o conhecimento se multiplicará muitas e muitas vezes!".

50 Francis Bacon, "Idols which beset man's mind", http://www.sirbacon.org/baconidols.htm.

e facilmente enganáveis, e é por isso que Bacon prescreve instrumentos e métodos rigorosos de investigação para corrigi-los. Na epistemologia budista, estes seriam classificados como expressões da "ignorância inata" e incluiriam a natureza ilusória de todas as aparências aos seis sentidos, os erros de confundir o impermanente como permanente, o insatisfatório como satisfatório, e aquilo que não é o eu como sendo o eu, bem como a tendência inata de reificar todos os fenômenos, acreditando que existem da maneira como aparecem.

Os Ídolos da Caverna são aqueles que surgem na mente do indivíduo, simbolicamente representada como uma caverna escura, que é modificada de várias maneiras por temperamento, educação, hábitos, ambiente e acidentes. Assim, um indivíduo que dedica sua mente a algum ramo particular da aprendizagem torna-se possuído por seu próprio interesse peculiar e interpreta qualquer outra aprendizagem de acordo com as cores de sua própria devoção. As crenças do materialismo científico fornecem um exemplo da influência exagerada das ciências físicas em todos os aspectos de como se vê a realidade.

Os Ídolos do Mercado são erros decorrentes do falso significado concedido pelo uso comumente aceito da linguagem. Um exemplo contemporâneo desse ídolo é a atual substituição de "mente" por "cérebro" em relatos científicos e populares. Por fim, os Ídolos do Teatro se manifestam como falsas crenças nos campos da religião, filosofia e ciência, que, por serem defendidas por pessoas consideradas autoridades, são aceitas sem questionamentos pelo público em geral. Um exemplo contemporâneo disso é a crença comum de que somente a ciência detém autoridade igual sobre todos os aspectos da natureza, incluindo a mente e a consciência. Esses três últimos tipos de ídolos seriam exemplos do que os budistas chamam de "ignorância adquirida ou especulativa".

Inspirado pela noção de Ídolos da Tribo de Bacon, o físico teórico David Finkelstein define um ídolo como um parceiro não afetado em um acoplamento de dois fenômenos.[51] O ídolo é assim reificado como algo absoluto. De acordo com essa definição, os materialistas consideram a mente como tendo um papel passivo em relação ao cérebro. Nessa visão, a realidade material e objetiva do cérebro é a única responsável pela geração da consciência e de todos os processos mentais, e não é influenciada por esses fenômenos subjetivos. O cérebro torna-se, assim, o ídolo nesse acoplamento entre mente e cérebro. Carroll afirma: "Não há muita diferença entre um ser humano e um robô. Todos nós somos apenas conjuntos complicados de matéria movendo-se segundo padrões, obe-

---

51   Ver David Ritz Finkelstein, "Emptiness and relativity", in *Buddhism and science: breaking new ground*, ed. B. Alan Wallace (Nova York: Columbia University Press 2003), 365–84.

decendo às leis impessoais da física".⁵² Falando de modo mais amplo, no mundo natural em geral, os fenômenos físicos objetivos são apresentados como ídolos, na medida em que influenciam fenômenos subjetivos e não-físicos, mas são considerados como não sendo influenciados por eles. Como Finkelstein argumenta convincentemente, toda a história da física demonstra como supostos ídolos foram derrubados, um após outro, por pesquisas empíricas. Os ídolos que foram criados do mundo material em geral, e do cérebro em particular, estão destinados a seguir o caminho desses muitos ídolos do passado.

É muito bem conhecido o fato psicológico de que consideramos reais apenas as coisas às quais prestamos atenção, enquanto tendemos a descartar como fantasia tudo o que ignoramos deliberada ou inconscientemente. Este ponto foi claramente articulado por William James quando escreveu:

> Os temas aos quais se gera fixação tornam-se temas reais, os atributos aos quais se gera fixação tornam-se atributos reais, a existência à qual se gera fixação torna-se existência real; enquanto os temas desconsiderados se tornam temas imaginários, os atributos desconsiderados se tornam atributos errôneos, e a existência desconsiderada se torna uma existência na terra de ninguém, no limbo "onde habitam as fantasias sem pé nem cabeça". ... Habitualmente e em termos práticos não contamos essas coisas desconsideradas como existentes... Elas nem são tratadas como aparências; são tratadas como se fossem meros resíduos, equivalentes a absolutamente nada.⁵³

Em resumo: "Nossa crença e nossa atenção são o mesmo fato. A cada momento, aquilo ao que prestamos atenção é a realidade".⁵⁴ De acordo exatamente com esse princípio, o mais influente defensor do behaviorismo, B. F. Skinner (1904–1990), continuou a argumentar quarenta anos depois do surgimento inicial do behaviorismo que, uma vez que os fenômenos mentais carecem de qualidades físicas, eles não têm existência alguma.⁵⁵

A agenda ideológica e metodológica dos behavioristas às vezes se parece mais

---

52   Carroll, *Big picture*, 295.
53   James, *Principles of psychology*, 2: 290–91.
54   Ibid., 2: 322n.
55   B. F. Skinner, *Science and human behavior* (Nova York: Macmillan, 1953).

com uma estratégia para ganhar poder e influência do que um meio científico não-tendencioso para descobrir a verdadeira natureza da mente e da consciência, como evidenciado por sua dedicação às suas estimadas crenças. Skinner deixa isso bem claro quando apresenta sua proposta para a dominação materialista da mente: "Concordar que o que se sente ou se observa introspectivamente são condições do próprio corpo é um passo na direção certa. É um passo em direção a uma análise tanto de ver quanto de ver que se vê em termos puramente físicos. Depois de substituir a mente pelo cérebro, podemos então substituir o cérebro pela pessoa e reformular a análise de acordo com os fatos observados".[56] Na realidade, uma análise histórica das razões da rejeição da introspecção como um meio de observar a mente mostra que isso foi em grande parte impulsionado pelos ditames ideológicos e metodológicos do materialismo.[57] Ao observar os pensamentos, imagens mentais, sentimentos, sonhos e todos os outros estados e processos mentais subjetivamente experienciados, torna-se óbvio que nenhum deles possui atributos físicos. Isso pode ser desconcertante para aqueles que dogmaticamente insistem em que tudo no mundo natural deve ser físico. Eles são forçados a concluir que existe algo a mais no universo do que entidades materiais ou que os fenômenos mentais não são naturais!

Se o que sentimos ou observamos introspectivamente em relação aos estados e processos mentais fossem, de fato, condições físicas do corpo, eles deveriam ser fisicamente observáveis. Mas não são. Repetindo, se os fenômenos mentais fossem de fato físicos, quando fossem observados introspectivamente deveriam revelar qualidades físicas. Mas não revelam. Skinner dá o primeiro passo em sua estratégia contradizendo todas as evidências em terceira e primeira pessoa que apontam para a natureza não-física da mente. Enquanto Skinner substitui acriticamente a mente pelo cérebro – sem nenhum argumento convincente ou evidência empírica –, o neurocientista Donald Hoffman refuta essa crença simplória: "Huxley sabia que a atividade cerebral e as experiências conscientes são correlacionadas, mas não sabia por quê. Para a ciência de seus dias, era um mistério. Nos anos que se seguiram desde Huxley, a ciência aprendeu muito sobre a atividade cerebral, mas a relação entre atividade cerebral e experiências conscientes ainda é um mistério".[58]

---

56   B. F. Skinner, *About behaviorism* (Nova York: Alfred A. Knopf, 1974), 216.
57   Para uma explicação convincente sobre as complexas razões para a eliminação da introspecção na psicologia moderna consulte Kurt Danziger, "The history of introspection reconsidered", *Journal of the History of the Behavioral Sciences* 16 (1980): 241–62.
58   Donald Hoffman, "Do we see reality as it is?", June 11, 2015, https://www..ted.

A justificativa de Skinner para ignorar ou desconsiderar nossa experiência em primeira pessoa de fenômenos mentais parece ser que tais observações violam o credo do materialismo. Se ignorarmos sistematicamente um método de investigação, de acordo com o princípio acima articulado por William James, deve ser apenas uma questão de tempo até que esse método de investigação seja considerado inexistente ou, na melhor das hipóteses, fundamentalmente enganoso. Foi exatamente isso que ocorreu com muitos pesquisadores contemporâneos na psicologia, na neurociência e na filosofia. Alex Rosenberg, por exemplo, codiretor do Centro de Implicações Sociais e Filosóficas da Neurociência na Iniciativa Duke para a Ciência e a Sociedade, escreve: "A ciência empírica continuou a construir um impressionante corpo de evidências mostrando que a introspecção e a consciência não são bases confiáveis para o autoconhecimento. Como fontes de conhecimento mesmo sobre si mesmas, e muito menos sobre qualquer outro ser que não seja humano, ambas estão frequente e profundamente equivocadas... Nunca temos acesso direto aos nossos pensamentos... A autoconsciência não tem mais nada com que trabalhar, exceto os mesmos dados sensoriais que usamos para descobrir o que as outras pessoas estão fazendo e farão... Não há uma perspectiva em primeira pessoa... Nosso acesso a nossos próprios pensamentos é tão indireto e falível quanto nosso acesso aos pensamentos de outras pessoas. Não temos acesso privilegiado à nossa própria mente. Se nossos pensamentos dão o verdadeiro significado às nossas ações, palavras e vidas, nunca poderemos ter certeza do que dizemos ou fazemos, ou, a propósito, do que pensamos ou do porquê".[59]

Desde suas origens, há cerca de cinquenta anos, a neurociência moderna não tem questionado a hipótese não verificada de que todos os processos mentais são de natureza puramente biológica, e definiu como tarefa principal a de fornecer um relato abrangente da mente com base nessa suposição metafísica. Apenas as evidências que apoiam essa crença são consideradas críveis, enquanto qualquer

---

com/talks/donald_ho man_do_we_see_reality_as_it_is/transcript? language=en.
59   Alex Rosenberg, "Why you don't know your own mind", *New York Times*, July 18, 2016, http://www.nytimes.com/2016/07/18/opinion/why-you-dont-know-your--own-mind.html.
Para comprovações científicas do contrário consulte C. Petitmengin, A. Remillieux, B. Cahour, e S. Carter Thomas, "A gap in Nisbett and Wilson's findings? A first-person access to our cognitive processes", *Consciousness and Cognition* 22, nº 2 (2013): 654–69. Para uma discussão filosófica mais ampla consulte M. Bitbol and C. Petitmengin, "On the possibility and reality of introspection", *Mind and Matter* 14, nº 1 (2016): 51–75.

evidência em contrário é descartada de imediato. Esse flagrante abandono da investigação científica imparcial – a marca registrada de todos os grandes avanços científicos dos últimos quatro séculos – foi aceito sem questionamento por praticamente todos os pesquisadores da área.[60] Como o eminente neuropsiquiatra Eric R. Kandel descaradamente declarou: "A tarefa da neurociência moderna é tão simples quanto formidável. Despojada de detalhes, seu objetivo principal é fornecer um conjunto de explicações intelectualmente satisfatórias em termos celulares e moleculares sobre a atividade mental normal: percepção, coordenação motora, sentimento, pensamento e memória. Além disso, os neurocientistas também gostariam de explicar os transtornos das funções produzidas por doenças neurológicas e psiquiátricas".[61]

Kandel elabora sua afirmação final de reduzir todos os transtornos mentais a problemas cerebrais da seguinte maneira: "Nosso entendimento sobre a biologia dos transtornos mentais demorou a chegar, mas avanços recentes como esses nos mostraram que os transtornos mentais são de natureza biológica, que as pessoas não são responsáveis por terem esquizofrenia ou depressão e que a biologia e a genética individuais fazem contribuições significativas... O cérebro é um órgão biológico complexo que possui imensa capacidade computacional: constrói nossa experiência sensorial, regula nossos pensamentos e emoções e controla nossas ações. É responsável não apenas por comportamentos motores relativamente simples, como correr e comer, mas também por atos complexos que consideramos essencialmente humanos, como pensar, falar e criar obras de arte. Vista dessa perspectiva, nossa mente é um conjunto de operações realizadas pelo nosso cérebro. O mesmo princípio de unidade se aplica aos transtornos mentais".[62]

Essa abordagem segue obedientemente a estratégia estabelecida por Skinner de substituir "mente" por "cérebro" em relação a todas as atividades humanas, e esse truque tornou-se onipresente na mídia popular. O mistério da verdadeira relação entre a mente e o cérebro foi obscurecido pela repetição implacável da crença não verificada de que os dois são idênticos. Dessa maneira, as evidências empíricas disponíveis relativas à natureza da mente, o mistério da consciência e

---

60 Para um relato esclarecedor sobre como isso aconteceu, consulte Joelle M. Abi--Rached e Nikolas Rose, "The birth of the neuromolecular gaze", *History of the Human Sciences* 23, nº 1 (2010): 11–36.
61 Eric R. Kandel, "The origins of modern neuroscience", *Annual Review of Neuroscience* 5 (1982): 299–303.
62 Eric R. Kandel, "The new science of mind", *New York Times*, September 6, 2013, http://www.nytimes.com/2013/09/08/opinion/sunday/the-new-science-of-mind.html.

o relacionamento desconhecido entre a mente e o cérebro são ofuscados pelas especulações falsas e infundadas dos materialistas, que comprometem a integridade da investigação científica não-tendenciosa. O público se acostumou a ver o "cérebro" substituindo até mesmo pronomes pessoais como "eu" e "mim". Com muita frequência, os textos científicos e a imprensa popular não relatam mais "eu sinto, eu acredito, minha dor", mas "o cérebro sente, o cérebro acredita, o cérebro está exposto a sinais interpretados como dolorosos". Essa substituição é ainda mais impactante do que a substituição da mente pelo cérebro, pois a fala sobre a mente ainda está em terceira pessoa gramaticalmente e, portanto, parece inócuo substituir um discurso em terceira pessoa por outro. Mas, na verdade, essa substituição é uma forma disfarçada de outra substituição que é claramente incorreta: a substituição de um discurso em primeira pessoa por um discurso em terceira pessoa.

Se a redução materialista dos transtornos mentais a distúrbios cerebrais estivesse apoiada pelos fatos, o grande crescimento do conhecimento sobre o cérebro e a descoberta de muitos medicamentos psicoativos para o tratamento de doenças mentais nos últimos cinquenta anos deveriam ter produzido uma diminuição significativa na prevalência de transtornos mentais. Embora esses medicamentos sejam eficazes na redução dos sintomas de vários transtornos mentais – lembrando que um em cada seis americanos toma regularmente pelo menos um medicamento para aliviar os sintomas de sofrimento mental –, os medicamentos por si sós raramente curam as causas subjacentes. É aqui que tem lugar o aconselhamento de um terapeuta sábio, compassivo e experiente. Apesar de todos os avanços da terapia medicamentosa e da psicoterapia nos últimos cinquenta anos, as taxas de depressão aumentaram dez vezes nesse período, juntamente com aumentos semelhantes em outras doenças mentais, como transtorno geral de ansiedade, transtorno de déficit de atenção e hiperatividade, transtorno de estresse pós-traumático e insônia. A redução pseudocientífica de doenças mentais a distúrbios cerebrais é especialmente influente nos chamados países desenvolvidos, e é exatamente nessas nações que o crescimento da doença mental é mais prevalente. Portanto, parece uma hipótese plausível a de que a visão materialista dos transtornos mentais como sendo nada mais do que distúrbios cerebrais possa até estar exacerbando as doenças mentais no mundo moderno.

O ponto principal da substituição materialista da mente pelo cérebro é de que o cérebro, um órgão biológico, é o agente real de todas as nossas ações, e opera exclusivamente de acordo com as leis amorais, não-mentais da física, química e biologia. A implicação imediata, mas amplamente negligenciada, dessa afirmação é que não somos moralmente responsáveis por nenhuma de nossas ações. Não temos controle sobre nossos cérebros e, de acordo com essa visão, como defendido pelo psicólogo Daniel M. Wegner: "Parece a cada um de nós que temos vontade consciente. Parece que temos um eu. Parece que temos mentes. Parece que somos agentes. Parece que causamos o que fazemos ... é esclarecedor e, em última análise, acurado chamar tudo isso de ilusão".[63] Embora sua desconstrução materialista da atividade humana, do eu e da mente pareça ser semelhante às visões budistas, essa semelhança superficial obscurece diferenças profundas entre essas duas visões, como veremos nas próximas páginas. Em suma, esse reducionismo entorpecente é desmoralizador, desumanizador e desempoderador para todos os indivíduos que sofreram lavagem cerebral por acreditarem nisso.

Ao excluírem a mente e a consciência de sua visão distópica do mundo natural, os materialistas descreveram não apenas a existência humana, mas também todo o processo de evolução natural e o universo em geral como sem sentido. O pior de tudo é que essa visão existencialmente niilista é falsamente apresentada como fato científico. Quando perguntado sobre o que ele acredita que acontece com nossa consciência após a morte, o brilhante físico teórico Stephen Hawking, com autoridade científica praticamente incomparável, respondeu: "Eu acho que o cérebro é essencialmente um computador e a consciência é como um programa de computador. Ele deixará de funcionar quando o computador for desligado".[64] Quanto à natureza da existência humana em geral, ele escreve: "A raça humana é apenas uma camada de espuma química em um planeta de tamanho moderado, orbitando em torno de uma estrela muito comum no subúrbio de uma entre cem bilhões de galáxias".[65] Com base em anos de pesquisa, Stephen Jay Gould concluiu que "a evolução é sem propósito, não progressiva e materialista".[66] E o físico vencedor do Prêmio Nobel, Steven Weinberg, declarou: "Quanto mais o universo parece compreensível, mais ele também parece sem sentido".[67] Essa confusão generalizada entre especulação reducionista e fatos científicos pode muito bem ser uma das principais razões da reação dos

---

63 Daniel M. Wegner, *The illusion of conscious will* (Cambridge: MIT Press, 2003), 341–42.
64 Stephen Hawking, "10 questions for Stephen Hawking", *Time*, November 15, 2010, http://content.time.com/time/magazine/article/0,9171,2029483,00.html.
65 Stephen Hawking, entrevistado por Ken Campbell, *Reality on the rocks: beyond our ken*, transmitido em 26/02/1995.
66 Stephen Jay Gould, *Ever since Darwin: reflections in natural history* (Nova York: W. W. Norton, 1992), 14.
67 Steven Weinberg, *The first three minutes: a modern view of the origin of the universe* (Nova York: Basic Books, 1993), 154.

fundamentalistas religiosos que rejeitam completamente a autoridade da ciência. Eles preferem viver em um mundo em que as mudanças climáticas globais e a evolução natural são mitos, em vez de habitar o mundo niilista e sem sentido do materialismo científico. Quando as especulações e falsidades infundadas dos materialistas científicos são rejeitadas em favor das especulações e falsidades infundadas dos fundamentalistas religiosos e políticos que servem a seus próprios interesses, ciência e religião são as primeiras vítimas, em detrimento da humanidade e da ecosfera que compartilhamos com toda a vida na Terra.

No cerne da natureza humana está o fato inegável da nossa própria consciência e da nossa percepção de estarmos conscientes. Porém, com a difamação incansável da experiência em primeira pessoa por materialistas que pretendem investigar a mente, mesmo esse mais incontestável de todos os fatos de nossa existência é jogado ao vento. Tendo ignorado ou, na melhor das hipóteses, marginalizado nossa experiência de consciência em primeira pessoa ao longo do século passado, alguns cientistas mostraram sua disposição em rejeitar sua própria existência. O neurocientista de Princeton Michael Graziano, por exemplo, responde à pergunta: "Como o cérebro vai além do processamento de informações para se tornar subjetivamente consciente das informações?", com esta resposta: "Isso não acontece... não há impressão subjetiva, há apenas informações em um dispositivo de processamento de dados".[68] O célebre físico Michio Kaku toma um caminho ligeiramente diferente ao equiparar consciência com reatividade física e irracional: "Consciência é o número de ciclos de feedback necessários para criar um modelo de sua posição no espaço com relação a outros organismos e, finalmente, com relação ao tempo. Então pense na consciência de um termostato. Acredito que mesmo um humilde termostato tenha uma unidade de consciência. Ou seja, ele sente a temperatura ao seu redor. E então nós temos uma flor. Uma flor talvez tenha dez unidades de consciência. Ela precisa entender a temperatura, o clima, a umidade, para onde a gravidade está apontando".[69]

John Searle resume com perspicácia o século passado desse reducionismo: "Os materialistas anteriores argumentaram que não existem fenômenos mentais separados porque os fenômenos mentais são idênticos aos estados cerebrais. Os materialistas mais recentes argumentam que não existe algo como fenômenos mentais separados, porque eles não são idênticos aos estados cerebrais. Acho esse padrão

---

68 Michael S. A. Graziano, "Are we really conscious?", *New York Times*, October 10, 2014, https://www.nytimes.com/2014/10/12/opinion/sunday/are-we-really- conscious.html.

69 Michio Kaku, "Consciousness can be quantified", https://www.youtube.com/watch?v=0GS2rxROcPo&feature=youtu.be.

muito revelador, e o que ele revela é um desejo de se livrar dos fenômenos mentais a qualquer custo".[70] Essa rejeição da experiência em primeira pessoa – enquanto legitima apenas as observações feitas por cientistas que aderem religiosamente aos princípios do materialismo – é uma reminiscência dolorosa da dominação por autoridades entrincheiradas que ocorreu durante períodos específicos da história em muitas partes do mundo, que muitas vezes recebeu a denominação de "Idade das Trevas". Quanto à natureza da mente e da consciência, com o surgimento do materialismo científico nos últimos 150 anos, a sociedade moderna mergulhou em um novo tipo de idade das trevas. Searle fornece sua própria visão geral sobre essa tendência: "Seria difícil exagerar os efeitos desastrosos que a falha em aceitar a subjetividade da consciência teve na produção filosófica e psicológica do último meio século. De maneiras que não são de todo óbvias superficialmente, grande parte da falência da maioria dos trabalhos na filosofia da mente e grande parte da esterilidade da psicologia acadêmica nos últimos cinquenta anos... vieram de uma falha persistente em reconhecer e aceitar o fato de que a ontologia do mental é uma ontologia irredutivelmente em primeira pessoa".[71] Ele resume esse ponto com o comentário: "Mais do que qualquer outra coisa, é a negligência com respeito à consciência que explica tanta improdutividade e esterilidade na psicologia, na filosofia da mente e na ciência cognitiva".[72]

Escrevendo nos primórdios da nova ciência da mente, William James observou: "De fato, a psicologia hoje é pouco mais do que a física era antes de Galileu, o que a química era antes de Lavoisier. É um amontoado de descrições de fenômenos, de fofocas e de mitos, incluindo, no entanto, material real suficiente para justificar que se tenha a esperança de que, com julgamento e boa vontade por parte dos interessados, seu estudo possa ser organizado ao ponto de tornar-se digno do nome de ciência natural em um dia não muito distante".[73] Infelizmente, isso é mais verdadeiro agora do que quando ele escreveu essas palavras. As duas opções materialistas de reduzir a mente ao cérebro ou de negar sua existência apresentam uma visão falsa não apenas da existência humana, mas também da realidade como um todo. É possível estudar relatos abrangentes do conhecimento científico do universo em geral, e da evolução da vida em nosso planeta, sem encontrar nenhuma menção à natureza e origem da mente e da consciência. Dominados pelo materialismo, os cientistas ignoraram amplamente o papel de suas próprias mentes

---

70 Searle, *Rediscovery of the mind*, 48–49.
71 Ibid., 95.
72 Ibid., 227.
73 William James, "A plea for psychology as a 'Natural Science'", *The Philosophical Review* 1, nº 2 (1892): 146.

na pesquisa científica e descartaram o papel da consciência no universo. Em sua obra clássica "The future of an illusion" (O futuro de uma ilusão), Sigmund Freud declarou: "O problema de uma constituição do mundo que não leva em conta o aparato mental por meio do qual o percebemos é uma abstração vazia, sem interesse prático".[74] A "constituição do mundo", como retratada pela ciência moderna, não trata da natureza e das origens da mente humana ou da consciência em termos gerais. É uma visão de um mundo em que a consciência não existe ou é considerada tão irrelevante que sua exclusão não tem significado. Mas esse mundo existe apenas na imaginação dos que creem nisso.

O mundo moderno precisa desesperadamente ser resgatado das garras do reducionismo, com sua tríade avassaladora composta pelo materialismo, hedonismo e consumismo, que está destruindo rapidamente a civilização humana e a ecosfera. Ironicamente, podemos buscar inspiração no cientista que mais do que qualquer outro foi responsável pela dominação da ciência e da civilização humana pelo materialismo científico. Este não é outro senão Thomas Huxley, que escreveu: "De todas as miseráveis superstições que já atormentaram e escravizaram a humanidade, a noção de antagonismo entre ciência e religião é a mais danosa. A verdadeira ciência e a verdadeira religião são irmãs gêmeas, e a separação de uma da outra certamente representará a morte de ambas. A ciência prospera exatamente na proporção em que é religiosa; e a religião floresce em proporção exata à profundidade e à firmeza científica de sua base".[75] Para refletirmos sobre a possibilidade de a religião lançar luz sobre realidades não-físicas negadas pela ciência moderna, talvez devêssemos olhar além dos limites da civilização eurocêntrica, para tradições de sabedoria que não foram corrompidas pelas superstições do materialismo. Como Einstein e colegas cientistas imploraram aos americanos em 1946, enfrentando a crise para a humanidade advinda do poder devastador da bomba atômica, "um novo tipo de pensamento é essencial para que a humanidade sobreviva e se mova em direção a níveis mais elevados".[76] É aqui que o budismo, que se desenvolveu fora da matriz da civilização eurocêntrica – e que toma a mente como foco central em vez de descartá-la –, pode lançar uma luz brilhante para nos ajudar a compreender a mente nesta era sombria do materialismo.

---

74 Sigmund Freud, "The future of an illusion", in *Mass psychology and other writings*, trad. J. A. Underwood (Londres: Penguin Books, 2004), citado em N. David Mermin, "Physics: QBism puts the scientist back into science", *Nature* 507, nº 7493 (2004): 423.
75 Thomas H. Huxley, "Science and religion," *The Builder* 17 (January 1859).
76 "Atomic education urged by Einstein", *New York Times*, May 25, 1946, 13.

A Natureza da Mente

Para que seja alcançado um corpo de conhecimento consensual sobre a natureza e as origens da mente comparável ao conhecimento científico sobre os diversos aspectos do mundo objetivo e físico, os processos mentais devem ser abordados com o mesmo espírito de empirismo imparcial que inspirou os últimos quatrocentos anos de investigação científica. Isso significa que os fenômenos mentais devem ser observados com toda a diligência e precisão que Galileu e Darwin aplicaram aos fenômenos físicos e biológicos. William James reconheceu esse fato no final do século XIX, mas os psicólogos abandonaram a introspecção, aparentemente porque não conseguiram produzir resultados rigorosos e replicáveis. James estava bem ciente dos desafios enfrentados pela exploração científica da mente em primeira pessoa, mas concluiu que estes eram comuns a todos os tipos de observação: "A introspecção é difícil e falível; e ... a dificuldade é simplesmente a de toda observação de qualquer tipo. A única garantia está no consenso final de nosso conhecimento mais aprofundado sobre o assunto em questão, visões posteriores corrigindo as anteriores, até que finalmente a harmonia de um sistema consistente seja alcançada".[77]

As tentativas científicas do século XIX de usar a introspecção para investigar a mente eram primitivas, hesitantes, dispondo apenas de meios rudimentares para refinar as habilidades de atenção de maneira geral. O principal pesquisador dos EUA nesse campo foi Edward B. Titchener (1867-1927), que criou o maior programa de doutorado no campo da psicologia experimental nos Estados Unidos na época, depois de se tornar professor na Universidade de Cornell. Tendo dedicado sua vida ao desenvolvimento de técnicas introspectivas, ele observou que as principais dificuldades da introspecção são "manter a atenção constante" e "evitar preferências", mas uma dificuldade adicional é "saber o que procurar".[78] Mas, como observamos anteriormente, no início do século XX, a observação di-

---

77   James, *Principles of Psychology*, 1: 191-92.
78   Edward B. Titchener, *A primer of psychology*, ed. rev. (Nova York: Macmillan, 1899), 24-25. Ver também Edward B. Titchener, *Experimental psychology: a manual of laboratory practice* (Nova York: Macmillan, 1901-5). Para avanços atuais nesse campo, veja Claire Petitmengin, "Describing One's Subjective Experience in the Second Person: An Interview Method for the Science of Consciousness", *Phenom. Cogn. Sci.* 5 (2006): 229-69.

reta e a exploração da mente por meio da introspecção foram abandonadas com o surgimento dos psicólogos comportamentais, que simplesmente decidiram ver a mente como nada além de disposições físicas para o comportamento. A partir de então, o estudo científico da mente tem sido dominado pelas limitações ideológicas e metodológicas do materialismo. Como vimos, essa abordagem ganhou mais impulso com o surgimento da neurociência na década de 1960, quando os especialistas nesse campo simplesmente decidiram que a mente deveria ser vista como uma função biológica do cérebro.

Como observamos na discussão inicial sobre as práticas de shamatha de atenção plena à respiração, de tomar a mente impura como o caminho e de consciência da consciência, esse treinamento avançado em equilíbrio e concentração mental fornece exatamente as habilidades necessárias para realizar investigações rigorosas da mente e de seu papel na natureza. Quando o atingimento de shamatha combina com uma série de práticas de vipaśyanā, essa pesquisa esclarece quatro aspectos da natureza da mente, com base em descobertas empíricas e replicáveis feitas por milhares de contemplativos em toda a Ásia. São eles: a natureza fenomenológica da consciência, a natureza essencial da mente, a natureza última da mente e a natureza transcendente da consciência que se encontra na própria base da totalidade da realidade.

A Natureza Fenomenológica da Consciência

Embora os cientistas e filósofos modernos tenham proposto uma ampla gama de definições de consciência, eles não obtiveram consenso nem inventaram qualquer meio científico de mensuração da consciência. Eles nos deixaram no escuro a respeito da natureza e das origens da consciência e de sua relação com o corpo e o mundo natural em geral. Na tradição do budismo originária da Índia, e que posteriormente evoluiu no Tibete por mais de um milênio, contemplativos e estudiosos há muito tempo identificaram duas características definidoras da consciência: luminosidade[79] e cognoscência[80]. A definição de qualquer entidade é útil na medida em que permite identificar essa entidade quando observada e distingui-la de todas as outras entidades. A definição budista de consciência satisfaz esses critérios, enquanto as muitas outras definições materialistas notoriamente não. A característica de luminosidade (cujo equivalente em tibetano também pode ser traduzido como claridade) tem duplo significado. O primeiro é que a consciência é clara no sentido de ser insubstancial, desprovida de mate-

---

79 Tib. *gsal ba*.
80 Tib. *rig pa*.

rialidade. Quando observada diretamente, a consciência não apresenta qualidades físicas – massa, tamanho, forma, velocidade ou localização – nem pode ser medida ou detectada com nenhum instrumento físico. O segundo significado é que a consciência ilumina ou torna manifestas todas as aparências sensoriais e mentais. Não fosse a consciência, não haveria aparências de nenhum tipo. A consciência nos permite experienciar formas visuais e cores, sons, cheiros, gostos e sensações táteis, bem como todos os processos mentais, incluindo pensamentos, o surgimento de imagens mentais, desejos, emoções, sonhos e assim por diante. A cognoscência da consciência refere-se à experiência de conhecer e compreender os objetos que se apresentam à consciência.

O fato óbvio da imaterialidade da consciência tem sido ferozmente combatido pelos materialistas, que insistem que as únicas coisas que existem são aquelas que podem ser medidas por intermédio de meios físicos, isto é, matéria, energia, espaço, tempo e suas propriedades emergentes. Nos últimos quatrocentos anos, os cientistas exploraram uma vasta gama de entidades físicas e, sem nenhuma exceção, suas funções e propriedades emergentes também foram comprovadas como possuindo características físicas. Mas a afirmação dos materialistas de que a mente e a consciência são funções ou propriedades emergentes do cérebro é uma conclusão excepcional que não é apoiada por evidências convincentes. Sabe-se muito bem que os processos mentais e neurais estão correlacionados; no entanto, como observado anteriormente, a real natureza dessas correlações continua sendo tão misteriosa hoje quanto no tempo de Huxley. De fato, ele achava ridícula a própria ideia de que estados de consciência pudessem realmente emergir da atividade dos neurônios: "Dizer que algo tão notável como um estado de consciência surge como resultado da estimulação do tecido nervoso é tão inexplicável quanto o surgimento do Gênio quando Aladim esfregou a lâmpada".[81]

Os materialistas querem nos fazer acreditar que existem apenas duas opções ao considerar a relação entre corpo e mente: ou se adota o dualismo mente-corpo de Descartes, que é visto como desacreditado pela ciência contemporânea; ou se aceita a visão do monismo materialista, que é o fundamento metafísico da ciência promovido por Huxley. Ambas as alternativas se mostraram estéreis e pouco esclarecedoras no que diz respeito a compreender a natureza e as origens da mente; portanto, é hora de escapar das amarras dessa camisa de força ideológica. Além da dicotomia do monismo e do dualismo, está a expansão aberta de um universo pluralista, que consiste em uma ampla gama de fenômenos que

---

81 Thomas H. Huxley, *The elements of physiology and hygiene: a text-book for educational institutions* (Nova York: D. Appleton & Co., 1868), 178.

não se enquadram nas categorias de mente ou matéria.[82] Estes incluem fenômenos não-físicos como informações significativas, aparências para a consciência, as leis matemáticas da natureza e verdades matemáticas em geral – juntamente com justiça, beleza e seres humanos, que possuem corpos e mentes, mas não são equivalentes a nenhum deles.

Entre os diversos fenômenos que não consistem em estados da matéria ou da mente, a informação é de particular interesse, especialmente quando a civilização moderna evolui da era industrial para a era da informação. Com o amplo uso de computadores pessoais e da Internet, nós frequentemente nos referimos à quantidade de informações armazenadas em tais sistemas; e como o cérebro é visto como um computador biológico, fala-se muito de informações armazenadas em circuitos cerebrais e processadas por neurônios e sinapses. Muitos cientistas e jornalistas chegam ao ponto de afirmar que os próprios neurônios individuais "conscientemente" processam e transmitem informações para outras partes do cérebro, embora não sejam capazes de explicar como as "consciências" individuais de cem bilhões de neurônios se fundem no cérebro em um fluxo unitário de consciência que cada um de nós experiencia em primeira mão.

O filósofo John Searle desafia essa crença ingênua: "As informações no computador estão nos olhos de quem vê, não são intrínsecas ao sistema computacional... As transições de estado elétrico de um computador são manipulações de símbolos apenas em relação à fixação de uma interpretação simbólica por algum designer, programador ou usuário".[83] Em outras palavras, as informações semânticas significativas não estão objetivamente presentes dentro de um computador da mesma maneira como os chips de silício estão presentes. As informações que dizemos que são armazenadas em um computador existem apenas em relação aos agentes conscientes que criam, programam e usam computadores. George F. R. Ellis esclarece ainda que bits de informação "existem como entidades efetivas não-materiais, criadas e mantidas por meio da interação social e do ensino... Assim, embora possam ser representados e compreendidos em cérebros individuais, sua existência não está contida em nenhum cérebro individual e eles certamente não são equivalentes a estados cerebrais. Em vez disso, os últimos servem apenas como uma das muitas formas possíveis de incorporação desses recursos".[84]

---

82 Ver William James, *A pluralistic universe* (Cambridge: Harvard University Press, 1977).

83 John R. Searle, *Consciousness and language* (Cambridge: Cambridge University Press, 2002), 34.

84 George F. R. Ellis, "True complexity and its associated ontology", in *Science and ultimate reality: quantum theory, cosmology, and complexity*, ed. John D. Barrow,

A consciência – como a simples experiência de estar ciente – não é um atributo de neurônios individuais ou de chips de silício, e não há evidências convincentes de que essa consciência seja uma propriedade emergente do cérebro concebida como algum tipo de computador biológico. A palavra "consciência" tem sido usada com tanta frequência agora em um sentido figurado frouxo e indefinido, em um esforço quase lúdico para personificar os processos físicos observados, que a comunidade científica às vezes parece esquecer o que todos nós experimentamos como o fato de estarmos conscientes todos os dias, o que envolve estar ciente. Se tivermos em mente essa experiência em primeira pessoa, torna-se evidente que os neurônios individuais simplesmente não têm a experiência de estarem cientes. No entanto, a crença em alguma existência imaginada de uma "consciência" que poderia ser uma propriedade emergente da matéria tornou-se, em muitos casos, uma suposição inquestionável que precede praticamente todas as pesquisas científicas relevantes, ignorando as evidências científicas contrárias.

A raiz de tanta confusão, nos dias de hoje, sobre a natureza da informação surge da fusão de informações quantitativas e qualitativas. A informação quantitativa, conforme definida pelos físicos, é o padrão de organização da matéria e da energia, que está inversamente relacionado à entropia. A informação qualitativa ou semântica é significativa por possuir um referente que é conhecido por um ser consciente.[85] A informação quantitativa é objetivamente mensurável, enquanto a informação semântica existe apenas em relação a um agente consciente que é informado. Os produtos químicos e a eletricidade dentro de computadores e cérebros não têm referentes. Por si sós, eles não dizem respeito a nada e não se referem a nada, assim como as letras "STOP" também não se referem a nada além de como são entendidas por agentes conscientes que concordaram entre si em que essa sequência de letras significa. Este ponto foi claramente reconhecido setenta anos atrás pelo matemático e filósofo do MIT, Norbert Wiener (1894–1964): "O cérebro mecânico não secreta o pensamento 'como o fígado secreta a bile', como alegaram os materialistas anteriores, nem o exibe na forma de energia, como o músculo exibe sua atividade. Informação é informação, não é matéria nem energia. Nenhum materialismo que não admita isso poderá sobreviver nos dias atuais".[86] Infelizmente, o materialismo realmente sobreviveu até

Paul C. W. Davies, e Charles L. Harper, Jr. (Cambridge: Cambridge University Press, 2004), 621.

85   Para um esclarecimento sobre essa distinção, ver Marcia Bates, "Fundamental forms of information", *Journal of the American Society for Information and Technology* 57, nº 8 (2006): 1033–45.

86   Norbert Wiener, *Cybernetics: or control and communication in the animal and the machine* (Cambridge: MIT Press, 1961), 132.

os dias atuais, em parte devido à bem-sucedida campanha dos materialistas para suplantar essa verdade inconveniente com conjecturas espúrias.

Os materialistas tendem a se sentir mais à vontade com o materialismo mecanicista que caracterizou a física durante as décadas finais do século XIX. Mas os cientistas cognitivos em particular negligenciaram, compreenderam mal ou marginalizaram amplamente as implicações revolucionárias da física quântica que surgiram no início do século XX. Como explicam os físicos Časlav Brukner e Anton Zeilinger: "Na física clássica, uma propriedade de um sistema é um conceito primário anterior e independente da observação, e a informação é um conceito secundário que mede nossa ignorância sobre as propriedades do sistema. Por outro lado, na física quântica a noção de informação total do sistema emerge como um conceito primário, independente do conjunto completo de procedimentos experimentais complementares que o observador possa escolher, e uma propriedade se torna um conceito secundário, uma representação específica da informação do sistema que é criada espontaneamente na própria medição".[87]

Em vez de ver os sistemas quânticos como condições anômalas locais, criadas e protegidas de influências externas nos laboratórios de física, o eminente físico teórico John Archibald Wheeler (1911–2008), em colaboração com Bryce DeWitt, aplicou os princípios da física quântica ao universo como um todo, resultando no campo conhecido como "cosmologia quântica". Uma descoberta surpreendente foi que, para o universo como um todo, o próprio tempo desapareceu das equações: o universo está congelado. Somente quando eles introduziram um "observador- participante", com um ponto de referência perceptivo no espaço-tempo, o tempo e um universo em mudança se manifestaram. A evolução do universo pode ocorrer apenas quando uma consciência subjetiva declara o seu "agora", estabelecendo, assim, o passado e o futuro em relação àquele momento presente. Mas o passado e o futuro existem apenas em relação a esse observador-participante; eles não são absolutamente existentes.[88] Essa interpretação lança uma nova luz sobre o chamado problema de medição na física quântica, que permaneceu sem solução desde que foi identificado pela primeira vez há quase um século. De acordo com Wheeler, para que uma medição ocorra, uma observação verdadeira do mundo físico deve transmitir informações significativas, o que implica uma transição do domínio das coisas desprovidas

---

87 Časlav Brukner e Anton Zeilinger, "Information and fundamental elements of the structure of quantum theory", in *Time, quantum and information*, ed. Lutz Castell and Otfried Ischebeck (Berlim: Springer-Verlag, 2003), 352.

88 Andrei Linde, "Inflation, quantum cosmology and the anthropic principle", in Barrow, Davies, e Harper, *Science and ultimate reality*, 449; Paul Davies, "That mysterious flow", *Scientific American* 16, nº 1 (2006): 6–11.

de mente para o domínio do conhecimento consciente. Em vez de pensar no universo como matéria em movimento, ele propôs que se pudesse considerá-lo como informação sendo processada, e isso requer a participação de observadores conscientes que estão cientes de tal informação.

Uma das principais razões pelas quais os cientistas acreditam tão amplamente que a consciência deve emergir da matéria decorre da atual compreensão científica da evolução do cosmos como um todo. Segundo a cosmologia moderna, o universo teve início com o surgimento de matéria e energia após o Big Bang, cerca de 13,7 bilhões de anos atrás; nosso planeta se formou cerca de 5 bilhões de anos atrás; e a vida orgânica surgiu pela primeira vez cerca de 3,5 bilhões de anos atrás. Ao longo da evolução biológica na Terra, não há registro físico indicando o surgimento de organismos conscientes, pela simples razão de que a consciência é fisicamente indetectável. Mas supõe-se que os primeiros organismos conscientes evoluíram de organismos inconscientes mais primitivos, menos complexos, de modo que o surgimento e o desenvolvimento de níveis cada vez mais elevados de consciência nos organismos vivos devem estar correlacionados com graus crescentes de complexidade em seus cérebros.

A lógica desse argumento parece ser irrefutável até que se observe um simples fato que é quase universalmente ignorado por cosmólogos e biólogos: toda essa narrativa da história do universo e da vida na Terra é baseada apenas em medições físicas. Se fizer apenas perguntas físicas e realizar apenas medições físicas, o universo que você concebe com essa base conterá apenas entidades físicas. Se de fato houvesse influências não-físicas na origem e evolução do universo e dos organismos vivos, os físicos e biólogos não as descobririam, já que se limitam aos métodos atuais de investigação científica. Em suma, a visão científica moderna do universo e o lugar da humanidade nesse universo são materialistas por uma razão simples: todas as observações que a formam estão restritas a fenômenos físicos. A mente, a consciência e todos os outros fenômenos não-físicos em todo o universo foram excluídos dessa visão reducionista do mundo. Como o único mundo que sabemos existir é esse em que as mentes dos seres conscientes desempenham o importante papel de iluminar e conhecer a realidade em que vivem, qualquer universo projetado que consistisse apenas em fenômenos físicos seria uma fantasia na imaginação daqueles que o conceberam.

Mas se o universo que experienciamos existe apenas em relação à nossa experiência dele, como isso pode ser compatível com os fatos científicos conhecidos sobre a evolução do universo e da vida na Terra? John Wheeler oferece uma solução revolucionária para esse enigma. Segundo ele, o universo consiste em um "estranho ciclo", no qual a física dá origem a observadores e os observadores dão origem a pelo menos parte da física. A visão convencional da relação entre observadores e mundo objetivo é de que a matéria produz informações, e as informações possibilitam que os observadores estejam cientes da matéria por meio de medições. Isso pode ser descrito como uma sequência: matéria → informação → observadores. Wheeler, ao contrário, propõe que a presença de observadores possibilite o surgimento de informações, pois não há informações sem alguém que seja informado. Matéria é uma categoria construída a partir de informações. Assim, Wheeler inverte a sequência: observadores → informação → matéria.[89]

Isso implica que a narrativa científica atual da história do universo não é absolutamente real e objetiva, existindo prévia e independentemente de todas as medições. Wheeler explica: "É errado pensar nesse passado como 'já existente' com todos os detalhes. O 'passado' é teoria. O passado não tem existência, exceto como é registrado no presente. Ao decidir quais perguntas nosso equipamento de registro quântico deve fazer no presente, temos uma escolha inegável quanto ao que temos o direito de dizer sobre o passado".[90] Isso implica que, no nível macrocósmico, o universo é fundamentalmente um sistema de processamento de informações do qual o surgimento da matéria emerge em um nível superior de realidade. No nível microcósmico, cada ser senciente é um sistema consciente de processamento de informações. Nos dois casos, são informações semânticas, e não quantitativas, objetivas, que são cruciais. Assim, na física quântica, a visão "materiocêntrica" do universo foi suplantada por uma visão "empiricocêntrica"; e essa reformulação é pelo menos tão abrangente em suas consequências quanto a reformulação de uma visão geocêntrica para uma visão heliocêntrica do lugar da humanidade no cosmos.

Brukner e Zeilinger alertam que essa hipótese "não implica que a realidade não seja mais que uma pura construção humana subjetiva".[91] Com base em observações, os cientistas são capazes de conceber objetos com conjuntos de propriedades que não mudam de acordo com os diversos modos de observação e descrição. Eles são "invariantes" com relação a essas observações. As previsões baseadas em tais invariantes específicos podem ser verificadas por qualquer observador suficientemente treinado e, como resultado, um acordo intersubjetivo sobre as teorias em questão pode ser alcançado; e isso dá a impressão de que

---

89 Paul C. W. Davies, "An overview of the contributions of John Archibald Wheeler", in Barrow, Davies, e Harper, *Science and ultimate reality*, 10.

90 John Archibald Wheeler, "Law without law," in *Quantum theory and measurement*, ed. John Archibald Wheeler and Wojciech Hubert Zurek (Princeton, NJ: Princeton University Press, 1983), 194.

91 Brukner and Zeilinger, "Information and fundamental elements of the structure of quantum theory", 352.

esses objetos invariantes e mentalmente construídos existem em um nível mais fundamental do que as medições e formulações conceituais dos cientistas.

Cientistas ou não, sempre que concebemos uma entidade, pensamos em termos da entidade como um "todo", que possui várias partes e atributos. Mas quais deles, se houver, são objetivamente reais e independentes de nossa designação conceitual? William James sugere que: "'Todos' não são realidades, apenas partes são realidades". Os todos "não são compreendidos por nenhum órgão ou estrela, nem experienciados, a não ser pela consciência de um espectador".[92] Mas, assim que identificamos uma parte de qualquer todo, essa parte em si é identificada como tendo suas próprias partes ou atributos; nesse caso, ela também se torna um todo. Mesmo as próprias noções de "parte" e "todo" não têm significado independente uma da outra. Falar de uma parte que não está relacionada a um todo é tão sem sentido quanto falar de um todo sem partes. No entanto, se um existe apenas em relação ao outro, ambos devem existir apenas em relação à mente que os concebe. James enfraquece sua própria afirmação da realidade independente das partes quando cita o filósofo escocês Edward Caird (1835-1908), que comenta: "Isole uma coisa de todas as suas relações e tente fazer com que ela mesmo se afirme; você descobre que ela nega a si mesma, bem como suas relações. A coisa em si é nada".[93]

Esse princípio de interdependência também se aplica aos relacionamentos dentro da tríade de informação semântica, consciência informada e referente da informação; e isso é fundamental para entendermos as implicações da cosmologia quântica. Remova qualquer um desses três elementos e os outros dois desaparecem simultaneamente. Ou seja, na ausência de informações semânticas, não pode haver nada sobre o que se é informado e ninguém que é informado. Da mesma forma, se não houver um agente consciente informado, não haverá fluxo de informações e, portanto, nenhuma referência a algo sobre o que alguém possa ser informado. Por fim, se não houver referente da informação, as categorias "informação" e "consciência que é informada" são desprovidas de significado. Isso implica que a consciência está na própria base do universo conhecido e é mutuamente interdependente com a informação que percebe e com os fenômenos dos quais é informada. Cada um desses três elementos é desprovido de existência inerente, pois todos os três surgem em interdependência mútua.

Há muito a ser compreendido a partir da analogia do macrocosmo do universo com o microcosmo de um ser humano. Sobre esse tema, o Buda declarou:

---

92   James, *A pluralistic universe*, 89.
93   Edward Caird, Hegel (Edimburgo: W. Blackwood, 1883), 162; citado em James, *A pluralistic universe*, 47.

"É neste corpo de 1,80 metro, com suas percepções e sua mente, que descrevo o mundo, a origem do mundo, a cessação do mundo e o caminho que leva à cessação do mundo".[94] Em vez de reduzirmos a existência humana a um amálgama de matéria e energia, pode ser muito mais esclarecedor nos considerarmos primariamente como seres conscientes que processam informações, que conceberam os construtos derivados de matéria e energia. Não somos configurações de poeira estelar, mas sim os criadores conscientes de nosso mundo físico conhecido, que geralmente concebemos dentro das categorias mentalmente construídas de matéria, energia e suas propriedades emergentes.

Ao despertarmos da fantasia de que existem apenas fenômenos fisicamente mensuráveis, podemos notar rapidamente que todo o conteúdo imediato da nossa experiência sensorial e mental não é físico. As aparências aos nossos sentidos físicos, como cores e sons, não existem no mundo objetivo, independentemente de nossos sentidos físicos, nem existem dentro de nossas cabeças. Todas as informações que processamos sobre o mundo são desprovidas de atributos físicos, conforme observado anteriormente. O mundo físico, como se imagina existir independente de todas as aparências e informações não-físicas, nunca pode ser observado por ninguém. Isso não quer dizer que o mundo físico não exista, mas apenas que o mundo físico – como o observamos e o entendemos – não existe independentemente de nossas observações e conceitos.

Essa visão avançada da natureza inter-relacionada da mente e da matéria, e mais especificamente da mente e do corpo, encontra uma base até nos primeiros textos budistas. Por exemplo, o monge e erudito budista do Sri Lanka, Weragoda Sarada Maha Thero, explica que os termos pāli "nāma" e "rūpa", às vezes traduzidos como "mente" e "corpo", na verdade não são duas entidades separadas e inerentemente reais que de alguma forma interagem entre si. Em vez disso, são duas maneiras de olhar uma experiência unificada. Ele sugere que nāma (lit. "nomear") é uma experiência vista subjetivamente como "o processo mental de identificação de um objeto". Rūpa (forma aparente) é a experiência vista objetivamente como "uma entidade que é percebida e concebida por meio do processo mental de identificação". Manō, frequentemente traduzido como "mente" ou "atividade mental", refere-se ao "processo mental de conceituação, que integra e produz significado a partir das diferentes percepções captadas pelos diferentes sentidos". Essa experiência total significativa é vista subjetivamente como "identificação de uma entidade" (nāma) e objetivamente como "a entidade identificada" (rūpa).[95]

---

94   Saṃyutta Nikāya 2.36.
95   Ven. Weragoda Sarada Maha Thero, *Treasury of truth: illustrated Dhammapada* (Taipé, Taiwan: The Corporate Body of the Buddha Education Foundation, 1993), 61.

O "problema mente-corpo", que tem atormentado a civilização eurocêntrica por séculos, foi criado e perpetuado por uma forma de pensar que assume que a mente e o corpo existem como entidades separadas e inerentemente reais que inexplicavelmente interagem uma com a outra. Os dualistas cartesianos nunca foram capazes de apresentar uma explicação convincente de como essa interação ocorre, e os monistas materialistas fingiram resolver o problema, equiparando a mente a processos físicos – sem justificativa – ou descartando completamente a existência da mente. Ao desafiarem a suposição metafísica subjacente a esse problema, os budistas podem demonstrar que o problema começa a se resolver por si mesmo.

A Natureza Essencial da Mente

Para compreender o significado de "natureza essencial"[96] da mente, em um contexto budista, podemos compará-lo com sua "natureza manifesta"[97]. A prática de tomar a mente impura como o caminho, também chamada de estabelecer a mente em seu estado natural, introduzida anteriormente, é um método sofisticado para examinar a natureza manifesta dos pensamentos, memórias, desejos, emoções e todo tipo de aparência mental. Do ponto de vista panorâmico da quietude da consciência, pode-se observar com uma "objetividade interna" cada vez mais rigorosa as circunstâncias pelas quais os eventos mentais surgem, como eles estão presentes depois que surgem e como desaparecem. Na prática budista clássica de aplicação da atenção plena à mente[98] também se examina se os fenômenos mentais são estáveis ou surgem em fluxo constante, se são fontes verdadeiras de bem-estar ou fundamentalmente insatisfatórias, e se são por sua própria natureza "eu" e "meus" ou simplesmente eventos que surgem na dependência de causas e condições anteriores. Além disso, um tema central nessas investigações é determinar quais fatores mentais desempenham papéis cruciais na aflição da mente e no desencadeamento de comportamentos prejudiciais, e quais dão origem a uma experiência genuína de bem-estar para si e para os outros. Especificamente, examinamos as maneiras pelas quais o desejo, a hostilidade e a delusão perturbam o equilíbrio da mente e geram desconforto, ansiedade e infelicidade.

A natureza manifesta da mente, examinada nessa prática, surge na dependência da atividade cerebral e dos estímulos físicos do corpo e do ambiente, bem como com base em estados de consciência e processos mentais anteriores. Portanto, essa mente é fortemente configurada ou condicionada por muitos fatores

---

96   Tib. *ngo bo*.
97   Tib. *rang bzhin*.
98   Ver Wallace, *Minding closely*, 175–204.

ambientais, fisiológicos e psicológicos que são exclusivamente humanos. Na prática de estabelecer a mente em seu estado natural, permitimos que esse fluxo de consciência moldado por todos esses fatores "derreta" em um fluxo progressivamente fundamental que é chamado de "natureza essencial da mente". A relação entre a natureza manifesta e a natureza essencial da mente pode ser comparada à relação entre uma célula especializada, como um neurônio, e uma célula-tronco. Assim como uma célula-tronco é configurada por fatores biológicos e se transforma em qualquer célula dentre uma ampla variedade de células especializadas, esse fluxo fundamental de consciência, conhecido como consciência substrato, é configurado por fatores mentais e físicos para transformar-se em uma ampla variedade de mentes humanas e não-humanas.

Revisando o método de estabelecer a mente em seu estado natural: enquanto repousa na quietude da consciência, recolha a atenção de todos os cinco domínios da experiência sensorial e concentre-se unicamente no domínio dos eventos mentais, observando quaisquer pensamentos que surgirem, sem seguir aqueles pertencentes ao passado e sem ser atraído por pensamentos sobre o futuro. Não tente modificar, bloquear nem perpetuar nenhum evento mental que surgir; simplesmente observe sua natureza, sem deixar sua atenção ser desviada para os referentes de pensamentos ou imagens. Sustente o fluxo da atenção plena sem se distrair com nenhuma aparência objetiva dos cinco sentidos físicos, e sem se identificar com nenhum impulso ou processo mental subjetivo. Sustente a quietude da sua consciência em meio aos movimentos da mente. Como o Buda Samantabhadra explica na *Essência Vajra*: "Os pensamentos flutuantes não cessam; no entanto, a atenção plena os expõe, para que você não se perca neles como de costume. Dedicando-se a essa prática continuamente em todos os momentos, durante e entre as sessões de meditação, por fim todos os pensamentos grosseiros e sutis serão acalmados na expansão vazia da natureza essencial da sua mente. Você ficará quieto, em um estado sem oscilações, no qual experienciará bem-aventurança como o calor de um fogo, luminosidade como o amanhecer e ausência de conceitos como um oceano não perturbado por ondas".[99]

A culminância desse processo de estabelecer a mente em seu estado natural ou não configurado ocorre, como comenta Samantabhadra, quando:

> ... por fim, a mente comum de um ser comum desaparece, por assim dizer. Consequentemente, o pensamento compulsivo desaparece e os pensamentos errantes desaparecem no espaço da

---

99 Düdjom Lingpa, *Vajra Essence*, 20.

consciência. Você adentra o espaço vazio do substrato, no qual o eu, os outros e os objetos desaparecem. Ao se apegar às experiências de vazio e luminosidade enquanto olha para dentro, as aparências do eu, dos outros e dos objetos desaparecem. Essa é a consciência substrato... na verdade, você acessou a natureza essencial [da mente].[100]

Todas as aparências sensoriais e mentais são iluminadas, ou tornam-se manifestas, pela consciência substrato, mas ela não invade nem se funde cognitivamente com essas aparências. Elas não surgem em lugar algum do espaço físico, mas emergem, estão localizadas e ao final se dissolvem no espaço imaterial do substrato. O substrato é claramente determinado quando a mente se estabiliza completamente em seu estado natural, mas você também acessa esse estado no sono profundo sem sonhos, quando desmaia e na fase culminante do processo de morrer.

Como observado acima, as três características mais importantes da consciência substrato são bem-aventurança, luminosidade e ausência de conceitos. Quando experimentadas no contexto da mente comum, as três principais aflições mentais de desejo, hostilidade e ilusão são consideradas influências altamente tóxicas e perturbadoras para a mente. Mas, quando esses mesmos processos mentais são vistos da perspectiva da consciência substrato, reconhecemos que suas naturezas essenciais correspondem, respectivamente, à bem-aventurança, luminosidade e ausência de conceitos, das quais surgem cada uma dessas aflições. À medida que essas qualidades primárias da natureza essencial da mente se tornam condicionadas e se manifestam na mente humana comum, elas se tornam aflitivas, mas sua natureza essencial não é de forma alguma tóxica.

Isso levanta a questão mais geral sobre a origem causal de todos os estados de consciência e processos mentais. Em meados do século XIX, o físico alemão Hermann von Helmholtz formalizou matematicamente o princípio da conservação de energia, que implica que no mundo natural nada surge do nada, e que algo que existe jamais se transforma em nada, desaparecendo sem deixar traço. Todas as configurações de matéria-energia emergem de configurações anteriores de matéria-energia, e o mesmo se aplica às configurações de espaço-tempo. Esse princípio de conservação, que é um pilar central da física moderna, refere-se a todos os constituintes fundamentais da natureza; portanto, é razoável perguntar: tal princípio não se aplicaria também ao surgimento e desaparecimento da consciência?

Podemos considerar três alternativas básicas. Primeiro, se a consciência é

---

100 Ibid., 28.

não-física, como indicado por todas as evidências, a hipótese de que emerge de uma configuração de matéria-energia violaria o princípio físico da conservação de matéria-energia, pois isso implicaria que algo físico se transformasse em algo não físico.

Segundo, se a consciência surge do nada, isso a torna diferente de qualquer outra coisa no mundo conhecido, além de desafiar o bom senso: como nada poderia ser influenciado para que se transformasse em algo?

Terceiro, se a consciência surge de algo não-físico e segue o mesmo princípio de conservação que matéria-energia e espaço-tempo, então ela deve emergir de uma configuração anterior de consciência, que é de fato a visão budista.

Certamente, uma quarta opção é que a consciência é realmente física, como muitos materialistas acreditam, pelo menos aqueles que não negam sua existência por completo. A evidência contra essa hipótese é que ela não apresenta características físicas quando experienciada diretamente, e não pode ser medida com nenhum instrumento físico. Verificou-se que os estados de consciência nos seres humanos estão correlacionados com os estados cerebrais, e existem tantas evidências de que o cérebro influencia a mente quanto de que a mente influencia o cérebro. Mas o mero fato de que processos mentais correspondem a processos físicos no cérebro de modo algum implica logicamente que sejam idênticos ou que a mente seja física.

Na análise budista da causalidade, é feita clara distinção entre uma causa substancial[101] e uma condição auxiliar[102]. Uma causa substancial se transforma em seu efeito e perde a própria identidade no processo, enquanto uma condição auxiliar influencia seu efeito sem perder sua identidade ao fazê-lo. Por exemplo, um grão de milho é uma causa substancial de um pé de milho, pois a substância do núcleo se transforma na substância do pé e, ao fazê-lo, sua identidade como núcleo é perdida à medida que se torna o material do caule. A decisão de um fazendeiro de plantar um campo de milho, o trator que ele usa para arar o campo e os trabalhadores que semeiam o campo servem de condições auxiliares para o surgimento dos pés de milho, mas eles não se transformam na colheita. Esses dois tipos de causalidade também são predominantes no campo da física. De acordo com a física clássica, quando uma bola de bilhar bate em outra, ela atua como uma condição auxiliar para a segunda bola se mover, mas não se transforma nessa segunda bola; partículas de matéria influenciam os campos, e vice-versa, como condições auxiliares, mas não se transformam neles. Segundo a teoria da relatividade de Einstein, espaço-tempo e massa-energia influenciam-

---

101 Tib. *nyer len gyi rgyu*.
102 Tib. *lhan cig byed rkyen*.

se mutuamente como condições auxiliares, sem que o espaço-tempo se transforme em configurações de massa-energia, ou vice-versa. Finalmente, na física quântica, de acordo com a Teoria de Copenhague, o ato de medir faz com que um campo de probabilidade entre em colapso, mas não se transforma nesse campo de probabilidade ou nas partículas elementares ou ondas que surgem em relação ao sistema de medição.

Da mesma forma, com base na análise budista acima sobre a causa da consciência humana e as descobertas empíricas de contemplativos que reconheceram a consciência substrato e sua relação com a natureza manifesta da mente humana, a causa substancial da consciência humana foi identificada como sendo a consciência substrato, que se transforma em consciência humana, e suas condições auxiliares incluem muitas influências físicas, como a formação do corpo humano e vários fatores ambientais. Em suma, o corpo físico *condiciona* a consciência humana, bem como toda a gama de processos mentais e sensoriais humanos, mas nenhum estado de consciência ou processo mental jamais *emerge* diretamente do corpo ou de qualquer outro fenômeno físico.

Ao mesmo tempo, como veremos nos próximos capítulos, podemos corretamente afirmar que estados de consciência condicionam fortemente a maneira pela qual um corpo surgirá e parecerá para a pessoa que conscientemente chama aquele corpo de "meu". A relação entre estados mentais sutis e energias físicas sutis com as quais eles estão correlacionados ao longo da vida é frequentemente explicada com a analogia de um cavaleiro e seu cavalo. Sem o cavalo, o cavaleiro (uma mente configurada) não tem habilidade de viajar pelo espaço, nem de se engajar com seus objetos de consciência em locais específicos. Mas sem o cavaleiro, o cavalo (as energias sutis, mas também se pode dizer o corpo em geral) é cego, pois a matéria física em si não está *consciente*. Diz-se que o corpo é o que "sustenta"[103] a vida humana, enquanto a mente é o que é "sustentado"[104]. No entanto, como na analogia de um cavaleiro sustentado por um cavalo – ou uma casa sustentada pela terra –, isso de forma alguma sugere que o cavaleiro emergiu do cavalo ou que a casa foi produzida por sua fundação, como se o último fosse a causa substancial do primeiro. Em vez disso, assim como um cavaleiro pode montar um cavalo, desmontar e subir em outro, e, enquanto estiver cavalgando, ele é realmente "sustentado" por esse cavalo, os contemplativos budistas entenderam que tanto os níveis grosseiros quanto sutis da consciência montam o suporte físico de um corpo enquanto o ser senciente estiver vivo. Na morte, no entanto, essa inter-relação íntima é cortada, de modo que a mente não é

---

103 Tib. *rten.*
104 Tib. *brten pa.*

mais sustentada por aquela configuração específica de energias sutis e matéria grosseira com as quais havia se identificado. O continuum sutil da consciência mental prossegue e, em virtude da força motriz das propensões cármicas, essa consciência substrato acabará por encontrar um novo "cavalo" – ou, mais precisamente, começa a influenciar a formação de um novo corpo. Por sua vez, isso ocorrerá somente quando as condições auxiliares adequadas (pais, células viáveis etc.) tiverem sido reunidas para que a consciência possa nascer sustentada – mas não produzida – por um novo suporte físico. Assim, a causa substancial para a consciência da nova vida permanece sendo a consciência substrato, mesmo que sua continuação posterior seja então sustentada, ou condicionada, por uma nova configuração da matéria física.

A consciência substrato é conhecida por vários nomes dentro das tradições budistas e outras tradições contemplativas. No *Commentary on Bodhicitta* (Comentário sobre a Bodicita), atribuído ao famoso Nāgārjuna, afirma-se:

> Quando o ferro se aproxima de um ímã, este rapidamente gira na direção correta. Embora não tenha mente, parece ter. Do mesmo modo, a consciência substrato não tem existência verdadeira, mas, quando vem [de uma vida anterior] e segue [para a próxima], move-se como se fosse real. E assim se apodera de um outro período de existência.[105]

No budismo Mahāyāna, especialmente como interpretado pelo mestre tibetano Jé Tsongkhapa (1357–1419), essa dimensão fundamental de consciência também foi chamada de "mente sutil" e "continuum sutil da consciência mental". No budismo Theravāda, o mesmo fenômeno é conhecido como *bhavaṅga*, ou "base do vir a ser", e a antiga escola do budismo Mahāsāṅghika se referia a ela como uma consciência raiz (sâns. *mūla*) que funciona como algo que sustenta (sâns. *āśraya*) a consciência visual etc., da mesma maneira que a raiz de uma árvore sustenta as folhas etc. O nível meditativo em que a mente se estabiliza completamente em seu estado natural corresponde à realização da meditação

---

105 *Bodhicittavivaraṇa*, v. 34. A interpolação baseia-se na explicação de Jé Tsongkhapa Lozang Drakpa em sua obra *Illumination of the true thought: an extensive explanation of "Entering the Middle Way"* (Tib. *dbu ma la 'jug pa'i rgya cher bshad pa dgongs pa rab gsal*), no vol. *ma* da edição impressa em bloco de Tashi Lhunpo *Collected Works of the Lord (Rje'i gsung 'bum)* (Dharamsala, Índia: Sherig Parkhang, 1997), 149b2–150a3 (300–301).

próxima, ou limiar (sâns. *sāmantaka*), da primeira dhyāna. Os contemplativos budistas do Theravāda relatam que, quando se obtém acesso à primeira dhyāna, experimenta-se um estado de consciência luminoso naturalmente puro, sem impedimentos, que se manifesta quando a consciência é recolhida dos sentidos físicos e quando as atividades da mente, como pensamentos discursivos e imagens, diminuem. Isso acontece naturalmente no sono sem sonhos e no último momento da vida.[106] Essa dimensão da consciência é experienciada como um estado puro da mente radiante que precede as atividades mentais (pāli: *javana*) e do qual surgem esses movimentos da mente. Esta é a natureza essencial da mente a que o Buda se referiu em sua declaração:

> Não conheço nenhum outro processo que, desenvolvido dessa maneira e recebendo a devida importância, seja flexível e funcional como é essa mente. Monges, a mente que é assim desenvolvida e tratada é flexível e utilizável. Monges, não conheço nenhum outro processo que possa ser tão rapidamente modificado como é essa mente.... Monges, essa mente é luminosa, mas está maculada por contaminações adventícias. Monges, essa mente é luminosa, mas é livre de contaminações adventícias.[107]

As contaminações são chamadas de "adventícias" porque não são intrínsecas à própria mente, mas vêm e vão. Quando removidas, a luminosidade intrínseca da mente emerge – ou, mais precisamente, se manifesta. Para desbloquear o poder dessa pureza natural, a mente deve ser totalmente "despertada" pelo treinamento meditativo do samādhi, para que seu potencial radiante seja totalmente ativado. O Buda indicou ainda que a bondade amorosa é uma qualidade inata da mente luminosa e atua como um impulso primordial para desenvolver e refinar a mente.[108] Da mesma forma, o Buda parece estar se referindo a essa natureza luminosa[109]

---

106 Kathāvatthu 615.
107 Aṅguttara Nikāya 1.8–10, citado em Peter Harvey, *The selfless mind: personality, consciousness and nirvana in early buddhism* (Surrey, Inglaterra: Curzon Press, 1995), 166, com modificações da tradução original.
108 Aṅguttara Nikāya 1.10–11, citado em Harvey, *Selfless mind*, 167.
109 Pāli, *pabhassara*, sâns. *prabhāsvara*, tib. *'od gsal*.

quando comenta sobre o "sinal da mente"[110], que é verificado apenas quando os cinco obscurecimentos foram dissipados com o atingimento de shamatha. Esse, ele diz, é um pré-requisito indispensável para se engajar efetivamente nas práticas fundamentais de vipaśyanā das quatro aplicações da atenção plena.[111]

A Natureza Última da Mente

Uma vez que a natureza essencial da mente tenha sido identificada experiencialmente, estamos preparados para explorar a natureza última da mente. Fenomenologicamente, os contemplativos bem treinados em estabelecer a mente em seu estado natural, por meio da aplicação da atenção plena à mente, são capazes de observar como as aparências mentais objetivas emergem e se dissolvem no substrato; e conseguem observar como os processos mentais subjetivos emergem e se dissolvem novamente no fluxo da consciência substrato. Mas, para identificar a natureza última dos eventos mentais, voltamos à questão da relação entre o todo e as partes, especificamente, entre os eventos mentais e seus atributos.

Por intermédio da introspecção, os contemplativos identificam a consciência por meio das características que a definem, a saber, luminosidade e cognoscência. Mas qual é a natureza do "todo", da consciência, em relação aos seus atributos, "luminosidade" e "cognoscência"? A mesma análise pode ser aplicada a todos os processos mentais, incluindo desejos, pensamentos, emoções e percepções. Cada processo mental tem suas próprias qualidades por meio das quais é identificado. Como todos os outros fenômenos, a mente não é idêntica aos seus atributos, mas também não existe independentemente deles. Logo após determinar a primazia da mente na tríade de corpo, fala e mente, em sua discussão sobre estabelecer a mente como desprovida de base e de raízes, a *Essência Vajra* passa a analisar o modo de existência da mente. Primeiro, pergunta se a mente tem forma e, ao determinar que não tem, são levantadas questões sobre a origem e a localização da mente. Surge dos elementos físicos ou do espaço? Seu tamanho pode ser determinado, e o espaço da mente e o espaço externo fora do corpo são iguais ou diferentes? A conclusão é de que a mente tem a natureza do próprio espaço – sua luminosidade é indivisível do próprio espaço –, sem dualidade entre o espaço externo e o interno.

Nas tradições budistas do Mahāmudrā (o "Grande Selo") e do Dzogchen ("Grande Perfeição") em particular, o modo último de existência da mente é analisado em termos de origem, localização e dissolução da mente. Karma

---

110 Pāli, *cittassa nimittaṁ*.
111 Saṃyutta Nikāya 5.150–52.

Chagmé (1613-1678), um renomado mestre do Mahāmudrā e do Dzogchen, destaca a eficácia singular de primeiramente explorar a natureza última ou real da mente como um meio para, em seguida, explorar a natureza última de todos os outros fenômenos. O treinamento de investigar a origem, a localização e a dissolução da mente, ele afirma, "corta a elaboração conceitual a partir do interior, e assim facilita o aprendizado, a compreensão, a cognição e a realização. Atravessar a elaboração conceitual a partir do exterior é como querer obter madeira seca de um pinheiro cortando os ramos e galhos do pinheiro, um por um. Isso é difícil. Por outro lado, é fácil atravessar a elaboração conceitual de dentro para fora, pois é como cortar a raiz do pinheiro, de modo que os galhos secam naturalmente".[112]

O mestre tibetano Dzogchen, Lerab Lingpa (1856-1926), também conhecido como Tertön Sogyal, resume de que modo a natureza da mente é determinada como resultado dessa investigação: "Portanto, por mais que meras aparências vazias de causas, consequências e natureza essencial possam surgir nos aspectos de nascimento, cessação e permanência de uma mente delusiva – ou nos aspectos de sua origem, localização e destino – desde o momento em que surgem, em termos absolutos, tais movimentos e transformações nunca existiram. O reconhecimento disso é apresentado como realização da natureza real da mente".[113] Seu discípulo próximo, Jé Tsultrim Zangpo (1884-1957), elabora esse ponto:

> Primeiramente, o criador de todo o saṃsāra e nirvāṇa é essa sua própria mente. Este ponto é mencionado em vários sutras e comentários. Portanto, se você determinar essa sua mente como vazia de existência verdadeira, ao simplesmente ampliar esse raciocínio, verificará que todos os fenômenos são vazios de existência verdadeira. Assim, o guru capacitará o discípulo a descobrir como todos os fenômenos dependem da mente e, consequentemente, como a mente assume o papel principal no contexto de corpo, fala e mente. Além disso, uma pessoa com faculdades aguçadas capaz de determinar que essa mente, que desempenha um papel

---

112 Karma Chagmé, *A spacious path to freedom*, comentários de Gyatrul Rinpoche, trad. B. Alan Wallace (Ithaca, NY: Snow Lion Publications, 2009), 100-101.
113 Lerab Lingpa, "Vital essence of primordial consciousness", em Wallace, *Open mind*, 63.

tão dominante, não pode ser estabelecida como verdadeiramente existente por si só como algo de fato substancialmente existente, é alguém capaz de determinar a ausência de existência verdadeira até mesmo por meio do raciocínio sutil, simplesmente por ter sido apresentado a razões parciais para estabelecer tal ausência. Para uma pessoa assim, pelo simples poder de uma revelação sobre a mente ter ou não alguma cor ou forma, e apenas pelo poder de ter recebido ensinamenos sobre as razões pelas quais a mente é desprovida de qualquer origem, localização ou destino [verdadeiro], essa pessoa prosseguirá estabelecendo o fato de que a mente carece de existência verdadeira, por meio de raciocínio sutil que refuta um objeto sutil de negação. Assim, pelo extraordinário poder de confiar em tal raciocínio, pessoas com faculdades superiores são capazes de realizar a vacuidade de todos os fenômenos.[114]

Esse modo conciso de análise sobre a origem, localização e destino da mente é enfatizado nas tradições Mahāmudrā e Dzogchen de investigação contemplativa como o mais efetivo primeiro passo na realização da vacuidade de natureza inerente de todos os fenômenos. Embora o budismo como um todo apresente uma ampla variedade de métodos para refinar as habilidades de atenção por meio de treinamento em shamatha, a grande ênfase no Mahāmudrā e no Dzogchen é a prática de estabelecer a mente em seu estado natural, também conhecido como shamatha com foco na mente. Em contraste com a abordagem usual de primeiro estudar os tratados Madhyamaka sobre a vacuidade, com base nos sūtras da Perfeição da Sabedoria, e depois passar para a meditação, os grandes seres realizados do Mahāmudrā e do Dzogchen nos incentivam a primeiro atingir shamatha com foco na mente e depois ser apresentados à visão Madhyamaka da vacuidade e às visões do Mahāmudrā e do Dzogchen sobre a natureza transcendente da consciência, conhecida como a mente intrínseca da clara luz, consciência primordial ou lucidez prístina. Quando os muitos véus que obscurecem a natureza essencial da mente são gradualmente removidos por meio do processo de estabelecer a men-

---

114 Jé Tsultrim Zangpo, "An ornament of the enlightened view of Samantabhadra", em Wallace, *Open mind*, 164–65.

te em seu estado natural, a natureza da consciência condicionada é vista de forma nua. Ao sustentar essa consciência direta da natureza essencial da mente, é possível reconhecer com relativa facilidade que ela é desprovida de identidade intrínseca, que poderia existir independentemente da estrutura conceitual na qual é identificada e isolada de todos os outros fenômenos. Como outro discípulo próximo de Lerab Lingpa, chamado Lozang Do-ngak Chökyi Gyatso Chok (1903–57), também conhecido como Dharmasāra, explica:

> Ao praticar esse tipo de meditação Mahāmudrā, shamatha é atingida concentrando-se na mente, de modo que se busca a visão com base na meditação. Por meio de shamatha, a mente se estabelece com o aspecto das coisas como elas são, uma vez que o nascimento, a cessação e a permanência da mente como destituída de identidade tenham sido corretamente determinados.[115]

Todos os budistas refutam a existência inerente do "eu", ou identidade pessoal, pois o "eu" não pode ser encontrado em lugar algum entre os cinco agregados psicofísicos, seja individual ou coletivamente, e não pode ser encontrado à parte desses agregados. Obviamente, isso não significa que o "eu" não existe de modo algum, como às vezes é erroneamente afirmado. Por exemplo, o Buda declarou: "É por meio do próprio 'eu' que a pessoa se purifica", "existe algo que se possa chamar de autoiniciativa"[116], e "você deve ser um refúgio para si mesmo"[117]. Dessa forma, os budistas Theravāda afirmam a "ausência de identidade pessoal", mas geralmente não contestam a suposição de que os agregados e todos os outros fenômenos existam verdadeiramente ou independentemente de qualquer designação conceitual ou verbal. Da perspectiva Mahāyāna, diz-se que aqueles que seguem a tradição Theravāda rejeitam a "ausência de identidade dos fenômenos".

No entanto, existem fontes no cânone pāli que questionam a existência real de outros fenômenos além do eu, sugerindo que estes também têm uma mera existência nominal. A monja budista Vajirā, por exemplo, declara que, assim como nenhum "ser" pode ser encontrado entre os agregados, a carruagem também não

---

115 Lozang Do-ngak Chökyi Gyatso Chok, "Oral instructions of the wise", in Wallace, *Open mind*, 214.
116 Pāli, *attakāra*.
117 Pāli, *attasaraṇa*.

pode ser encontrada entre seus componentes. Tanto o eu quanto a carruagem (e por implicação todos os outros fenômenos) existem apenas por convenção[118]. Da mesma forma, o arhat Nāgasena faz essa mesma afirmação, baseando-se na analogia de uma carruagem e suas partes, em seu famoso diálogo com o rei Menandro[119]. Alguns podem argumentar que a escassez de tais referências no cânone pāli com respeito à natureza meramente convencional de todos os fenômenos significa que não se deve se ater muito a essas passagens. Mas o fato de essas narrativas fazerem parte do cânone sugere que elas não deveriam ser negligenciadas e fornecem uma conexão direta com os ensinamentos da perfeição da sabedoria, que enfatizam a natureza vazia de todos os fenômenos, incluindo a mente.

A Natureza Transcendente da Consciência

A realização da vacuidade da natureza inerente da mente é comum aos seguidores do budismo Sūtrayāna e Vajrayāna. Ao praticarem os métodos sūtrayāna de vipaśyanā, baseando-se no atingimento de shamatha, realizam a natureza vazia da mente em relação ao continuum sutil da consciência mental. Mas, usando os extraordinários meios hábeis do Vajrayāna, particularmente do Mahāmudrā e do Dzogchen, atravessa-se a natureza condicionada da consciência substrato e a realização da vacuidade da perspectiva da natureza transcendente da consciência é atingida. A *Essência Vajra* explica:

> Anteriormente, seu intelecto e suas atividades mentais demarcavam o externo e o interno e os entendiam como distintos. Agora, ao verificar que não há externo ou interno, você se depara com a natureza de uma grande abertura pervasiva, chamada de meditação livre do intelecto e desprovida de atividade. Nesse estado meditativo, descanse o corpo, imóvel, sem modificá-lo, como um cadáver em um terreno de cremação. Deixe sua voz descansar sem modificações, dispensando todas as falas e recitações, como se sua voz fosse um alaúde cujas cordas foram cortadas. Deixe sua mente descansar sem modificação, liberando-a naturalmente no estado primordial de existência, sem

---

118   Saṃyutta Nikāya 5.10.
119   *Milindapañhā*, 25.

alterá-la de maneira alguma. Com esses três, eliminando as atividades do corpo, da fala e da mente, você se estabelece em equilíbrio meditativo, livre de atividade. Por esse motivo, isso é chamado de equilíbrio meditativo.[120]

Em *Buddhahood without meditation* (Estado búdico sem meditação), Düdjom Lingpa esclarece este ponto:

> Embora não haja externo ou interno com relação à base da existência e à mente, a autofixação simplesmente sobrepõe fronteiras entre externo e interno, e não é nada mais que isso. Assim como a água em seu estado naturalmente fluido congela devido às correntes de vento frio, da mesma forma a base da existência naturalmente fluida estabelece-se completamente como saṃsāra por nada mais do que correntes de autofixação.
>
> Reconhecendo que isso é assim, abandone as atividades do corpo positivas, negativas e neutras, e permaneça como um cadáver em um cemitério, sem fazer nada. Da mesma forma, abandone os três tipos de atividade da fala e permaneça como um mudo; e abandone também os três tipos de atividade da mente e descanse sem alterações, como o céu de outono livre das três condições contaminantes. Isso é chamado de equilíbrio meditativo. É também chamado de transcendência do intelecto, pois, ao abandonar os nove tipos de atividade, as atividades são liberadas sem que nada seja feito, e nada é modificado pelo intelecto. No contexto desse ponto vital, você conquistará grande confiança interna.[121]

---

120 Düdjom Lingpa, *Vajra Essence*, 178.
121 Düdjom Lingpa, *Buddhahood without meditation* (Estado búdico sem meditação, 39 [tradução ligeiramente modificada]). De acordo com os comentários de Sera Khandro, 'Garland for the delight of the fortunate' (Uma guirlanda para o deleite dos afortunados)

Na popularização moderna da meditação Dzogchen, muitas pessoas são apresentadas a práticas chamadas "presença aberta", e alguns professores igualam essa prática de maneira enganosa a diversas outras práticas meditativas caracterizadas como "atenção plena", "atenção pura", "atenção sem objeto de escolha" e "monitoramento aberto". Mas as instruções essenciais autênticas deixam perfeitamente claro que não pode existir uma meditação Dzogchen separada da visão e da conduta do Dzogchen. Essa tríade de visão, meditação e conduta é inextricavelmente inter-relacionada, e por isso é impossível separar qualquer um desses elementos da prática dos outros dois. A prática de atravessar até a lucidez prístina original, muitas vezes referida como "presença aberta", implica primeiro atravessar a consciência substrato até a lucidez prístina e, em seguida, sustentar a visão da Grande Perfeição a partir dessa perspectiva. Isso só é possível se o praticante tiver realizado a vacuidade da natureza inerente da consciência, e essa realização só pode ser fortemente sustentada se o praticante tiver atingido shamatha.

Em seu comentário ao *Estado búdico sem meditação,* de Düdjom Lingpa, a renomada mestra e reveladora de tesouros Dzogchen, Sera Khandro Dewé Dorjé (1892–1940), companheira espiritual do filho mais velho de Düdjom Lingpa,[122] elucida claramente a visão, a meditação, a lucidez prístina e as aparências e mentalidades da presença aberta:

> (1) Em relação à visão da presença aberta, a grande pervasividade uniforme da visão transcende a fixação intelectual aos sinais, não sucumbe a tendências ou extremos, e realiza a realidade não-condicionada, que é semelhante ao espaço. (2) Com relação à meditação da presença aberta,

---

(Ibid., 253) os nove tipos de atividade (tib. *bya ba dgu phrugs*) incluem as (1) atividades externas de corpo, tais como caminhar, sentar-se e mover-se, (2) atividades internas de prostração e circum-ambulação e (3) atividades secretas de danças rituais, realizar mudrās, e assim por diante; (4) atividades externas de fala, tais como todo tipo de conversas delusivas, (5) atividades internas, tais como recitação de liturgias, e (6) atividades secretas, tais como contagem de mantras expiatórios da sua deidade pessoal; e as (7) atividades externas de mente, tais como pensamentos provocados pelos cinco venenos e pelos três venenos, (8) atividades internas de treinamento da mente e de cultivo de pensamentos positivos e (9) atividades secretas de permanecer em estados mundanos de dhyāna.

122 Veja Sarah H. Jacoby, *Love and liberation: autobiographical writings of the tibetan buddhist visionary Sera Khandro* (New York: Columbia University Press, 2014).

assim como a água do grande oceano é a mesma acima e abaixo, o que quer que surja não é separado da natureza da realidade última. Assim como a água é permeada pela limpidez clara, na realidade última não há saṃsāra ou nirvāṇa, nem alegria ou tristeza, e assim por diante, pois há a realização de que tudo se dissolve em uma pervasividade uniforme como exibições da clara luz. (3) Em relação à presença aberta na lucidez prístina, assim como a montanha suprema no centro desse sistema de mundos é imóvel, a lucidez prístina transcende o tempo, sem oscilar nem por um instante da natureza de sua própria grande luminosidade. (4) Em relação à presença aberta nas aparências e nas mentalidades, todos os fenômenos que surgem são naturalmente vazios e iluminam a si próprios. Eles não são apreendidos pelo intelecto, não são apreendidos pela mente e não são modificados pela consciência. Em vez disso, eles se dissolvem na grande pervasividade uniforme, e são liberados sem base para aceitação ou rejeição, sem distinção entre luminosidade e vacuidade, e sem margem para dúvidas sobre o que são.[123]

Enquanto repousamos na consciência substrato, na qual os pensamentos e outras atividades da mente comum desapareceram, examinamos a própria natureza da mente na qual os pensamentos cessaram, reconhecendo que ela não surge verdadeiramente de lugar algum, não está realmente localizada em lugar algum e realmente não parte para lugar algum. É inerentemente vazia de qualquer origem, localização e destino reais. Depois examinamos a natureza da consciência que chegou a essa realização, reconhecendo que não há diferença entre a consciência *da qual* temos consciência e a consciência *com a qual* temos consciência. A dicotomia entre sujeito e objeto desaparece. E então descansamos em presença aberta, sem buscar coisa alguma, sem esforço, sem modificação e sem atividade de nenhum tipo. Todas as atividades da mente condicionada de um ser senciente são suspensas, e atravessamos o substrato para realizar a vacuidade

---

[123] Sera Khandro, "Garland for the delight of the fortunate", in *Düdjom Lingpa, Buddhahood without meditation*, 251 (tradução ligeiramente modificada).

da expansão aberta da natureza da consciência semelhante ao espaço. Esta é a visão da Grande Perfeição, na qual se experimenta o "sabor único" de todos os fenômenos do saṃsāra e nirvāṇa como expressões igualmente puras da lucidez prístina. A natureza essencial vazia dessa consciência é chamada *dharmakāya*, sua natureza luminosa manifesta é chamada *sambhogakāya*, e suas expressões espontâneas de compaixão ilimitada são chamadas *nirmāṇakāyas*. A indivisibilidade dessas três corporificações da mente transcendente de um buda é chamada *svabhāvikakāya*. A realização completa dessa natureza transcendente da consciência constitui o despertar perfeito de um buda, o ponto culminante de toda a prática budista. Nesse momento compreendemos completamente a natureza transcendente da consciência, a natureza da mente e seu papel no universo.

O Buda advertiu seus seguidores a colocarem seus ensinamentos à prova da razão e da experiência, em vez de simplesmente aceitarem suas palavras por fé: "Monges, assim como os sábios aceitam ouro apenas depois de testá-lo aquecendo, cortando e friccionando, as minhas palavras devem ser aceitas depois de examiná-las, e não por respeito [por mim]".[124] Portanto, em vez de considerar a explicação anterior dos quatro aspectos da natureza da mente como questões de crença religiosa ou especulação filosófica, aqueles que se sentem intrigados com esse relato e estão comprometidos em conhecer a natureza da mente por si mesmos devem considerá-la como um conjunto de hipóteses a serem investigadas com o máximo rigor. Em outras palavras, esse relato deve ser visto como uma apresentação da ciência contemplativa budista da mente. Pode ser testado por qualquer pessoa com mente aberta e dedicação suficiente para colocar essas hipóteses sob a prova da razão e da experiência, diferentemente das muitas especulações materialistas sobre a natureza e as origens da mente, que são muitas vezes deturpadas como sendo verdades científicas.

Não há referências explícitas no cânone pāli a respeito de qualquer dimensão não-condicionada da consciência, e, com a morte de um arhat, os continua de todos os cinco agregados, incluindo a consciência mental, cessam para sempre. No entanto, de acordo com esses relatos canônicos, o Buda se refere ao nirvāṇa como sendo "não-nascido e imortal", e que é "pacífico, bem-aventurado, auspicioso", mesmo além da morte. Isso implica que deve haver uma dimensão da consciência que persista após a morte de um arhat, e pode ser a isso que o Kevaddha Sutta se refere na seguinte passagem:

---

124 Esse verso, frequentemente mencionado na literatura budista tibetana, é citado nos comentários a *Vimalaprabhā* de Puṇḍarīka no Kālacakra, embora esteja presente também no cânone pāli. O sânscrito aparece como uma citação em *Tatvasaṃgraha* de Śāntarakṣita, ed. D. Shastri (Varanasi, Índia: Bauddhabharati, 1968), k. 3587.

> Onde a consciência é sem sinais, sem limites, toda-luminosa, é onde a terra, a água, o fogo e o ar não têm base. Lá tanto o longo como o curto, o pequeno e o grande, o justo e o desleal – ali "nome e forma" são totalmente destruídos. Com a cessação da consciência, tudo isso é destruído.[125]

Explicações sobre a lucidez prístina na Grande Perfeição são claramente comparáveis aos ensinamentos sobre a natureza de buda no cânone Mahāyāna, especificamente aqueles incluídos no terceiro giro da roda do Dharma. A realidade de uma dimensão não-condicionada da consciência é explicitamente declarada, por exemplo, no *Mahāparinirvāṇasūtra*, que afirma: "A natureza búdica dos seres é eterna e imutável". E o *Śrimaladevisiṃhanada Sūtra* declara da mesma forma:

> A cessação do sofrimento não é a destruição de um fenômeno. Por quê? Porque o dharmakāya do Buda é primordialmente existente; não é criado, não nasce, não se esgota e não pode se esgotar. É permanente, confiável, completamente puro por natureza, completamente liberado de todas os revestimentos das aflições mentais... e, portanto, é chamado de cessação do sofrimento. Isso é chamado tathāgatagarbha, dharmakāya, liberto dos véus das aflições mentais.

Thomas Huxley celebrava a natureza empírica racional e rigorosa de qualquer ciência verdadeira, enquanto advertia toda a humanidade sobre os perigos de ser enganada por dogmas de mente estreita: "Enquanto uma nação reconhecer, ou tiver reconhecido, a grande verdade, que todo ditado, toda crença deve ser testada e colocada à prova ao extremo, e varrida impiedosamente, se não estiver de acordo com a razão correta, tal nação será próspera e saudável; e enquanto uma nação se deixar enganar e ser acorrentada, e a livre aplicação de seu intelecto, como critério de toda verdade, for restrita, tal nação estará se afundando e apodrecendo internamente".[126] Se a redução da mente ao cérebro, o repúdio à existência da própria consciência e a rejeição da observação introspectiva como um meio de explorar a mente

---

125 Dīgha Nikāya 1.223.
126 Huxley, "Science and religion", 35.

são válidos, então deveríamos poder verificar essas afirmações por nós mesmos. E o mesmo se aplica à descrição acima da natureza da mente, como compreendida no budismo, e mais especificamente na tradição da Grande Perfeição. Huxley destaca o mesmo ponto quando declara: "Todo homem pode, se quiser, aplicar-se diretamente às fontes de todo conhecimento científico e verificar por si mesmo as conclusões dos outros. Na ciência, a fé é baseada unicamente no consentimento do intelecto; e a submissão mais completa à verdade apurada é totalmente voluntária, porque é acompanhada de perfeita liberdade, ou seja, de todo encorajamento a testar e colocar essa verdade à prova ao extremo".[127]

Em sua autobiografia, Düdjom Lingpa registra um sonho visionário que teve em meados da década de 1850, no qual recebeu uma concha e foi solicitado a soprá-la em cada uma das quatro direções. O som da concha foi estrondoso quando direcionada a oeste, mais do que nas outras direções, significando que discípulos compatíveis com ele viviam em cidades a oeste. Nessa direção, disseram-lhe, sua fama se espalharia e ele teria discípulos tão numerosos quanto os raios do sol.[128] Em seu prefácio a *Düdjom Lingpa's Visions of the Great Perfection* (Visões da Grande Perfeição de Düdjom Lingpa), Sogyal Rinpoche escreve: "Treze dos discípulos de Düdjom Lingpa alcançaram o corpo de arco-íris e, em suas profecias, Düdjom Lingpa foi informado de que outros cem poderiam atingir o corpo de arco-íris da grande transferência. Como escreveu Düdjom Rinpoche: 'Nesta nossa linhagem preciosa, isso não é apenas história antiga. Hoje, assim como no passado, existem aqueles que, através dos caminhos do trekchö (atravessando até a pureza original da lucidez prístina) e do tögal (travessia direta para a realização espontânea), atingiram a realização final e dissolveram seus corpos materiais grosseiros em corpos de arco-íris de luz radiante'".[129] Os ensinamentos visionários de Düdjom Lingpa sobre a Grande Perfeição afirmam repetidamente que eles eram destinados a pessoas no futuro, e há fortes evidências de que esse futuro é agora, quando a necessidade de compreender a natureza e potenciais da mente é maior do que nunca.

A *Essência Vajra* conclui com as seguintes palavras de Samantabhadra:

> Nos tempos antigos, os ensinamentos da Grande Perfeição brilhavam como o sol. Quando professores supremos e sublimes os explicavam a pessoas com bom carma e boa fortuna, primeiro elas al-

---

127 Ibid.
128 Dudjom Lingpa, *A clear mirror*, 57–59.
129 Sogyal Rinpoche, prefácio de *Düdjom Lingpa's Visions of the Great Perfection* (Visões da Grande Perfeição de Düdjom Lingpa), vols. 1–3, xvii.

cançavam certeza por meio da visão. Então identificavam a lucidez prístina e dissipavam suas falhas por meio da meditação. E, finalmente, praticando, permanecendo na conduta da inatividade, todas elas se tornavam siddhas e manifestavam o estado de iluminação onisciente. Esta é a qualidade insuperável do caminho profundo da Essência Vajra.

Hoje em dia, no entanto, as pessoas podem meditar sem ter experiência ou familiaridade com a visão, mas identificando apenas a luminosidade natural da consciência; elas não vão além do comum e nunca alcançam a fruição da iluminação onisciente. Alguns professores são especialistas em explicações orais, mas não conseguem revelar o caminho da libertação; portanto, é impossível trazerem muitos benefícios às mentes dos outros.

Assim, professores capazes de explicar isso estão se tornando cada vez mais raros, e não há ninguém praticando. Como resultado, os ensinamentos da Grande Perfeição se perderam, a ponto de estarem se tornando como um desenho de uma lamparina de manteiga. Este tantra foi revelado devido às circunstâncias dependentemente originadas dos mundos físicos e de seus habitantes sencientes em tempos como este.

Como o sol aparecendo brevemente através de uma abertura nas nuvens, isso não permanecerá por muito tempo. Por quê? Porque não há professores que sabem como explicar e poucas pessoas têm carma, preces e fortuna para recebê-los. Assim, da mesma forma como emergiu do espaço absoluto, ele será reabsorvido nele.[130]

---

130 Düdjom Lingpa, *Vajra Essence*, 274–75.

Revelando Sua Própria Face como o Vajra Cortante de Vipaśyanā

Passamos agora para uma apresentação de vipaśyanā na tradição Dzogchen, revelada em uma visão pura a Düdjom Lingpa, que alegou não ter tido nenhum professor humano. No entanto, a explicação a seguir representa as discussões clássicas sobre esse tópico nos manuais antigos e modernos de meditação nas tradições Dzogchen e Mahāmudrā na Índia e no Tibete. Tal investigação contemplativa permite que se "veja a própria face", ou seja, perceba a natureza última da própria mente, que esteve lá o tempo todo – escondida e à vista de todos. No comentário de Düdjom Lingpa ao *Sharp Vajra of Conscious Awareness Tantra* (Tantra do Vajra Cortante da Consciência Lúcida), compilado por Pema Tashi, o "vajra cortante" é definido como sabedoria suprema primordialmente presente, indivisível da vacuidade, que era invisível no passado, mas que é revelada pelo poder das instruções essenciais para que "se manifeste e seja vista como se estivesse acordando do sono".[131] Para colocar essas instruções em contexto, é importante estudar a seção anterior da *Essência Vajra*, incluída no meu livro *Stilling the mind* (Aquietando a mente), que destaca a indispensabilidade de atingir shamatha para se beneficiar plenamente das práticas de vipaśyanā explicadas aqui.

Na visão pura de Düdjom Lingpa, os bodisatvas que circundam o Mestre, Samantabhadra, não são figuras históricas, mas personificações arquetípicas das faculdades da própria mente de Düdjom Lingpa: exibições ilusórias da consciência primordial. Um desses bodisatvas chama-se Faculdade da Luminosidade e representa algo que cada um de nós está experienciando neste exato momento. O fato de qualquer coisa surgir para nós se deve ao aspecto de luminosidade, que é intrínseco à própria consciência. Por exemplo, ao ler esta página, os fótons emitidos atingem seus olhos e catalisam uma sequência de eventos eletroquímicos que culminam em seu córtex visual, mas é a faculdade da luminosidade da sua consciência mental que ilumina essas aparências de maneira significativa.

O diálogo começa entre o Bodisatva Faculdade da Luminosidade e o Bhagavān, Samantabhadra, que personifica a própria consciência primordial de Düdjom Lingpa.

> Então, o Bodisatva Faculdade da Luminosidade se levantou de seu assento e se dirigiu ao Bhagavān: "Ó Mestre, Bhagavān, Senhor Onipresente,

---

131 Düdjom Lingpa, *Heart of the Great Perfection*, 59.

> Imutável Soberano, por favor, ouça e leve-me em consideração. O estado da liberação auto-originada e primordial é alcançado apenas pelo cultivo de uma consciência clara, inconcebível e inefável, ou não? Se assim for, como ela é atingida? Se não, qual é o propósito de cultivá-la? Que tipos de boas qualidades surgem? Por favor, explique para o benefício de seus discípulos".

É imperativo reconhecer que este não é um diálogo entre a mente de Düdjom Lingpa e alguém radicalmente diferente dele; não é um ser humano conversando com algum outro ser sobrenatural existente independentemente. Esta emanação de Samantabhadra, manifestando-se como Padmasambhava, é uma personificação arquetípica da consciência primordial, que está igualmente presente nos budas, Düdjom Lingpa, em você e em todos os seres senscientes. Ele está tendo uma conversa consigo mesmo, como todos nós fazemos com bastante naturalidade, em que sua faculdade da luminosidade está se dirigindo à sua consciência primordial: "O estado da liberação auto-originada e primordial é alcançado apenas pelo cultivo de uma consciência clara, inconcebível e inefável, ou não?".

Primordial significa que está sempre presente e não é algo a ser alcançado no futuro. Também é chamado de *auto-originada*, o que não significa que emerge literalmente de si mesma por um processo de autocriação, mas que está naturalmente presente e não surge na dependência de outras causas. Esse estado de liberação já está presente em todos nós, neste momento. Não é algo a ser alcançado em outro momento – ou é realizado ou permanece velado. Você é capaz de realizar essa liberação natural simplesmente cultivando ou sustentando uma consciência clara, inconcebível e inefável, ou não? Isso é suficiente? Simplesmente descansar em um fluxo contínuo de consciência clara e não-conceitual é suficiente para alcançar a liberação? Se sim, como é alcançada; e, se não, qual é o sentido de cultivar essa qualidade de consciência? Por fim, se cultivarmos essa consciência, que boas qualidades surgem?

> O Mestre respondeu: "Ó Faculdade da Luminosidade, ouça e tenha em mente o que eu digo, eu lhe explicarei de forma completa. Mesmo que você alcance a estabilidade do estado de consciência lúcida por meio deste profundo caminho livre de elaborações conceituais, se o dharmakāya, a consciência primordial sempre presente na base

da existência, não for realizado, assim que deixar esta vida você será fortemente impulsionado para os reinos da forma e da não-forma".

Aqui devemos ler atentamente, porque, como frequentemente ocorre na literatura budista, um termo como *rigpa* pode ser usado para se referir a fenômenos muito diferentes. Na psicologia budista, o termo tibetano *rigpa*, ou sânscrito *vidyā*, significa simplesmente "conhecimento" ou "cognição". Mas, no contexto da Grande Perfeição, refere-se à dimensão última da consciência, à lucidez prístina, primordialmente pura, além de tempo e espaço. Um termo pode se referir ao nível relativo ou ao nível último.

Então o Mestre responde que, mesmo que você alcance estabilidade e continuidade a longo prazo de permanência na consciência atenta, livre de elaboração conceitual, ele está se referindo à consciência substrato. Para alguém cuja experiência é exclusivamente a da mente comum e grosseira, a consciência substrato está além do alcance da experiência consciente. Falar sobre isso seria como discutir sobre chocolate sem nunca ter provado. Uma pessoa que nasceu daltônica pode discutir sobre os vários comprimentos de onda da luz, mas a experiência real da cor é inimaginável para essa pessoa. Essa qualidade de ser inconcebível é relativa à experiência de cada um. Da mesma forma, o atingimento de shamatha, com uma realização direta da consciência substrato, é inconcebível para quem não possui essa experiência; não há como articular isso para que outra pessoa saiba como é esse estado. Mesmo com grande eloquência e um vasto vocabulário, a pessoa que teve essa experiência consegue transmitir apenas um fac-símile vago em palavras para outra pessoa que não teve tal experiência. Para elas, é inefável. Este é um ponto importante a reconhecer quando os cientistas com pouca ou nenhuma experiência meditativa tentam entender a meditação apenas estudando a atividade cerebral e o comportamento dos meditadores e interrogando-os sobre suas experiências em primeira pessoa. O entendimento que eles têm da meditação deve ser tão limitado quanto o entendimento da matemática que pode ser obtido por pesquisadores sem treinamento em matemática, que limitam seus métodos de investigação a pesquisar matemáticos e a estudar seus cérebros e comportamento.

Lembre-se de que, ao repousar no fluxo da consciência substrato, uma de suas três qualidades fundamentais é a ausência de conceitos. Mesmo que você sinta o sabor de forma direta e perceptiva da consciência substrato, tentar apenas descrevê-la em palavras o afastará da experiência em si, é inconcebível até mesmo para você. A resposta do Mestre é que, mesmo que você repouse por horas em tal estado inconcebível de consciência clara e lúcida, se não tiver realizado a dimensão transcendente – a consciência primordial do dharmakāya sempre presente –, você será fortemente impulsionado para os reinos da forma e da não-forma após esta vida.

Na seção anterior da *Essência Vajra*, o Mestre declara que, se você tiver atingido shamatha e permanecer na consciência substrato, e se for particularmente atraído pela qualidade da bem-aventurança, esse carma o levará a renascer como um deus no reino do desejo. Se for fortemente atraído pela qualidade luminosa da consciência substrato, esse carma o impulsionará para o reino da forma. Por fim, se você se apegar à profunda ausência de conceitos e serenidade da consciência substrato, esse carma o levará ao reino da não-forma. De qualquer maneira, você não transcenderá o saṃsāra.[132]

A consciência substrato é muito intrigante porque, diferentemente da mente humana comum, ela não pertence ao reino do desejo. Quando se atinge shamatha, a consciência cruza o limiar do reino do desejo para o reino da forma. Mas a consciência substrato também não está localizada no reino da forma, nem em qualquer outro reino, superior ou inferior. Como mencionado anteriormente, ela é como uma célula-tronco humana, que ainda não se transformou em nenhum dos diversos tipos de células do corpo humano, embora possa ao final se tornar uma delas. A consciência substrato é uma consciência-tronco, impulsionada pelo carma, que pode ao final adquirir a configuração de uma consciência de qualquer um dos três reinos da existência mundana.

Aqui, o Mestre está fazendo uma clara distinção entre dois estados inefáveis, inconcebíveis e claros de consciência: a consciência substrato e a consciência primordial. São utilizados adjetivos semelhantes para descrevê-los, mas eles não devem ser confundidos. Um está firmemente arraigado no saṃsāra, e o outro é naturalmente liberado. No Tibete, muitos iogues, ao longo dos séculos, repousaram na consciência substrato e confundiram esse estado com a lucidez prístina. Da mesma forma, na tradição Theravāda, houve iogues que experimentaram a "base da existência" (em pāli: *bhavaṅga*), que corresponde à consciência substrato, e erroneamente concluíram que esse era o nirvāṇa. Essa confusão é comum a todas as tradições budistas, por isso é necessária muita clareza para evitá-la. Este não é nosso objetivo de liberação, mas apenas uma pausa agradável no saṃsāra – uma armadilha sedutora, embora seja um estágio necessário na jornada para a liberação.

> "Mas apenas com isso é impossível atingir a onisciência do estado búdico. Uma vez que tenha

---

[132] Düdjom Lingpa, *Vajra Essence*, 20–21. Veja também Wallace, *Aquietando a mente*, 133.

> identificado este caminho pela primeira vez, se o dharmakāya – a consciência primordial presente na base – for determinado através do poder da meditação intensa, essa é a sabedoria do caminho e o poder criativo da consciência primordial."

Meramente repousando na consciência substrato é impossível alcançar a onisciência do estado búdico. Quando você está repousando na consciência substrato, está simplesmente consciente do seu próprio substrato individual. Mas, quando atravessa a consciência substrato até o dharmakāya, isso permeia todo o espaço e tempo. Depois de identificar o caminho do dharmakāya, ou lucidez prístina, pela primeira vez, por meio do poder da meditação intensa, quando a consciência primordial presente na base da existência for determinada, esse é o caminho da sabedoria e do poder criativo da consciência primordial. Logo veremos o tipo de meditação intensa que é necessária.

> "Estas são as qualidades excelentes que resultam disso. Assim como não há outro espaço diferente do espaço no interior de um pote, e nenhuma outra água diferente daquela que enche um copo, da mesma forma, não há outro caminho além deste caminho da consciência lúcida manifesta. Mesmo que você afunde no saṃsāra impuro, isto é uma construção do fluxo de consciência. E os estados superiores, a partir do carma virtuoso de ótimos méritos, mesmo que você visualize deidades e pratique meditação e recitação, isso é realizado através do fluxo de consciência. E mesmo que você pratique transformando os canais, bindus e energias vitais em manifestações dos três vajras, é o fluxo de consciência que o liberta. Além do mais, é apenas essa manifestação que constitui a base originalmente pura: a consciência primordial não-dual, clara, límpida e auto-originada."

Aqui estão as excelentes qualidades que resultam de atravessar a consciência substrato até a lucidez prístina. Assim como o espaço externo e interno de um pote é o mesmo, e a água é a mesma onde quer que surja, não há outro caminho além desse caminho de consciência lúcida e manifesta. Mesmo que você afunde, o saṃsāra impuro é construído pelo fluxo da consciência. A consciência substrato flui através de todos os três reinos da existência, e qualquer prática à qual se dedique será realizada com essa consciência substrato até que você a atravesse alcançando a consciência primordial.

O substrato é o espaço da sua própria mente, no qual surgem todas as aparências de sonho e vigília. Essas aparências podem ser influenciadas pelas forças físicas associadas aos neurônios, fótons e ondas sonoras, mas na verdade não ocorrem em nenhum outro lugar além do espaço da consciência: o substrato. Se o seu carma o impulsionar para baixo, para uma forma inferior de existência, todas aquelas aparências serão geradas por sementes já existentes no seu substrato. Da mesma forma, se sua consciência for elevada por um carma virtuoso de ótimos méritos, e você gerar deidades e praticar meditação e recitação, isso é realizado com o fluxo da consciência. Nas práticas do estágio de geração de devoção, refúgio, guru yoga e visualização de *yidams* e bodisatvas, todas essas aparências são geradas pela sua consciência substrato e aparecem no seu substrato. O fluxo da consciência é o denominador comum, não importa para onde você vá no saṃsāra. Se você, por meio do estágio da completude, praticar transmutações dos canais impuros (sâns. *nāḍī*), essências vitais (sâns. *bindu*) e energias vitais (sâns. *prāṇa*) em exibições puras de corpo, fala e mente – os três vajras – é o fluxo de consciência que o liberta. Além disso, é apenas a revelação disso que se manifesta como a base originalmente pura – a consciência primordial não-dual, clara, límpida e auto-originada. É por isso que o Buda indicou que é essa "mente intensamente brilhante" que nos guia no desenvolvimento meditativo da mente, na busca da libertação.[133]

Aqui a descrição é bastante sutil. O termo *consciência lúcida* está sendo usado para se referir tanto à consciência substrato quanto à consciência primordial, assim como o termo *consciência* (tib. *rig pa*) se refere em contextos diferentes à consciência comum e à lucidez prístina. A principal distinção é que a consciência primordial é mencionada com a frase adicional *é apenas essa manifestação*, o que significa que a consciência substrato não é algo fundamentalmente diferente da consciência primordial. Na analogia clássica, a consciência condicionada de um ser senciente, incluindo a consciência substrato, é comparada ao gelo, enquanto a consciência primordial é como o gelo que derreteu em água. A mente comum é congelada pela fixação, enquanto a consciência primordial é fluida e livre de toda a fixação.

Quando realiza a natureza última da consciência substrato, você vê que ela não é nada além da consciência primordial. Isso é verdade não apenas para a

---

133 Aṅguttara Nikāya 1.10–11.

consciência substrato, mas também para todos os estados grosseiros da mente, incluindo virtudes e aflições mentais. Por exemplo, quando surge a raiva, a mente dualista a experiencia como uma aflição mental perturbadora, dando origem a conflitos e infelicidade. Mas se formos capazes de olhar diretamente para a natureza essencial da raiva, livre de fixação, nós a veremos como nada além da consciência primordial semelhante ao espelho, uma das cinco facetas da lucidez prístina. A manifestação ou o desvelamento da consciência substrato revela que ela é auto-originada, naturalmente presente e que não surge na dependência de causas e condições anteriores. É límpida, radiante e transparente; é clara ou luminosa; e é não-dual, sem separação última entre sujeito e objeto.

Qual é o caminho mais direto para atravessar a consciência substrato até a lucidez prístina? Ao repousar na consciência substrato, inverta a sua consciência sobre ela mesma. Nessa consciência que reconhece a si mesma, libere toda a fixação à bem-aventurança, luminosidade e ausência de conceitos da consciência substrato, que são experiências condicionadas decorrentes de causas e condições. Libere toda a preferência pela bem-aventurança imensamente prazerosa e pela luminosidade eletrizante da consciência substrato, que também são condicionadas. Libere todo apego ao silêncio sereno da ausência de conceitos dessa dimensão da consciência, em que os pensamentos apenas temporariamente se acalmaram, pois isso é apenas a ausência de conceitos relativa. A bem-aventurança da consciência primordial é imutável. A luminosidade da consciência primordial está além do tempo e é imutável. Enquanto a consciência substrato é relativamente não-conceitual, a consciência primordial transcende todo pensamento e linguagem de modo definitivo.

> "Em geral, seja qual for o veículo espiritual no qual ingresse, não há outra entrada além do fluxo da consciência primordial sempre presente. Mesmo quando seres comuns deludidos entoam muitas orações e acumulam mantras com uma motivação virtuosa, essas práticas são ensinadas focando o fluxo da consciência fundamental. Portanto, uma vez que o fluxo da consciência é o que acumula todo o carma, essa consciência manifesta é incomparável a qualquer virtude contaminada."

Quer você entre no veículo espiritual (sâns. *yāna*) do Śrāvakayāna, Bodisatvayāna ou Vajrayāna, não há outra entrada além do fluxo da consciência primordial sempre presente. Mesmo aqui, onde o Mestre se refere à consciência substrato, que é a base do saṃsāra, é primordial no sentido de não ter início. Não houve um momento no tempo em que uma consciência substrato nova tenha surgido pela primeira vez. Ela é um fluxo que se move continuamente. Todas as práticas diárias, como entoar orações e acumular mantras com uma motivação virtuosa, são ensinadas para cultivar e liberar o fluxo da consciência fundamental. Esse fluxo da consciência substrato, que é o que acumula todo o carma, às vezes é traduzido como *consciência depósito*, e carrega impressões, memórias e propensões cármicas de uma vida a outra. O objetivo é determinar esse fluxo de consciência e depois revelar sua natureza última. Isso é atravessar as configurações congeladas da consciência até a consciência primordial não sólida e manifesta, que é incomparável a qualquer virtude contaminada.

A consciência primordial é uma dimensão da consciência da qual a sabedoria e a virtude emergem espontaneamente, de maneira não-dual, livre de fixação. Isso é lindamente apresentado em muitas histórias dos grandes mestres das tradições Zen e Chan, seja nas artes marciais, arco e flecha, arranjos florais ou na cerimônia do chá, na qual algo se manifesta espontaneamente, perfeitamente adequado para o momento presente. Essas exibições espontâneas não são premeditadas, conceituais ou contaminadas pela apreensão dualística. São efulgências dessa base mais profunda e são incomparáveis a qualquer virtude maculada pela fixação a sujeito e objeto. Todas as práticas que envolvem fixação dualística, como cultivar a bondade amorosa e a bodicita relativa, meditação sobre impermanência e assim por diante, são virtudes contaminadas, praticadas com o objetivo de manifestar a verdadeira natureza do fluxo de consciência que sempre esteve presente, como consciência primordial.

> "Além disso, a diferença entre praticar uma mera técnica pertencente ao fluxo de consciência por um lado e, por outro, manifestar a consciência efetivamente, é como a diferença entre o céu e a terra. Sendo esse o caso, todas as qualidades sublimes extraordinárias estão completamente presentes no ato de tornar a consciência manifesta."

Todas as práticas nos estágios de geração e completude utilizam o fluxo da consciência para realizar, alcançar ou cultivar, a cada momento, certas qualidades, como as seis perfeições. Mas a prática da Grande Perfeição não busca atingir ou cultivar qualidades, liberdades ou virtudes que você ainda não possui. Em vez de usar a consciência para alcançar algo, o objetivo é revelar a natureza última da consciência que você sempre utilizou. Ao fazer isso, você acessa a fonte de toda virtude, sabedoria e compaixão espontâneas e imaculadas. Todas as extraordinárias qualidades sublimes estão simultânea e totalmente presentes neste ato de tornar a consciência manifesta.

> "Ó filho da família, a consciência primordial sempre presente é assim: quando a mente de um ser senciente, que é por natureza clara luz, não objetifica quaisquer aparências ou estados mentais, mas os torna manifestos, esse próprio ato de revelar é a radiância externa da sabedoria. A natureza daquilo que torna as coisas manifestas é o brilho intrínseco da sabedoria. A grandiosa importância desta distinção é como a aurora surgindo no céu."

Este parágrafo é uma instrução direta quintessencial, que permite identificar a consciência primordial, que é a sua natureza mais íntima. Neste momento, na sua própria experiência, há uma consciência de estar consciente. As práticas de atenção plena à respiração, de estabelecer a mente em seu estado natural e a consciência da consciência removem progressivamente as camadas externas das aparências e estados mentais até que essa consciência seja tudo o que resta. Da mesma forma, quando removemos toda a fixação – incluindo a fixação à nossa própria consciência –, aquilo que já estava lá, a boneca russa mais interna, é a lucidez prístina. Sua natureza é primordialmente quieta e imutável, transcende todas as estruturas conceituais, ilumina todas as aparências e considera as aparências e estados mentais como não-duais. Todas as aparências e estados mentais são vistos como nada além da radiância externa ou o brilho da sabedoria. Essas manifestações são a radiância externa da sabedoria, e sua natureza é o brilho interno da sabedoria. Se a manifestação externa fosse uma lâmpada, o brilho interno seria a luz do filamento dentro da lâmpada.

> "Se as pessoas de faculdades superiores e perseverança se dedicarem contínua e unifocadamente à pratica sem distração, o poder da consciência primordial discriminativa finalmente resplandecerá. Como resultado, as nobres qualidades da visão e da meditação da clara luz da Grande Perfeição, que é a realidade última, a própria natureza da talidade, verdadeiramente se manifestarão; e essas pessoas se iluminarão na base primordial, original de Samantabhadra."

O idioma sânscrito em que este Dharma foi originalmente formulado é bastante interessante, com termos cognatos aparecendo em inglês e em outras línguas indo-europeias. Referindo-se à Grande Perfeição da clara luz, o termo sânscrito traduzido aqui como *realidade última* é *dharmatā*, que também é chamado de talidade (sâns. *tathatā*). Você provavelmente conhece o termo *śūnyatā*, ou vacuidade. O adjetivo sânscrito *śūnya* significa vazio, e adicionar o sufixo *tā* significa aquilo que torna algo vazio: o substantivo *vacuidade*. Da mesma forma, *dharma* significa simplesmente *fenômeno*, seja a mente ou uma galáxia; e *dharmatā* significa aquilo que faz de algo um fenômeno, o seu "estado de fenômeno", que traduzi como realidade última.

Qual é a realidade última de todos os fenômenos? Todas as aparências surgem da vacuidade e se dissolvem novamente na vacuidade. Elas não existem separadas da vacuidade. Vacuidade é forma, e forma é vacuidade. Esse tema percorre todos os ensinamentos budistas Mahāyāna. No cânone pāli, o Buda afirma que, "se não houvesse o não-nascido, não-vir-a-ser, não-fabricado, não-condicionado", nenhuma libertação do que é nascido, veio a ser, fabricado e condicionado seria discernida aqui, mas porque existe um não-nascido etc., uma liberação do que nasce (etc.) é discernida aqui".[134] Nesta passagem, o "não-nascido, o que não-veio-a-ser, não-fabricado, não-condicionado" se referem ao nirvāṇa, e o "nascido, que veio a ser, construído e condicionado" se referem ao saṃsāra. Os físicos estão encantados por terem descoberto recentemente o bóson de Higgs, a "partícula de deus", que dá a todas as outras partículas do universo sua massa. É uma grande responsabilidade! Mas como é possível a existência do bóson de Higgs? Se não houvesse a vacuidade, também não haveria bóson de Higgs. A vacuidade é a realidade última de tudo no universo, dos bósons de Higgs aos aglomerados galácticos e aos seres sencientes.

Então nós temos *tathatā*, traduzido como *talidade*, em que *tatha* significa simplesmente *isso* e *tathatā* significa *o que torna isso isso*. As meditações kōan do Zen visam revelar essa dimensão da realidade. De fato, os termos *dharmatā*, *tathatā*, *nirvāṇa* e *śūnyatā* são sinônimos e se referem à mesma realidade última, assim como o termo *dharmadhātu*, o espaço absoluto dos fenômenos.

Outro termo sânscrito que é correspondente a *dharmatā* é *cittatā*. O termo *citta* é geralmente traduzido como *mente*, *cittatā* tem o significado daquilo *que faz da mente a mente*, e eu traduzo esse termo como a *natureza última da mente*. O que faz da sua mente uma mente? A consciência primordial, ou lucidez prístina. Sem consciência primordial, não poderia haver consciência condicionada. Sem água, não poderia haver flocos de neve. Os dois termos *dharmatā* e *cittatā*

---

134   Udāna §73. Tradução não publicada de Bhikkhu Bodhi.

estão intimamente ligados: o primeiro corresponde à natureza última dos fenômenos e o segundo, à natureza última da mente, e essas duas facetas da realidade são primordialmente não-duais.

> "Mesmo os indivíduos que não pertencem a esse grupo podem identificar a consciência auto-originada, não-estruturada, de importância crucial, que se manifesta sem meditação, e eles podem alcançar alguma estabilidade. Uma vez que todas as outras virtudes físicas e verbais acumuladas por toda a galáxia não se comparam nem mesmo a um centésimo, ou um milésimo, ou um décimo de milésimo, ou um centésimo de milésimo de tal mérito, tais pessoas estão fadadas a alcançar uma estabilidade de longa duração no pico da existência mundana."

Mesmo indivíduos que não possuem faculdades supremas podem identificar essa dimensão crucialmente importante da consciência. É não-estruturada, não-configurada e não-criada por causas e condições. É auto-originada e naturalmente presente. Ela se manifesta sem meditação e sem que se faça coisa alguma em particular, quando você está simplesmente presente e permite que ela se manifeste. Essas pessoas podem alcançar um pouco de estabilidade nisso, sustentando-a por algum tempo. É dito que a virtude de *manifestar* a natureza da própria consciência excede em muitas ordens de magnitude a virtude das práticas comuns que meramente *pertencem* ao fluxo da consciência. As pessoas que praticam a sustentação dessa consciência não-estruturada, e que ainda assim são aprisionadas na tentativa de obter efeitos temporários com base em causas, de fato criarão uma enorme quantidade de virtude, mas ainda estarão limitadas a obter estabilidade duradoura no reino da forma ou da não-forma – elas não irão além do pico da existência mundana, onde ainda estarão presas no saṃsāra. O ponto-chave é que é preciso determinar essa consciência não-estruturada como sendo o próprio dharmakāya – a consciência primordial que está presente na base –, pois a mera prática de sustentar a consciência, sem realizar sua natureza última, não será suficiente para resultar no estado de buda onisciente. Esta é uma afirmação geral sobre as várias práticas de todas as tradições: seu objetivo final é conhecer a natureza última da consciência.

* * * * * * * *

O Mestre respondeu à questão sobre a possibilidade de a liberação ser alcançada cultivando um estado de consciência clara inefável e inconcebível. A resposta é que simplesmente repousar na consciência substrato não é suficiente – isso apenas perpetua a sua existência no saṃsāra. No entanto, se você meditar intensamente e atravessar até a consciência primordial do dharmakāya, estará livre.

Qual é o método prático para fazer isso? Não é necessário adotar nenhuma visão ou sistema de crenças específico para praticar shamatha. Além de manter um estilo de vida ético e fazer surgir uma motivação autêntica, não existe uma visão de mundo única que esteja de acordo com a prática e o atingimento de shamatha. Padmasambhava deixa claro que a prática da consciência da consciência pode ser suficiente não apenas para alcançar shamatha, mas para os muito talentosos também pode ser suficiente para atravessar até a lucidez prístina.[135] Padmasambhava em sua manifestação visionária como o Vajra Nascido do Lago também diz que, se aqueles com faculdades superiores simplesmente repousarem sua consciência sem objeto, fundindo sua mente com o espaço, por um período de vinte dias, isso poderá permitir que eles atravessem para a lucidez prístina.[136] No entanto, se nenhum desses métodos funcionar para determinar o dharmakāya, então você deverá se dedicar às práticas de shamatha, vipaśyanā e Grande Perfeição.

Não existe meditação da Grande Perfeição independente da visão, pois a meditação da Grande Perfeição nada mais é do que repousar na visão da Grande Perfeição: apreender a realidade a partir da perspectiva da lucidez prístina. De uma maneira ou de outra, você precisará atravessar sua mente comum e condicionada até a lucidez prístina, e então ver a realidade da perspectiva da lucidez prístina. É por isso que a meditação da Grande Perfeição é algumas vezes chamada de *não-meditação*. Não há nada sobre o que meditar, nada pelo que se esforçar, nada a ser modificado e nada a atingir. Ao se dedicar à não-meditação, você não faz nada que ative a mente condicionada de um ser senciente. Isso é repousar na lucidez prístina, em tibetano *rig pa chok shak*, que é a prática que eu traduzo como *presença aberta na lucidez prístina*. Se você não tiver atravessado a consciência substrato até a lucidez prístina, mas apenas repousa em um fac-símile raso de "presença aberta", estará simplesmente permanecendo passivamente em sua mente dualística e inativa. Em vez de repousar na visão da Grande Perfeição, você estará apenas boiando na superfície do vasto oceano do saṃsāra.

Você não pode simplesmente repousar na lucidez prístina sem identificá-la. É como sonhar em relaxar no conforto do seu Tesla, cruzando o tráfego no pilo-

---

135 Padmasambhava, *Natural liberation*, 106.
136 Düdjom Lingpa, *Heart of the Great Perfection*, 166–67.

to automático. Se você não possui um Tesla, não pode fazer isso. A meditação da Grande Perfeição implica repousar sem qualquer tipo de objetificação. Não há reificação nem fixação a nenhum sujeito ou objeto. Repousando no presente, não há distração, e a lucidez prístina se manifesta. Conforme vê a realidade dessa perspectiva, todos os fenômenos são vistos como expressões criativas ou exibições de lucidez prístina, vazias de existência inerente.

Nas práticas do estágio da geração, você emprega o seu insight sobre a vacuidade de natureza inerente de todos os fenômenos. Sustentando essa visão da vacuidade, você imagina todas as formas como exibições do nirmāṇakāya, todos os sons como emanações do sambhogakāya e todos os eventos mentais como exibições do dharmakāya. Você imagina seu próprio corpo como o corpo de um buda, sua fala como a fala de um buda e sua mente como a mente de um buda.

Ao praticar a Grande Perfeição, você não imagina nada. Todos os fenômenos são percebidos como exibições espontâneas da lucidez prístina. Mas mesmo um praticante da Grande Perfeição precisa ao final encerrar a sessão formal de meditação e se engajar nas atividades da vida cotidiana. A conduta da Grande Perfeição, ou modo de vida, significa se comportar como se você estivesse em meio a um sonho lúcido. Em um sonho lúcido, em vez de se identificar com o sujeito e os objetos na paisagem dos sonhos, você vê essa experiência da perspectiva de que todos esses fenômenos são igualmente exibições da sua própria consciência substrato. Da perspectiva de quem está acordado, todos os fenômenos dos sonhos consistem homogeneamente em aparências vazias. Mas, da perspectiva de quem está definitivamente desperto, até mesmo os fenômenos do que chamamos de estado de vigília não passam de um sonho da perspectiva da lucidez prístina. Para se familiarizar com essa perspectiva, conforme se engaja nas atividades ao longo do dia, você aprende a sustentar a lucidez continuamente no estado de vigília. Você não reifica sua própria identidade como um "eu", nem ninguém como radicalmente "outro". Não há esperança ou medo, desejo ou aversão. Isso não é fácil! Se você ainda não possui um entendimento conceitual da visão da Grande Perfeição e da vacuidade, e ainda tenta levar sua vida de acordo com a conduta da Grande Perfeição, pode chamar sua meditação de prática da presença aberta, mas não estará nem perto disso. É a meditação de uma marmota, aquecendo-se serenamente em uma rocha em um dia ensolarado.

Para traçar uma analogia, se uma pessoa consultar um médico tibetano tradicional, o pulso e a urina serão analisados e serão prescritos comprimidos de ervas, geralmente para serem tomados duas ou três vezes por dia. O médico também recomendará que a pessoa coma certos alimentos e evite outros. Comparado às minúsculas pílulas de ervas, o consumo diário de alimentos é de uma ordem de magnitude bem maior. Se a pessoa toma as pílulas, mas ignora as recomendações alimentares, possivelmente não haverá benefício. Os alimentos prejudiciais ingeridos superarão os potenciais benefícios das ervas medicinais. Da mesma forma, mesmo que pratiquemos algo que se assemelhe à meditação da Grande Perfeição, mas entre as sessões retomarmos os hábitos comuns de reificação e comportamento não-virtuoso, obteremos pouco benefício da meditação. É delusório pensarmos que estamos praticando a essência da meditação, mantendo um estilo de vida e uma visão da realidade que não estão profundamente integrados a ela. Até que nos afastemos da visão de mundo do materialismo, dos valores do hedonismo e do modo de vida do consumismo, não teremos dado nem o primeiro passo no caminho da Grande Perfeição, independentemente de quanto possamos ter realizado as práticas preliminares tradicionais do Dzogchen ou tentado repousar em um fac-símile estéril da presença aberta.

Mais uma vez, o Mestre está afirmando que você pode realmente ser naturalmente liberado repousando em uma consciência clara – mas apenas se tiver êxito em atravessar até a consciência primordial inconcebível, inefável e imutável do dharmakāya. Pelo poder dessa realização, você naturalmente perceberá todos os fenômenos como exibições criativas da lucidez prístina, e assim perceberá que todos os fenômenos são vazios de natureza inerente. A transição é como estar em um sonho não-lúcido, quando algo repentinamente catalisa uma mudança na sua visão do sonho – você deixa de vê-lo da perspectiva do sujeito que sonha e passa a ver da perspectiva de estar acordado. As meditações dos Kōans destinam-se a catalisar essa mudança de perspectiva. Da mesma forma, na tradição tibetana, as instruções diretas são projetadas para induzir uma mudança repentina para uma perspectiva radicalmente nova: a visão da lucidez prístina. Ao repousar na lucidez prístina e perceber todos os fenômenos como exibições da lucidez prístina, todas as aparências e estados mentais são naturalmente vistos como vazios de natureza inerente.

Imagine que você está em um sonho não-lúcido, mas ouviu alguns ensinamentos maravilhosos sobre a vacuidade, e eles foram transferidos para o seu estado de sonho. Ao investigar os fenômenos em seu sonho não-lúcido, você começa a realizar a vacuidade da natureza inerente de tudo no sonho. Embora todos os fenômenos pareçam surgir, quando você os investiga um a um, descobre que são apenas aparências vazias. Da mesma forma, você pode realizar que, embora seu próprio eu pareça surgir, ele não pode ser encontrado em lugar algum e, com o tempo, você realiza a vacuidade de todos os fenômenos objetivos e subjetivos. Depois dessas suas meditações, nesse sonho não-lúcido, entre as sessões formais de meditação, você pode ver tudo como algo semelhante ao sonho. No entanto, você ainda está sonhando sem saber. Agora, se você imaginar outra pessoa que seja desperta e clarividente espiando seu sonho não-lúcido, ela achará absurdo você declarar que tudo é "semelhante ao sonho". Pode-se realizar a vacuidade sem realizar a lucidez prístina, mas a realização da lucidez prístina implica necessariamente a realização da vacuidade.

Esta seção de abertura descreveu o caminho mais direto para a liberação: a realização da lucidez prístina. Com base nisso, você então descobre sua própria liberação primordial. Até que seja capaz de fazer isso, você deve meditar na vacuidade, com a base sólida do cultivo de shamatha.

Revelando o Dharmakaya da Base

Determinando a Ausência de Identidade das Pessoas como Sujeitos

Novamente, o Bodisatva Faculdade da Luminosidade perguntou: "Ó Mestre, Bhagavān, Senhor Onipresente, Imutável Soberano, por favor, ouça e leve-me em consideração. Uma vez que tomar a mente e a consciência como caminho não resulta no estado de fruição da liberação ou da iluminação, não importando o quanto se medite dessa forma, por favor, mostre-nos uma maneira de identificarmos por nós mesmos a Grande Perfeição originalmente pura, a consciência soberana, livre de extremos, sem termos de recorrer a um caminho tão longo e difícil que produz várias alegrias e tristezas, mas que não leva a esse resultado. Revele-nos os estágios do caminho livre de dificuldades, e dê-nos instruções práticas e profundas para evitarmos os erros".

Ele respondeu: "Ó filho da família, a grandiosa base universal de todos os yānas é a profunda vacuidade. Explicarei a maneira de determinar a realidade da profunda vacuidade. Portanto, ouça bem! A base da delusão de todos os seres dos três reinos é apenas a ignorância com relação à própria essência. Examine a base e a raiz de sua origem, localização e destino".

Se as práticas da seção anterior – primeiramente tomar a mente comum como caminho e observar seus pensamentos, desejos e emoções, até que a mente comum se dissolva gradualmente na consciência substrato, que não tem etnia, gênero, história pessoal ou identidade como espécie e, em seguida, tomar a consciência como caminho e repousar na própria consciência substrato – não resultam em liberação, não importando o quanto você pratique, eis a questão crucial: como podemos identificar diretamente por nós mesmos a Grande Perfeição originalmente pura, nossa própria consciência soberana, livre dos oito extremos da elaboração conceitual? Pois ela é não-nascida e incessante, nem existente nem inexistente, não vem nem vai, e não é uma nem muitas. Ela transcende todas as categorias da mente conceitual.

Comparado à Grande Perfeição, todo o resto é um caminho longo e difícil. Tudo o mais implica utilizar a consciência para se esforçar por algumas coisas enquanto se procura evitar outras, mas o caminho da Grande Perfeição implica liberar tudo o que obscurece nossa própria lucidez prístina, em vez de tentar adquirir qualidades que ainda não possuímos. Por essa razão, diz-se que o caminho da Grande Perfeição é livre de esforços, enquanto todos os outros caminhos implicam esforços. Enquanto você ainda estiver envolvido em se esforçar para alcançar algo que não possui, estará fadado a não descobrir os tesouros que já estão presentes em seu próprio ser, ocultos apesar de totalmente visíveis.

O Mestre responde que a maneira de realizar a Grande Perfeição é realizar a vacuidade, que é a base comum de todos os yānas, desde o Śrāvakayāna até a Grande Perfeição. Aqui está uma afirmação enormemente importante: a base para a delusão de todos os seres nos reinos do desejo, da forma e da não-forma é a ignorância sobre si mesmo – o chamado "eu". Da perspectiva da Grande Perfeição, a segunda nobre verdade do Buda sobre as origens do sofrimento pode ser resumida em uma frase. O sofrimento resulta de duas causas: confundir o que não é "eu" como sendo "eu", e deixar de reconhecer quem você realmente é. Não saber é a ignorância, a raiz do saṃsāra. Fixar-se àquilo que não é "eu" ou "meu", incluindo este corpo e esta mente, como sendo "eu" ou "meu" é delusão.

Da mesma forma, em um sonho não-lúcido, a ignorância é não saber que aquilo é um sonho; e a reificação resultante de tudo que existe no sonho como existente por si próprio é delusão. Da delusão fluem as aflições mentais do desejo, da hostilidade e de todas as misérias do mundo. Uma vez diagnosticada essa doença, o tratamento é direto: interrompa toda atividade delusória decorrente do desejo e da hostilidade. Pare de reificar objetos externos e a si mesmo como sendo verdadeiramente existentes. Realize quem você realmente é – e acorde! Este é o caminho inteiro da Grande Perfeição, mas não é tão fácil quanto parece. Há apenas uma diferença fundamental entre os budas e os seres sencientes: os budas sabem quem são e os seres sencientes não.

Por qual método isso deve ser realizado? A resposta do Mestre é que você deve examinar a base e a raiz da origem, localização e destino do seu próprio eu: o referente da sua noção de "eu". De onde ele surge, onde permanece e para onde finalmente vai? Aqui estão as perguntas quintessenciais de vipaśyanā sobre a natureza do eu: de onde você se originou? Onde você está agora? E para onde você vai?

Nos seus ensinamentos sobre vipaśyanā, no contexto dos seis bardos, ou fases de transição, Padmasambhava comenta:

> De acordo com o costume de algumas tradições de ensinamento, você é inicialmente apresentado à visão e, com essa base, busca o estado meditativo. Isso dificulta a identificação da consciência prístina. Na tradição apresentada aqui, você primeiro estabelece o estado meditativo e, com essa base, é apresentado à visão. Esse ponto profundo torna impossível não identificar a consciência prístina. Portanto, primeiro estabaleça sua mente em seu estado natural, depois faça surgir a shamatha genuína em seu fluxo mental e revele a natureza da consciência prístina.[137]

Da mesma forma, Lozang Chökyi Gyaltsen (1570–1662), o Quarto Panchen Lama e tutor do Quinto Dalai Lama (1617–1682), também se refere a essas duas abordagens, dizendo: "Das duas abordagens de procurar meditar com base na visão e de buscar a visão com base na meditação, o que se segue está de acordo com a última abordagem".[138] Quando as tradições contemplativas se institucionalizam, elas tendem a enfatizar o estudo da teoria antes da prática. Infelizmente, em alguns casos, a prática real é adiada indefinidamente. Neste ensinamento, seguiremos a abordagem de Padmasambhava de desenvolver a teoria da visão com base na prática da meditação, especificamente no atingimento preliminar de shamatha.

Em outros textos, Düdjom Lingpa dá o exemplo de entrarmos no sono profundo sem sonhos, no qual a consciência substrato se dissolve no substrato. A natureza essencial do substrato é a ausência de consciência (sâns. *avidyā*). Existe consciência, mas ela está apenas implícita, e nada é explicitamente percebido. É como um aquecedor a gás com todos os queimadores desligados, mas com a

---

137 Padmasambhava, *Natural liberation*, 115.
138 Lozang Chökyi Gyaltsen, *Collected Works (Gsung 'bum) of Blo bzang chos kyi rgyal mtshan, o Primeiro Panchen Lama*. Reproduzido de *Tracings from Prints of the Bkar shis lhun po Blocks* (Nova Deli: Mongolian Lama Gurudeva, 1973), 4: 84. Este trecho foi traduzido por B. Alan Wallace.

chama piloto acesa. Quando você está profundamente adormecido e alguém o sacode, dizendo: "Acorde!", é como ligar um queimador, que instantaneamente produz chamas. Se não houvesse a chama piloto da consciência no sono profundo, você não poderia ser despertado de modo algum – você estaria morto.

À medida que você emerge do sono profundo, em uma progressão natural, a consciência substrato emerge do substrato. Sua natureza não é humana, mas uma mera consciência luminosa e cognoscente que ilumina o espaço do substrato. Então, com a agitação do carma e propensões habituais, um fator mental chamado atividade mental aflitiva (sâns. *kliṣṭamanas*) se manifesta. Este também é chamado de "criador do eu" (sâns. *ahaṃkāra*); é a sensação primitiva e pré-conceitual de estar bem aqui – e de estar separado do espaço da consciência, que é percebido como algo diferente, logo ali. Esse nível primal de autofixação é comum a todo ser senciente, até mesmo ao menor inseto. A partir disso emerge a atividade mental (sâns. *manas*), que distingue e diferencia as aparências; ela surge junto com as aparências. Com base nessas aparências, surge a conceituação: "Aqui está isto, ali está aquilo". Aparências distintas são identificadas, objetificadas e isoladas do contexto. Finalmente, essas aparências são rotuladas, verbalizadas e reificadas. E dessa base emerge toda a atividade mental, incluindo as aflições mentais de desejo e hostilidade.

Voltando à questão de onde veio o "eu", essa teoria defende que a aparência de um eu emerge da consciência substrato. Embora a sensação ilusória de realmente ser alguém certamente surja, Padmasambhava nos desafia a investigar se essa sensação realmente corresponde a algo na realidade ou se é meramente uma aparência vazia, sem existência independente da luminosidade de nossa própria consciência.

> "Se você investigar a raiz e a base pela qual esse 'eu' inicialmente surge: a base é o espaço circundante pervasivo ao qual um fluxo de consciência se fixa como se fosse um eu. Nenhuma aparência ou estado mental existe, ainda que não sejam estabelecidos como algo além de meras aparências. Portanto, a fonte da qual eles emergem é vazia."

O fluxo de consciência aqui significa a consciência substrato, e o espaço circundante significa o substrato, que eu percebo como "meu espaço". Esse espaço é intrinsecamente meu, ou é apenas imputado como tal? Todas as aparências objetivas, juntamente com os estados mentais com os quais nos engajamos às aparências, não existem de fato; são todos aparências vazias, como ilusões e arco-íris. Quando Padmasambhava diz que todas as aparências e estados mentais não existem, ele está falando da perspectiva de quem despertou para sua própria natureza búdica.

Por exemplo, no contexto de um sonho não-lúcido, qualquer pessoa que encontre pode parecer realmente existente e interagir com você da mesma forma que uma pessoa real no estado de vigília. Essa pessoa é causalmente eficaz e, enquanto você não souber que é um sonho, não questionará a realidade dela. Mas, quando acordar e se lembrar de ter encontrado essa pessoa no sonho, ficará perfeitamente claro que ela não existe, assim como você também não existe como a pessoa que apareceu no sonho. Da mesma forma, da perspectiva de quem está desperto, todas as aparências e estados mentais que experienciamos não existem. Não são estabelecidos como qualquer coisa além de meras aparências, como arco-íris e miragens. Eles realmente não vêm de lugar algum e, portanto, sua origem é vazia. Da vacuidade surge uma grande variedade de aparências e, apesar da sua vacuidade de existência independente, elas interagem causalmente entre si.

> "Investigando sua localização no ínterim: a cabeça é chamada de cabeça, e não lhe é dado o nome de 'eu'. Da mesma forma, o cabelo é cabelo e não o 'eu'. Os olhos são olhos e não o 'eu'. As orelhas são orelhas e não o 'eu'. O nariz é nariz e não o 'eu'. A língua é língua e não o 'eu'. Os dentes são dentes e não o 'eu'. As escápulas são escápulas e não o 'eu'. Os braços são braços e não o 'eu'. Os antebraços são antebraços e não o 'eu'. As palmas, o dorso das mãos e os dedos não são o 'eu'. A coluna não é o 'eu'. As costelas não são o 'eu'. Os pulmões e o coração não são o 'eu'. O fígado e suas membranas não são o 'eu'. O intestino delgado, o baço e os rins não são o 'eu'. As coxas, os quadris, as panturrilhas, os tornozelos e todas as articulações dos dedos das mãos e dos pés, cada um tem seu próprio nome, e eles não são o 'eu'. A pele, a gordura, a carne, o sangue, a linfa, os ligamentos, os tendões e os pelos do corpo, todos têm seus próprios nomes, e eles não são estabelecidos como o 'eu'."

Em seguida, investigue a localização desse chamado "eu", a entidade que você chama de "eu", nesse intervalo entre o surgimento e o desaparecimento. Podemos abordar esse tópico de uma perspectiva moderna, bem diferente das visões tibetanas de 150 anos atrás. Como discutido anteriormente, existe hoje em dia uma crença bastante disseminada, tanto na comunidade científica quanto na mídia popular, articulada pelo neurocientista Antonio Damasio: "Penso nos seres humanos como cérebros com grandes corpos nas costas"[139]. Em vez de considerar as pessoas individualmente como agentes de suas ações, o cérebro agora é comumente referido como o agente de todas as nossas atividades físicas, verbais e mentais. Se essa visão estiver correta, o "eu" está localizado dentro do crânio. Fim da discussão.

Mas quão convincente é a evidência de que a identidade humana é equivalente ao cérebro? Há muitas evidências de que as atividades cerebrais e mentais estão intimamente correlacionadas. Por exemplo, os neurocientistas podem fazer surgir uma memória específica na mente de um ser humano consciente quando estimulam um pequeno grupo de neurônios com microeletrodos. Diversas regiões do cérebro estão associadas a uma ampla gama de estados e processos mentais, e os danos nessas regiões geralmente resultam na diminuição ou eliminação total da experiência subjetiva correlacionada. Isso está claro.

Embora haja evidências definitivas de que uma ampla gama de experiências subjetivas surge na dependência de movimentos e alterações no tecido cerebral, não é uma consequência lógica que os fenômenos mentais devam ser equivalentes aos seus processos neurais correlatos. Como questiona o neurocientista Cristof Koch: "Eles são realmente a mesma coisa, vista de diferentes perspectivas? Os atributos dos estados cerebrais e dos estados fenomenológicos parecem muito diferentes para serem completamente redutíveis um ao outro".[140] E o célebre neurocientista V. S. Ramachandra afirma: "A consciência é inerentemente subjetiva, não existe no mundo físico".[141] Quando observamos objetivamente os estados cerebrais, eles não exibem nenhuma das características dos estados mentais e, quando observamos subjetivamente os estados mentais, estes não exibem nenhuma das características da atividade cerebral. Portanto, o ônus da prova recai sobre aqueles que acreditam que os dois são idênticos, apesar de todas as evidências em contrário. Além disso, como mencionado anteriormente,

---

139 Zara Houshmand, Robert B. Livingston, e B. Alan Wallace, eds., *Consciousness at the crossroads: conversations with the Dalai Lama on brain science and buddhism* (Ithaca, NY: Snow Lion Publications, 1999), 72.
140 Cristof Koch, *The quest for consciousness: a neurobiological approach* (Englewood, CO: Roberts and Company Publishers, 2004), 19.
141 Catherine de Lange, "The fragility of you and what it says about consciousness," in *Untold Story*, July 26, 2017, https://www.newscientist.com/article/mg23531360-600-the-fragility-of-you-and-what-it-says-about-consciousness/.

todas as propriedades emergentes dos fenômenos físicos conhecidas em todo o universo são elas mesmas físicas e, portanto, detectáveis por sistemas físicos de medição. Mas os fenômenos mentais em si, ao contrário de seus correlatos neurais e expressões comportamentais, não são fisicamente mensuráveis. Portanto, a alegação de que os fenômenos mentais são propriedades emergentes da atividade cerebral contraria as evidências. De acordo com o princípio científico de que "alegações excepcionais exigem evidências excepcionais", aqueles que acreditam nessa afirmação deveriam fornecer evidências excepcionais para apoiá-la.

Os neurocientistas que estudam o cérebro de indivíduos com instrumentos científicos, incluindo EEG e RMIf, estão completamente cegos quanto à experiência subjetiva. Para isso, eles precisam pedir aos sujeitos que estão estudando relatos em primeira pessoa de suas experiências. É indiscutível que influenciar o cérebro pode influenciar a experiência subjetiva, seja devido a uma lesão na cabeça ou ao consumo de álcool. Da mesma forma, também se sabe há muito tempo que pensamentos, desejos e emoções influenciam as funções cerebrais e outros processos fisiológicos. As interações causais entre mente, cérebro e corpo podem ser observadas, mas a noção de que o eu ou a mente não seja nada mais do que o cérebro é mera especulação baseada em evidências inconclusivas, por mais amplamente que essa crença seja disseminada erroneamente como fato científico.

A investigação da localização de um "eu" pode ser conduzida de maneira introspectiva e analítica. Em sua discussão sobre shamatha sem sinais, Padmasambhava oferece a seguinte orientação:

> Não tendo nada sobre o que meditar e sem nenhuma modificação ou adulteração, posicione sua atenção simplesmente sem oscilações, em seu próprio estado natural, em sua limpidez natural, em seus próprios atributos, exatamente como é. Permaneça com clareza e repouse a mente, para que fique solta e livre. Alterne entre observar quem está se concentrando internamente e quem está soltando. Se for a mente, pergunte: "O que é esse agente que libera e que concentra a mente?". Observe-se com firmeza e libere novamente. Ao fazer isso, uma estabilidade excelente surgirá e você poderá até mesmo identificar a lucidez prístina.[142]

---

142 Padmasambhava, *Natural liberation*, 106.

Quando busca observar a si mesmo de maneira introspectiva, você pode ter a sensação de estar localizado dentro de sua cabeça. Mas quando examina essa experiência de sua própria identidade mais minuciosamente, ela se mostra enganosa, e tudo o você percebe de fato são aparências vazias, e nenhuma delas é você.

Quando analisamos a conjectura de que o "eu" está localizado no cérebro e pode realmente ser equivalente a ele, podemos analisar estudos científicos que questionam essas crenças tão difundidas. Começamos pelo estudo realizado em 2009 pelo Dr. Lars Muckli, pesquisador do Centro de Neuroimagem Cognitiva da Universidade de Glasgow, no qual as imagens de ressonância magnética do cérebro de uma menina alemã de dez anos mostraram claramente que ela tinha apenas um hemisfério cerebral. Seu hemisfério direito do cérebro parou de se desenvolver nos estágios iniciais no útero. Então, se considerarmos a afirmação de Antonio Damasio de forma literal e começarmos a acreditar que um ser humano é um cérebro com um grande corpo nas costas, alguém com meio cérebro deveria ser metade humano, certo? Mas o Dr. Muckli comentou: "Apesar de um hemisfério não existir, a menina tem uma função psicológica normal e é perfeitamente capaz de viver uma vida normal e gratificante. Ela é espirituosa, encantadora e inteligente".[143] Evidentemente, essa garota é uma humana completa, apesar de ter apenas meio cérebro!

Ainda mais dramáticos são os estudos de indivíduos que sofrem de hidrocefalia, o que resulta em grandes porções do crânio preenchidas com líquido cefalorraquidiano. O neurologista britânico John Lorber estudou esses casos desde meados da década de 1960 e documentou mais de seiscentos scans de pessoas com hidrocefalia. Entre os casos mais graves, em que a cavidade craniana estava 95% preenchida com líquido cefalorraquidiano, muitos eram gravemente incapacitados – mas metade tinha QI superior a 100.[144] Embora muitos neurologistas, incluindo Lorber, atribuam essa descoberta notável à redundância do cérebro e à sua capacidade de reatribuir funções, outros são céticos. Por exemplo, Patrick Wall, professor de anatomia da University College, em Londres, afirma: "Falar em redundância é uma maneira de contornar algo que você não entende".[145] Embora esses estudos não forneçam evidências conclusivas que pos-

---

143 LiveScience Staff, "Girl sees fine with half a brain", July 27, 2009, http://www.livescience.com/health/090727-one-eye-vision.html; veja também Lars Muckli, et al., "Bilateral visual field maps in a patient with only one hemisphere", *PNAS* 106, nº 31 (2009): 13034–39, doi:10.1073/pnas.0809688106.

144 Roger Lewin, "Is your brain really necessary?" *Science* 210 (December 12, 1980): 1232–34.

145 Ibid., 1233.

sam derrubar o *status quo* reducionista, no mínimo essas descobertas deveriam pôr em questão qualquer equiparação simplista do cérebro com o que significa ser uma pessoa ou com o que significa ter uma mente.

Retornando agora ao nosso texto, ao examinarmos introspectiva e analiticamente nosso próprio corpo em busca de uma localização real e única para nossa própria identidade pessoal, fica cada vez mais claro que tal localização não é encontrada em parte alguma. No entanto, quando olhamos para um espelho, nos identificamos fortemente com essa aparência como sendo um reflexo do "eu".

> "Se o 'eu' estivesse localizado na parte inferior do corpo, não haveria dor se a cabeça e os membros superiores fossem amputados, portanto ele não está presente nesses lugares. Se estivesse localizado na parte superior do corpo, não haveria dor se as partes inferiores do corpo, tais como as pernas, fossem feridas. Se estivesse localizado no interior, não haveria nenhuma razão para se sentir uma dor lancinante quando a pele e os pelos do corpo fossem arrancados.
>
> Considere se está ou não localizado no corpo. Quando todas as suas roupas, joias, alimentos, riqueza e posses são levados e utilizados por alguém, surgem angústia, hostilidade e apego intoleráveis, portanto o 'eu' não está localizado dentro do seu corpo. Se ele estivesse localizado em objetos externos, o mundo inteiro e seus habitantes poderiam ser considerados como sendo meus, mas na verdade todas as coisas têm os seus próprios nomes, e elas não são o 'eu'."

Se a noção de "eu" e "meu" estivesse confinada ao corpo, não deveríamos ficar aborrecidos se nossas posses externas fossem danificadas ou roubadas. Mas, quando nosso celular é arranhado ou nosso carro é amassado, nos sentimos mal. Embora possamos nos identificar com todo tipo de objetos externos, eles não são, por natureza, "eu" nem "meu", pois cada um tem seu próprio rótulo e não é "eu". O corpo, a mente e todas as outras coisas com que nos identificamos são "meus" apenas na medida em que projetamos esse rótulo sobre eles. Mas nada disso é por natureza "eu" ou "meu".

> "Todos os fenômenos do mundo físico e os seus habitantes que não são o 'eu' parecem existir separadamente. No entanto, seja em um sonho, no estado de vigília ou após esta vida, o 'eu' e todas as aparências sempre surgem como um corpo e sua sombra, como líquido e umidade e como o fogo e o calor. Portanto, o 'eu' domina todos os mundos físicos e seus habitantes, mas o 'eu' não está localizado em lugar algum."

Habitualmente vemos o mundo e seus habitantes como se estivessem "lá fora", enquanto nós mesmos estamos "aqui dentro". Apreendemos as aparências como "outro" e as reificamos como estando absolutamente separadas, enquanto nos reificamos como estando absolutamente aqui. Em todo estado de consciência, incluindo a fase de transição entre vidas, as aparências do eu e de outros objetos sempre coexistem. Assim que surge a sensação de "eu sou", surgem as aparências correspondentes que não são "eu". Sempre que as aparências são percebidas como "outro", há necessariamente uma sensação de "eu sou". O eu e o outro estão sempre juntos, sujeito e objeto são mutuamente interdependentes. Na ausência de um deles, o outro não pode ser encontrado em lugar algum, o que indica que nenhum deles é inerentemente existente.

Quando se trata dos nossos pensamentos, de que maneira eles são realmente "nossos"? Se somos atormentados por um fluxo interminável de pensamentos incontroláveis, raivosos e desdenhosos, podemos nos sentir terrivelmente culpados por termos tais pensamentos. Só porque testemunhamos tais pensamentos, precisamos possuí-los ou nos identificar com eles? Às vezes, os pensamentos simplesmente acontecem.

A noção de "eu" satura e domina toda a nossa experiência, na qual o mundo inteiro é bifurcado entre aquilo que é "eu" e "meu" e o que não é. No entanto, se procurarmos diligentemente, esse "eu" não será encontrado em lugar algum. Ele é vazio de localização. Como algo pode ser tão influente se, de fato, não existe?

Apesar do fato de o eu realmente não existir da maneira que pensamos, nossa fixação ao eu tem consequências. Este é um ponto absolutamente crucial dentro de todos os yānas budistas. Se nos fixarmos à nossa identidade como um ser senciente, nos identificaremos com nossas aflições mentais e não com nossa natureza búdica. Onde exatamente está esse ser senciente patético que está preso no sofrimento do saṃsāra? Se esse ser não está em lugar algum, por que nos levamos tão a sério? Somos como uma criança com medo do monstro no armário? Se acendermos a luz, veremos que não há nenhum monstro a temer. Da mesma forma, fixar-se à existência verdadeira de um "eu" é causalmente eficaz, mesmo que esse eu não esteja realmente ali.

A explicação Dzogchen da segunda nobre verdade diz que sofremos porque nos fixamos ao que não é "eu" como sendo "eu". Em um sonho não lúcido, quando nos fixamos ao nosso corpo de sonho e nos identificamos com ele, nosso corpo de sonho nada mais é do que aparências vazias. Mas a fixação a essas aparências como "eu" e a outras aparências como "não eu" é a causa-raiz de toda delusão, desejo e hostilidade. Todo sonho não-lúcido é como estar trancado em um manicômio por acreditar que você é Napoleão, ou Cleópatra, ou um cachorro. Mesmo que você ainda não saiba quem ou o que você é, o primeiro passo é reconhecer o que você não é. Você não é o que pensa ser, porque o "eu" com o qual você se identifica habitualmente não pode ser encontrado em lugar algum.

> "Finalmente, investigando e analisando para onde ele vai: Todos os possíveis mundos servem como base e têm a natureza essencial do grande impostor que é o 'eu', portanto seu destino é inerentemente vazio. Todos os três reinos surgem como aparições da fixação ao 'eu', portanto ele não tem nenhum outro lugar para onde ir. Aquilo que vai não surgiu e não está localizado em lugar algum, o que implica que não possui existência objetiva."

Lembre-se de que, quando a noção de "eu" surge pela primeira vez da consciência substrato, ela surge em oposição ao espaço do substrato. Podemos então identificar esse espaço como "meu", e o escopo do espaço que identificamos como "meu" pode ser tão grande quanto quisermos: meu país, meu planeta, minha galáxia. O universo inteiro e seus habitantes podem ser a base do "meu espaço". Mas nada existe por sua própria natureza, nem o "eu", nem o "meu". Mesmo que tudo sirva como base para o "eu", ele é vazio do "eu" e do "meu". Os três reinos do desejo, da forma e da não-forma surgem como aparições da fixação ao "eu", portanto não há um lugar para onde se possa ir para escapar de alguma maneira do escopo dessas exibições.

Este é um ponto fascinante! Como mencionado acima, a Grande Perfeição explica que o substrato dá origem à consciência substrato, da qual surge a noção de "eu", da qual surgem as atividades mentais, conceituação e todas as aparências. Para que surjam quaisquer aparências, primeiro deve haver uma solidificação da noção de "eu sou". Os três reinos surgem apenas em relação a essa noção de "eu", e não têm existência independente. Quando a noção de "eu" se dissolve, ele não tem para onde ir porque os três reinos são apenas suas exibições. O que é isso que vai? O que vai não surgiu, e não está localizado em lugar algum, o que implica que não tem existência objetiva nem objeto ao qual se refira.

Isso resume toda a abordagem de vipaśyanā, Mahāmudrā e Grande Perfeição na realização de uma investigação para descobrir a origem, presença e dissolução de todos os fenômenos, começando pelo suposto "eu". Assim, todo fenômeno é determinado como vazio de origem, vazio de localização e vazio de destino.

> Uma vez mais, Faculdade da Luminosidade perguntou: "Então, se é certo que a origem, a localização e o destino do 'eu' não existem e não são estabelecidos como reais, como explicar a continuidade entre uma aparência e a seguinte? Mestre, explique, por favor!".

Todos nós temos uma forte sensação de continuidade em nossas vidas. Lembro-me do que tomei no café da manhã, com quem estive no ano passado e onde vivi quando criança. Existe uma linha comum em todas as minhas experiências: eu, eu e eu. Como podemos explicar essa continuidade se o "eu" não está em lugar algum?

> Ele respondeu: "Ó Filho da Família, depois de a consciência que se fixa ao 'eu' ter se manifestado, o 'eu' e o 'meu' emergem de seu próprio espaço e desaparecem novamente no seu próprio espaço. Eles emergem alternadamente e se retraem para a expansão de uma base vazia e eticamente neutra. Assim, os fenômenos do sonho, fenômenos do estado de vigília e todos os fenômenos dos três reinos surgem como meras aparências sem existência. Portanto, saiba que os locais para onde eles vão e aqueles que vão não são estabelecidos como sendo reais".

A base vazia e eticamente neutra da qual emerge a noção de "eu" e "meu" é o substrato. Todos os fenômenos nos três reinos, nos sonhos e no estado de vigília surgem como meras aparências sem existência verdadeira e independente. O que queremos dizer quando dizemos que algo realmente existe? Queremos dizer que existe antes e independentemente de nossa designação conceitual. Podemos ver uma miragem e até fotografá-la, mas está ela realmente lá? Quando investigamos, determinamos que não passa de uma aparência vazia. Todos os fenômenos parecem se mover dentro do espaço da consciência, o domínio do substrato. Quando viajamos de um lugar para outro, há uma sensação de movimento, mas isso não é mais real do que a sensação de movimento que temos ao assistirmos a alguém andando em uma montanha-russa em um filme. Estas são simplesmente aparências vazias surgindo.

> Novamente, o Bodisatva Faculdade da Luminosidade perguntou: "Ó Mestre, Bhagavān, quando a fixação ao 'eu' desaparece no espaço da consciência, o seu continuum não é cortado? Mestre, explique, por favor!"
>
> Ele respondeu: "Ó Filho da Família, mesmo quando as aparências e estados mentais de fixação ao 'eu' desaparecem no espaço da consciência, um estado eticamente neutro no qual as bos qualidades da base não estão manifestas atua como a causa da fixação a si mesmo. Portanto, é exatamente esse continuum desimpedido que sustenta o 'eu' como tendo a identidade de ser uma essência – a ignorância causal – que é chamado de 'fixação à identidade pessoal'".

Mesmo quando a mente comum se dissolve na consciência substrato, que se dissolve no substrato – por exemplo, quando você adormece profundamente, desmaia ou entra em coma, e não tem ciência de nada –, todas as sementes de propensões habituais estão presentes no substrato, prontas para germinar mais uma vez. Uma pessoa irritada, de temperamento explosivo, inconsciente há dias, sairá do coma com suas tendências habituais de raiva intactas. Da perspectiva budista, quando essa pessoa morre, ela renascerá manifestando os mesmos hábitos de raiva em sua próxima vida, uma vez que as propensões a nossos hábitos mentais são "armazenadas" não no cérebro, mas no substrato. Essa explicação desafia seriamente a visão materialista e generalizada da mente, do cérebro e da identidade humana.

* * * * * * * *

Na seção anterior da *Essência Vajra*, que descreve shamatha, Padmasambhava deixa claro que o atingimento dessa dissolução da mente grosseira na consciência substrato é uma base indispensável para entrar no caminho por meio de vipaśyanā. Ele comenta que, mesmo no Tibete, 150 anos atrás, relativamente poucos iogues realmente alcançavam shamatha; a maioria se sentia satisfeita com um grau menor de estabilidade e ansiosa por passar para práticas mais avançadas do Vajrayāna. Eles não penetraram profundamente o suficiente para acessar a consciência substrato. Ele afirma que, se você deseja obter o insight completo de vipaśyanā e os estágios posteriores do caminho, shamatha é uma fundação necessária. Isso faz sentido porque, superando completamente a agitação e a lassidão, a mente se torna funcional, flexível, estável e clara – o que é muito útil.

Imagine-se repousando na pura vacuidade do substrato, no espaço da mente, como no sono profundo sem sonhos. Esse estado corresponde ao primeiro dos doze elos da originação dependente: inconsciência ou ignorância (sâns. *avidyā*). Como mencionado anteriormente, a simetria desse estado é rompida por marcas cármicas, ou energias, que correspondem ao segundo dos doze elos: formações mentais (sâns. *saṃskāra*). Esses movimentos servem como condições auxiliares para o surgimento da consciência substrato a partir da consciência substrato dormente, que corresponde ao terceiro elo: consciência (sâns. *vijñāna*). Então, à medida que você avança gradualmente em direção à consciência de vigília, pode observar como surgem as atividades mentais aflitivas, separando uma noção primitiva de "eu" do espaço do qual você tem consciência; este é o começo da bifurcação entre sujeito e objeto. A próxima fase do engajamento no mundo comum é a ocorrência de uma infinidade de aparências como resultado do surgimento, primeiramente da atividade mental sutil e a seguir da atividade mental grosseira. No budismo fundamental, essa fase corresponde ao surgimento do quarto elo: nome e forma (sâns. *nāma-rūpa*). Isso resulta em uma clara diferenciação de diversas aparências objetivas, correspondendo ao quinto elo: as seis bases dos sentidos (sâns. *ṣaḍāyatana*), que parecem separadas da consciência subjetiva. Quando a atividade mental (sâns. *manas*) é ativada, ela diferencia aparências objetivas de nomes subjetivos. À medida que você continua a emergir do samādhi, são despertadas as faculdades cognitivas superiores, juntamente com a memória, a conceituação e a linguagem. E, finalmente, a partir desse nexo conceitual emergem fora, dentro, matéria, mente e todos os fenômenos. Os elos subsequentes de contato (sâns. *sparśa*), sensação (sâns. *vedanā*), desejo (sâns. *tṛṣṇā*) e identificação íntima (sâns. *upādāna*) emergem gradualmente nos devidos tempos.

Uma vez que tenha atingido shamatha, com a dissolução da mente comum na consciência substrato, você poderá observar esse processo diretamente ao emergir do samādhi, juntamente com a sequência inversa ao entrar em samādhi novamente. Torna-se perfeitamente claro que todas as aparências sensoriais e mentais, incluindo os sonhos, ocorrem apenas no espaço da mente, aqui chamado de substrato. Todas essas aparências são iluminadas ou tornadas manifestas pela consciência substrato. Da mesma forma, essa mesma sequência ocorre na concepção, quando a consciência durante o "processo de transição de transformação" se dissolve no substrato, que é então agitado pelas energias cármicas e seus fatores mentais concomitantes. Assim, o processo começa novamente. De uma vida para a outra, os elos de contato, sensação, desejo e identificação íntima acionam os elos subsequentes de vir a ser (sâns. *bhava*), nascimento (sâns. *jāti*) e envelhecimento e morte (sâns. *jarāmaraṇa*). Vemos então os paralelos desse processo quando ele ocorre ao nascer, ao acordar de um sono profundo e ao emergir da consciência substrato com lucidez depois de ter atingido shamatha.

Com o insight obtido com o completo atingimento de shamatha, fica claro que todos os fenômenos percebidos pela consciência são simplesmente aparências, que não são materiais nem físicas. Em um sonho, todas as cores, sons, cheiros e assim por diante, que surgem objetivamente, assim como os pensamentos e emoções que surgem subjetivamente, não têm existência física. Além disso, os sonhos não existem em nenhum local físico. As imagens que surgem durante um sonho não estão localizadas dentro do córtex frontal nem no tronco cerebral. E isso é igualmente verdadeiro para todas as aparências sensoriais e mentais durante o estado de vigília.

Essa não é uma sugestão de que tudo que você percebe exista apenas na sua mente. Os átomos nas paredes do seu quarto não são produtos da sua imaginação, e eles persistirão, quer alguém esteja olhando para eles ou não. As paredes têm atributos físicos, mas as cores que você vê quando os fótons são absorvidos e reemitidos dessas paredes não existem em lugar algum – nem nos átomos, nem nos fótons, nem na retina e nem no córtex visual. As cores que você percebe, na dependência de suas faculdades visuais, surgem apenas no espaço da mente, que não possui atributos físicos nem localização.

Se eu estalar os dedos, ondas de energia se propagam pelo ar. Mas o som que você ouve não está localizado nessas ondas nem no seu córtex auditivo, não tem localização física. Tudo o que experienciamos por meio do restante dos seis sentidos, incluindo odores, sabores, sensações táteis e pensamentos, consiste em aparências não-físicas que ocorrem no espaço da consciência ou no substrato. Eles não são físicos e também não são idênticos à mente que os percebe, são aparências percebidas pela consciência. As aparências não existem independentemente da consciência delas, e a consciência das aparências não existe independentemente das aparências.

Nesse fluxo da experiência de nome-e-forma, com as aparências e as atividades mentais surgindo juntas, a mente conceitual separa a mente da matéria, o sujeito do objeto e a partícula do campo. Mas nenhuma dessas distinções era preexistente nem tem qualquer existência inerente; elas não são percebidas, mas concebidas. Em suma, a divisão fundamental entre mente e matéria, ou corpo e mente, não é simplesmente dada; nós a concebemos com base nas aparências que, assim como as informações, não são físicas nem mentais.

Determinando a Ausência de Identidade dos Fenômenos como Objetos

A próxima seção do texto investiga a vacuidade de todos os fenômenos como objetos, a começar pelo seu próprio corpo. Essa análise é conduzida da mesma maneira que o exame da vacuidade do "eu". O corpo não é mais verdadeiramente existente do que o "eu": ambos são igualmente vazios. Isso não é fácil de entender conceitualmente e é ainda mais difícil de ser realizado experiencialmente. É possível obter um certo grau de realização da vacuidade sem ter atingido shamatha, mas esse atingimento torna possível sustentar essa realização e, assim, erradicar irreversivelmente as aflições mentais.

Como alternativa às demandas de uma abordagem analítica tão elaborada, você pode preferir uma rota radicalmente empírica e gradual para realizar a vacuidade no estado de vigília, pela qual você primeiramente realiza a vacuidade dos sonhos. Isso ainda demanda muito trabalho e envolve uma boa dose de meditação, começando com o atingimento de shamatha. Com esse atingimento, no entanto, o poder do seu samādhi e a clareza e estabilidade da sua consciência transbordam naturalmente para a sua consciência onírica, que se torna igualmente estável e clara. É fácil então reconhecer quando está sonhando e você tem sonhos lúcidos. Você pode até adormecer conscientemente, passando diretamente do estado de vigília para o sono lúcido sem sonhos, e daí para o sonho lúcido.

Agora você pode se aventurar na yoga dos sonhos, o laboratório perfeito para investigar a natureza e o potencial criativo da própria consciência. Todos os aspectos de um sonho lúcido são exibições da mente, e é evidente que nada é físico. Nesse laboratório, você pode investigar a ausência de natureza inerente de tudo que surge no sonho – que você já sabe, estando lúcido – e também pode realizar algumas experiências interessantes, transformando e emanando o conteúdo de seus sonhos. Tudo o que você imagina pode ser realizado dentro do sonho: transformar pessoas em cães, transformar coisas grandes em pequenas, transformar uma em muitas e mudar sua própria forma como desejar. Você vê que não apenas os fenômenos são vazios da natureza inerente, mas que suas manifestações estão diretamente relacionadas às suas designações conceituais atribuídas a eles. Por exemplo, você pode querer ter uma conversa com Albert Einstein em seu sonho, sabendo que ele está morto. Simplesmente desejando, você pode ter essa experiência, sabendo perfeitamente bem que o Albert Einstein no seu sonho é uma criação livre de sua própria mente, que surge a partir do seu substrato.

Tenha em mente que, em um sonho não-lúcido, você acredita que tudo o que percebe realmente existe. Por não compreender a natureza vazia das aparências dos seus sonhos, é provável que o que você deseje no sonho não aconteça. Mas, em um sonho lúcido, tudo é completamente maleável. Não há nada para resistir aos caprichos da sua imaginação. Essas profundas realizações no estado de sonho são como um ensaio geral, que impulsionarão tremendamente as suas investigações sobre a natureza vazia da realidade da vigília. Os estados de sonho e vigília não são o mesmo, mas são muito parecidos. Se compreender que a vacuidade dos fenômenos que realizou no estado de sonho é igualmente verdadeira no estado de vigília, você poderá transformar os fenômenos no estado de vigília tão facilmente quanto em um sonho lúcido.

Existem duas outras abordagens tradicionais para realizar a vacuidade do seu próprio corpo. Uma abordagem é perceber diretamente as sensações correspondentes aos elementos terra, água, fogo e ar no espaço do seu corpo e realizar que eles não constituem o corpo, individual ou coletivamente. Essas sensações subjetivas não pertencem ao corpo, elas não existem de fato no espaço físico do corpo, e o corpo não está nelas. Nenhum corpo inerentemente existente pode ser encontrado em meio a essas sensações táteis.

A segunda abordagem, a que é adotada no nosso texto, é analisar as partes anatômicas do corpo, uma a uma, reconhecendo que elas não são equivalentes ao corpo, individual ou coletivamente. Essa análise também é apresentada nos ensinamentos do Buda, como incluído no cânone pāli, na aplicação rigorosa da atenção plena ao corpo, mas nesse contexto é para demonstrar que não há nada no corpo que corresponda a um "eu". Na presente discussão, aplicamos essa análise para mostrar que nenhuma parte do corpo é equivalente ao que chamamos de "corpo". Examinaremos as designações comuns para o corpo e suas várias partes, incluindo pele, ossos, sangue e órgãos internos, porque é isso que geralmente consideramos ser o corpo real. Mas esse corpo é real ou não? O mesmo modo de analisar as partes que aplicamos na busca de um "eu" agora será aplicado na busca de um corpo real.

Aqui está um ponto sutil: quando você concebe algo, como "minha cabeça", que tem muitas partes, o que vem à mente é uma imagem única, um conceito fixo. Por exemplo, quando encontra uma criança que não via há um ano, você provavelmente comenta: "Como você cresceu!". Sua ideia sobre essa criança é estática, portanto você ficará surpreso quando a realidade em constante mudança não corresponder à sua imagem estática. Nossos conceitos de tudo são relativamente estáticos dessa maneira. Tendemos a reificar o que quer que apreendamos, assumindo que realmente existe algo "lá fora" que corresponde diretamente ao nosso conceito fixo. Nós nos apegamos firmemente a ideias imutáveis sobre as coisas e não conseguimos enxergar a evidência de que as coisas estão mudando constantemente. Isso é verdade não apenas para os fenômenos externos, mas também para o nosso próprio corpo, mente e eu.

Lembre-se de que não estamos questionando a existência convencional dos nossos corpos e seus muitos componentes. Estamos investigando se existe alguma entidade subjacente que seja independente de nossas designações conceituais, mas corresponda a elas, portando os atributos externos que de fato observamos. A inexistência de tal entidade independente é exatamente o que a meditação vipaśyanā pretende demonstrar. Não existe uma "cabeça" como entidade preexistente à qual atribuímos esse nome.

> Faculdade da Luminosidade perguntou: "Mestre, Bhagavān, como os objetos externos são vazios? Mestre, explique, por favor!".
>
> Ele respondeu: "Vamos investigar a forma pela qual, quando você se fixa às identidades dos fenômenos que se proliferam quando fixados pelo 'eu', todos esses nomes, coisas e sinais não são estabelecidos como sendo reais. Primeiro, vamos determinar a forma pela qual os nomes do corpo são vazios, investigando a base de designação de cada nome".

Fixar-se às identidades dos fenômenos significa reificá-los. Um ponto crucial nesse sentido é distinguir entre um nome e sua base de designação. Por exemplo, suponha que você veja um amigo se aproximando na rua e exclame: "Olha, é o Jim!". Qual é a base sobre a qual você designou esse nome? Supondo que você não tenha reconhecido as roupas dele, provavelmente era o rosto dele, e talvez não mais do que a cor de um pedaço de pele, uma silhueta do cabelo ou o formato dos olhos. Um rosto não é uma pessoa, é a base da sua designação "Jim". Da mesma forma, um rosto não é um corpo, mas pode servir como base de designação para um corpo. O princípio geral é que a base de designação e o nome designado nunca são a mesma coisa.

> "Para examinar o que é chamado de 'cabeça': cabelo é 'cabelo', e não a cabeça. Os olhos são 'olhos', e não a cabeça. Os ouvidos são 'ouvidos', e não a cabeça. O nariz é o 'nariz', e não a cabeça, e a língua é a 'língua', e não a cabeça. Da mesma forma, pele, carne, ossos, sangue, linfa, ligamentos e assim por diante, todos parecem ter seus próprios nomes e, portanto, não são estabelecidos como a cabeça."

Essas partes constituintes da cabeça, assim como o cérebro, constituem a base de designação da cabeça, mas não são equivalentes à cabeça. Ainda assim, se todos os componentes de uma cabeça estiverem presentes, assumimos instintivamente que a cabeça também é, como o nosso interlocutor contesta:

> Faculdade da Luminosidade perguntou: "Mestre, Bhagavān, ao reduzir a cabeça a seus componentes dessa maneira, ela não é estabelecida como sendo real, mas ainda assim o conjunto é chamado de 'cabeça', não é?".

Pensamos nisso como uma receita: cérebro e crânio, carne e sangue, pele e cabelo compõem uma cabeça.

> Ele respondeu: "Filho da Família, observe que, em geral, há muitos casos em que o conjunto desses componentes não é designado como uma 'cabeça'. Se você desintegrasse a cabeça de alguém em partículas e, então, as reunisse e mostrasse aos outros, eles não chamariam aquilo de 'cabeça'. Mesmo que essas partículas fossem umedecidas e moldadas como uma esfera, ela não seria chamada de 'cabeça'".

Esse bolo de carne cru não enganaria ninguém, ninguém pensaria que seria uma cabeça. Simplesmente não é verdade que um conjunto de suas partes seja o mesmo que uma cabeça.

> "Se a sua cabeça que aparece em um sonho, sua cabeça que aparece durante o estado de vigília,

> sua cabeça que aparece no passado e sua cabeça que aparece no futuro fossem todas idênticas, quaisquer ferimentos, inchaços, bócio, pintas ou verrugas que você tivesse teriam que aparecer em todas essas ocasiões, mas eles não aparecem."

Se houvesse apenas uma cabeça de verdade, e todas essas aparições sob várias condições fossem seus reflexos, como um ator desempenhando vários papéis, deveria haver alguma consistência entre elas. Mas essas diversas aparências que você chama de "cabeça" definitivamente não são as mesmas.

> "Se cada uma dessas cabeças fosse diferente, você teria que se livrar das cabeças anteriores, ou se tornaria evidente que elas nunca foram estabelecidas como reais."

Se, em vez disso, você imaginasse que havia várias cabeças diferentes e reais que aparecem em seus sonhos, no estado de vigília, no passado e no futuro, você deveria ser capaz de explicar o desaparecimento de cada cabeça quando a próxima cabeça assumir seu lugar. Ou você pode realizar que todas essas cabeças surgem apenas em relação às estruturas cognitivas – a percepção de vigília, sonhos, lembranças ou fantasias –, e nenhuma delas tem uma natureza inerente.

Agora, vamos considerar uma definição funcional. A palavra tibetana pronunciada como *go*, traduzida como "cabeça", pode se referir a qualquer coisa acima de outra coisa. Além de se referir à parte superior do corpo, ela pode se referir à parte superior ou inicial de outras coisas, assim como podemos nos referir ao líder (cabeça) da turma ou ao topo (cabeça) de uma escada.

> "Se você diz que algo é chamado de 'cabeça' porque é visto no topo, deveria analisar as regiões superior e inferior do espaço. Assim, ao investigar como as regiões frontal, posterior, superior e inferior do espaço existem, você determinará que a cabeça não é estabelecida como sendo qualquer uma delas."

Sua estrutura cognitiva de referência faz toda a diferença, porque todas essas designações são relativas. Não existe cabeça ou topo de nada inerentemente existente. Seja a cabeça de uma pessoa, o topo de uma escada ou o líder (cabeça) de uma classe de alunos, ela se torna uma cabeça apenas pelo processo de ser assim rotulada.

No Hyde Park em Londres, uma antiga tradição de liberdade de expressão, debate e protesto público sempre teve lugar na *Speakers' Corner* (Esquina do Orador), onde qualquer pessoa com tal inclinação é livre para subir em um caixote e fazer um discurso para quem passar. Muitos anos atrás, ouvi falar de um homem que proclamava a seguinte mensagem: "Quero que todos saibam que não tenho cabeça. É perfeitamente óbvio que tenho ombros, braços, corpo e pernas, mas não tenho nenhuma cabeça". Este homem se apresentava como uma espécie de empirista radical, recusando-se a afirmar a existência de algo que não podia ver. E ele não podia ver sua própria cabeça, apenas reflexos ou fotografias dela.

De forma similar, em seu livro *Concepts of modern mathematics* (Conceitos da matemática moderna), Ian Stewart conta a história de um astrônomo, um físico e um matemático que estavam de férias na Escócia. "Olhando pela janela do trem, eles observaram uma ovelha negra no meio de um campo. 'Que interessante', observou o astrônomo, 'todas as ovelhas escocesas são negras!'. Ao que o físico respondeu: 'Não, não! Algumas ovelhas escocesas são negras!'. O matemático olhou para o céu em súplica e depois entoou: 'Na Escócia, existe pelo menos um campo que contém pelo menos uma ovelha, que tem pelo menos um lado preto'."[146] O que poderia acontecer se tivéssemos esse cuidado ao perceber o processo pelo qual designamos rótulos e tiramos conclusões com base em evidências sempre parciais? Isso não significa que não teríamos cabeças, mas talvez não vincularíamos nossa identidade tão fortemente ao que pensamos estar ali: seja inteligente ou chato, bonito ou feio, uma massa de substância cinzenta sem sentido ou um veículo adequado para a mente que pode transcender a si mesma para realizar as verdades definitivas.

> "Da mesma maneira, sobre que base é designado o 'olho'? Nem todas as esferas preenchidas por fluidos são conhecidas pelo nome de 'olho'. Não se dá o rótulo de 'olho' para pele, sangue, gordura, canais e músculos. Assim como no caso anterior, o olho tampouco existe como seu conjunto. Se você acha que uma esfera preenchida por fluidos que vê formas é chamada de 'olho', observe se aquilo que vê formas o tempo todo – no passado, futuro e

---

146 Ian Stewart, *Concepts of modern mathematics* (Nova York: Dover Publications, 1995), 286.

presente, durante o sonho e no estado de vigília – é essa esfera preenchida por fluidos que existe agora. As aparências geradas por cada um se devem à consciência primordialmente presente e não à esfera preenchida por fluidos de cada momento. Ainda que você tivesse em suas mãos cem milhões de globos oculares e os apontasse para a mesma direção, ainda assim eles não veriam formas."

Quando você está sonhando, mesmo com os olhos físicos fechados, os olhos nos sonhos podem ver uma vasta paisagem – mas essas são aparências vazias. O ponto aqui é que sua capacidade de ver cores e formas depende fundamentalmente da consciência e, embora na maioria dos casos a consciência sensorial dependa de formas externas para acioná-la, os órgãos dos sentidos físicos dos olhos podem não ser necessários em todas as estruturas cognitivas.

Um dos exemplos de evidências mais interessantes a esse respeito refere-se a experiências de quase morte, nas quais os pacientes supostamente viram e ouviram eventos na sala cirúrgica enquanto estavam temporariamente com morte encefálica, e seus relatos subsequentes do que testemunharam foram corroborados pela equipe médica que estava presente. Esses pacientes geralmente relatam que suas experiências perceptivas extracorpóreas são muito mais vívidas do que qualquer outra experiência anterior, e suas memórias dessas experiências permanecem muito claras nos anos seguintes.[147]

Não há explicação científica de como uma pessoa cujo córtex cerebral esteja sem atividade poderia ver cores objetivamente verificáveis em uma sala compartilhada com seres humanos normais e conscientes, sem fótons atingindo os olhos dessa pessoa e ativando o córtex visual. Além disso, a possibilidade de percepção extrassensorial é incompatível com as crenças do materialismo, e isso pode explicar o fato de muitos cientistas cognitivos ignorarem a evidência de tais exemplos. Mas esse dogmatismo, que ignora as evidências empíricas simplesmente porque são incompatíveis com as próprias crenças, é contrário aos ideais mais elevados da investigação científica. Como Richard Feynman escreve:

---

147 Pim van Lommel, *Consciousness beyond life: the science of near-death experience* (Nova York: HarperOne, 2010); Edward F. Kelly, Emily Williams Kelly, Adam Crabtree, Alan Gauld, Michael Grosso e Bruce Greyson, *Irreducible mind: toward a psychology for the 21st century* (Lanham, MD: Rowman & Little eld, 2007), cap. 6, "Unusual experiences near death and related phenomena".

> É somente por meio de medições refinadas e experimentação cuidadosa que podemos ter uma visão mais ampla. E então vemos coisas inesperadas: vemos coisas que estão distantes do que esperávamos – bem longe do que poderíamos ter imaginado... Para que a ciência progrida, precisamos da capacidade de experimentar, de honestidade ao relatar resultados – os resultados devem ser relatados sem que alguém diga como desejaria que fossem... Uma das maneiras de deter a ciência seria só fazer experimentos em regiões onde as leis são conhecidas. Mas cientistas pesquisam com mais diligência e com o maior esforço exatamente naquelas áreas em que parece mais provável demonstrar que as teorias estavam erradas. Em outras palavras, tentamos provar que estávamos errados o mais rápido possível, porque somente dessa maneira podemos progredir.[148]

Segundo o próprio Buda e muitas gerações de contemplativos budistas posteriores que perceberam essas coisas diretamente, após a morte as percepções dos seres no período intermediário não são mais restringidas pelos sentidos físicos; assim, eles têm vários tipos de percepções extrassensoriais que pessoas vivas normalmente só acessam se tiverem atingido shamatha. Embora a atividade cerebral ative nossas faculdades mentais e sensoriais em termos de operações da "mente grosseira" que surgem na dependência do cérebro como condição auxiliar, a "mente sutil" que prossegue de uma vida para outra tem um alcance muito mais amplo de percepção extrassensorial que não é condicionada ou limitada pelo cérebro humano. Alguns contemplativos descobrem isso durante o processo da morte mantendo a lucidez e depois relatam suas experiências, lembrando-se de terem passado pelo processo de transição do vir a ser depois da vida anterior. Outros contemplativos, ao acessarem tanto a consciência substrato quanto a lucidez prístina enquanto ainda estão vivos, percebem diretamente a natureza dos vários processos de transição sem de fato morrerem. A esse respeito, o grande erudito budista indiano e contemplativo Atīśa (982–1054) escreveu em seu clássico *Lamp for the path to enlightenment* (Lâmpada para o caminho para a iluminação):

---

148 Richard P. Feynman, *The character of physical law* (Cambridge: MIT Press, 1967), 127, 148, 158.

> Assim como um pássaro com asas não desenvolvidas não consegue voar no céu, aqueles que não têm o poder da percepção extrassensorial não conseguem trabalhar para o bem dos seres vivos. O mérito obtido em um único dia por alguém com percepção extrassensorial não pode ser acumulado nem em cem vidas sem percepção extrassensorial... Sem o atingimento de shamatha, a percepção extrassensorial não surgirá. Portanto, faça esforços repetidos para realizar shamatha.[149]

Será que nós já acessamos as várias faculdades perceptivas que poderemos obter quando a mente não estiver mais limitada por sua associação íntima e apego aos sentidos físicos dessa configuração particular de corpo e mente? Uma vez que a mente tiver se dissolvido na consciência substrato, ela não estará mais ligada à localização específica dos sentidos físicos que funcionam com base nas configurações das células que tendemos a chamar de "meu corpo". Se, mesmo em um único caso, existir a possibilidade de se ter uma percepção válida de um mundo compartilhado sem estar correlacionada à atividade elétrica de determinadas partes do cérebro, e se os contemplativos do passado tiverem de fato relatado muitos tipos de percepção verídica, não baseados no alcance das faculdades sensoriais normais de um corpo humano, que possibilidades infinitas haveria para a percepção além dos limites do corpo humano como o conhecemos? Os argumentos oferecidos aqui ainda não demonstraram nada disso, sem sombra de dúvida, mas reconhecer que os olhos não são *em si mesmos* o que vê formas – como o exemplo de um punhado de olhos desconectados na mão demonstra *ad absurdum* – já é um salto gigantesco na direção da compreensão de que a percepção válida da forma pode não exigir olhos.

> "Do mesmo modo, com relação aos 'ouvidos', uma vez que carne, pele, canais, músculos, sangue, linfa e cavidades, cada um deles tem o seu próprio nome e não o nome 'ouvido', o que é chamado de 'ouvido'? Se você disser que algo é chamado de 'ouvido' porque ouve sons, verifique se o que ouve sons em todos os momentos, durante e após esta

---

[149] Atīśa, *Lamp for the path to enlightenment* (tib. *Byang chub lam gyi sgron ma*, sâns. *Bodhipathapradīpa*), vv. 35, 36, 38.

vida, enquanto sonha e quando está acordado, é o ouvido. Ao fazer isso você descobrirá que é a consciência mental que ouve, e não a forma do ouvido deste momento. Mesmo que segurasse inúmeros ouvidos atentos em suas mãos, eles não ouviriam sons. Portanto, o ouvido nunca foi estabelecido como algo real."

Assim como os olhos, os ouvidos são designados com base em vários componentes, mas o ouvido não é o mesmo que suas partes. Se a base de designação fosse idêntica ao objeto designado, seria inerentemente existente e independente de ser rotulada como tal. É uma distinção sutil, mas crucial. Por outro lado, se você definir um ouvido, funcionalmente, como aquele que ouve sons, seus ouvidos em um sonho se qualificarão da mesma maneira que seus ouvidos físicos. Mas os ouvidos dos seus sonhos não têm realidade substancial e, portanto, é apenas a sua consciência mental que ouve no sonho e no período intermediário. O ouvido físico em si não ouve, e isso sugere que, em alguns casos, você pode ouvir sem ouvidos físicos. Dizer que o ouvido nunca foi estabelecido como real significa que ele não é uma entidade independente que existia antes de ser designada. Um ouvido passa a existir na dependência da nossa designação conceitual. Sem essa designação e a função em relação à qual é aplicada, não haveria ouvido.

"Da mesma forma, investigando e analisando os nomes e as características reais do 'nariz', você descobre que carne, ossos, sangue, linfa, canais, músculos e cavidades todos têm seus próprios nomes diferentes, portanto não são estabelecidos como sendo o 'nariz', nem ele é estabelecido como seu conjunto.

Se você pensa que aquilo que percebe odores é chamado de 'nariz' e que os odores são sentidos por meio deste orifício, observe que este orifício não é necessário no estado de sonho ou nos corpos em outras vidas. A consciência no estado intermediário também sente cheiros. Portanto, uma vez que a consciência mental não tem nariz, o nariz certamente não tem existência objetiva.

Do mesmo modo, a 'língua' não é estabelecida como qualquer um dos componentes individuais tais como carne, sangue, pele, canais e músculos; nem o nome 'língua' é estabelecido como sendo seu conjunto. Se você afirmar que aquilo que experimenta sabores é a língua, verifique se é essa mesma língua que experimenta sabores no estado de sonho, no estado intermediário e em outras vidas ou não. Então, isso se tornará claro para você.

Ao investigar o assim chamado corpo em termos de pele, gordura, carne, sangue, medula, ossos, e todos os canais e músculos, você descobrirá que o corpo não é estabelecido como sendo real. Se todos eles fossem reduzidos a partículas diminutas e depois reunidos, o nome 'corpo' não seria aplicável. Mesmo que fossem umedecidos e deles fosse feita uma massa, isso não seria um 'corpo'. Se você disser que aquilo que experimenta sensações táteis é designado como o 'corpo', verifique o que experimenta sensações táteis durante um sonho e no estado intermediário. Ao fazer isso, você verá que é a própria consciência mental e, uma vez que o nome 'corpo' não se aplica à mente, o corpo não existe."

Assim, examinando a olfato do nariz, a gustação da língua e as sensações táteis do corpo da mesma maneira, analisando estrutural e funcionalmente, descobrimos que esses órgãos dos sentidos não têm existência independente de nossas designações. As experiências sensoriais que comumente associamos a esses órgãos sempre dependem da consciência mental, enquanto os sentidos físicos são sob certas circunstâncias opcionais, como na experiência dos sonhos.

Três aspectos formam o cerne de cada um desses exemplos – a base de designação, o ato de designar e o objeto designado – e são mutuamente interdependentes. Sem um destes, os outros dois não podem existir. Isso mostra que nenhum deles tem existência inerente. Dizer que o corpo não existe significa que esse objeto composto designado não existe independentemente do ato de designar e de sua base de designação.

Quando reificamos alguma coisa, nós a isentamos de qualquer interdependência. Consideramos que ela é verdadeiramente existente, independente de qualquer designação por qualquer nome, por qualquer pessoa. A Julieta de Shakespeare, em certo sentido, reifica a existência verdadeira de Romeu ao descartar seu sobrenome: "O que há em um nome? O que chamamos de rosa / ainda que por qualquer outro nome, teria um cheiro muito doce". Lembro que, quando eu era menino, nossa família saiu para jantar em um restaurante bem refinado. Eu pedi espaguete com molho à bolonhesa. Por alguma razão que nunca entendi, esse espaguete perfeitamente bom, para mim, cheirava a vômito. Eu não conseguia tirar essa ideia da cabeça e caí na gargalhada. Mesmo sabendo que não era espaguete com sabor de vômito, não conseguia comê-lo! Moral da história: aquilo que chamamos de "espaguete", quando chamado por outro nome, como "vômito", não é necessariamente tão saboroso.

O grande poeta destacou o significado de nomes e pensamentos quando Hamlet, em sua conversa com Guildenstern e Rosencrantz, notoriamente comenta: "Por que, então, não há nada para você; pois não há nada / bom ou ruim, mas o pensamento o faz assim". Na perspectiva de Hamlet, a Dinamarca é uma prisão, mas, para seus companheiros, não é nada diferente do mundo em geral. De acordo com a visão budista geral, todo o saṃsāra, com seus inúmeros reinos agradáveis e miseráveis, é uma prisão. Mas, da perspectiva da lucidez prístina, todo o saṃsāra e nirvāṇa estão igualmente impregnados pela pureza primordial da Grande Perfeição.

A reificação acontece naturalmente. Faz surgir uma rápida distinção entre amigo e inimigo quando não há tempo a perder: cobras são perigosas! Quando as aflições mentais do ódio, desejo e ignorância são ativadas, a reificação está sempre na raiz. Ela alimenta os sentimentos de raiva, atração ou ambivalência em relação ao objeto de atenção reificado, permitindo-nos ignorar as interdependências da situação e nosso papel nela: podemos odiar todas as cobras porque são perigosas, até mesmo a inocente cobra-liga! De fato, uma ilustração clássica dos efeitos da reificação é o caso em que nos assustamos ao confundir um pedaço de corda com uma cobra.

> "Além do mais, ao investigar a localização do assim chamado braço, você reconhecerá que o ombro não é o braço, e nem a parte superior do braço, o antebraço, ou a palma da mão e os dedos são o braço. Então, eu digo: 'Identifique o que é o braço e relate'. Você pode afirmar que o que executa as funções do braço é chamado de 'braço'. Mas então, se examinar o surgimento de um braço que executa as funções de um braço em um sonho, e

que aparece de forma semelhante no estado intermediário, e questionar em todos os casos: 'Isto é o braço?', descobrirá que não é. Na verdade, você concluirá que todos são meras aparências para a mente. Assim, o braço é estabelecido apenas como algo imputado pela mente.

Além disso, ao examinar o 'ombro', você verá que a carne não é o ombro, nem os ossos, canais ou músculos. Ele não é estabelecido como sendo qualquer um desses componentes individuais e não é o conjunto das partículas às quais eles podem ser reduzidos, mesmo que fossem umedecidas e amontoadas. Da mesma forma, o exame cuidadoso de todas as articulações comprova que a base de designação desse rótulo não tem existência objetiva."

Em cada caso, não há algo independentemente preexistente que sirva de base de designação para o nome. Algo só pode se tornar uma base de designação por acordo ou convenção.

As distinções feitas aqui podem parecer meramente semânticas, mas há algo mais do que jogos de palavras. A maneira de ver a realidade que está sendo desafiada aqui é chamada de realismo metafísico, que é considerado verdadeiro por muitos cientistas e filósofos, mas rejeitado por outros. Essa é a visão de que (1) o mundo consiste em objetos independentes da mente, (2) existe exatamente uma descrição verdadeira e completa do modo como o mundo é, e (3) a verdade envolve a correspondência entre um mundo existente independentemente e a descrição desse mundo. Um realista metafísico afirma que o que está "lá fora" está realmente lá, independentemente de qualquer observador, não importando o nome que você dê a ele.[150]

A investigação mais prática, principalmente para iniciantes, é a da vacuidade do "eu sou". A realidade objetiva e independente dos objetos físicos, como uma casa ou nosso corpo, parece tão óbvia que é difícil questioná-la. Mas é claro que é exatamente assim que nos sentimos com respeito a objetos físicos em um sonho

---

150 Para uma crítica filosófica ocidental muito convincente do realismo metafísico, veja Hilary Putnam, *Realism with a human face*, ed. James Conant (Cambridge: Harvard University Press, 1990).

não-lúcido – e essa é uma das razões pelas quais não nos ocorre que estamos sonhando. Os objetos do sonho parecem realmente estar lá. Ao contrário de miragens ou arco-íris, podemos interagir com os objetos dos sonhos de todas as maneiras esperadas. Quando apertamos as mãos em um sonho, o aperto de mão pode parecer firme ou suave, mas podemos sentir outra mão em contato com a nossa, o que geralmente é bastante convincente. Mesmo em um sonho lúcido, as aparências podem ser tão realistas quanto na experiência de vigília. No entanto, a natureza real do sonho é completamente incompatível com as aparências da paisagem dos sonhos. Nos estados de vigília e de sonho, os fenômenos parecem existir verdadeiramente por si mesmos. Mas isso é enganoso, porque todas as aparências surgem apenas em relação a uma estrutura cognitiva. Elas não representam uma realidade independente.

> "Além disso, o que você está nomeando como pessoa quando se refere à aparência daquela pessoa logo ali? A cabeça não é uma pessoa. As cinco faculdades sensoriais não são uma pessoa. O nome 'pessoa' não é estabelecido como carne, sangue, ossos, medula, canais, músculos, membros maiores e menores, ou consciência."

Quando identificamos alguém, geralmente tomamos a cabeça e o rosto da pessoa como base. Se vemos apenas outras partes do corpo, é menos provável que reconheçamos a pessoa, enquanto o rosto é altamente reconhecível. Pode ser a base de designação para uma pessoa, mas uma cabeça ou um rosto não são uma pessoa. Mais uma vez, a base de designação nunca é igual ao objeto designado. Uma pessoa pode ser designada com base nas cinco faculdades sensoriais ou outras partes anatômicas, mas nenhuma delas constitui uma pessoa. A mente, invisível para os outros, pode ser a base de designação de uma pessoa, mas não é equivalente a um ser humano.

Uma premissa fundamental dos ensinamentos budistas é que, sempre que surge uma aflição mental como desejo, hostilidade, ciúme ou orgulho, esta é sempre direcionada a um objeto que está sendo reificado e ao qual estamos nos fixando como tendo natureza própria inerente. Por exemplo, em muitas sociedades modernas, sentimentos de baixa autoestima são comuns e podem se transformar em desprezo por si mesmo. Essa aflição mental é uma expressão de aversão que é apenas nominalmente diferente, em virtude de ser direcionada contra si mesmo. Quando você sucumbe à baixa autoestima, seu objeto é o seu próprio eu reificado. Se você procurar esse eu, não o encontrará em lugar algum. É como se você fosse autor de um romance com um personagem fictício – a quem você despreza – e estivesse se sentindo atormentado porque se identifica com a sua criação odiada.

Quando concebemos qualquer objeto, seja uma coisa, uma pessoa ou nosso próprio eu, o ato da conceituação funciona como uma lâmina que esculpe e elimina tudo o que não é o objeto. O objeto concebido é isolado de seu contexto e da rede de inter-relações a partir da qual surgiu. A conceituação inofensiva pode ser útil em conversas comuns: se pedirmos água, não receberemos café. O problema vem da reificação do objeto concebido como tendo existência inerente, verdadeira e independente do contexto.

Aqui está um experimento interessante a ser realizado no seu envolvimento diário com o mundo: quando observar o surgimento de uma aflição mental como a aversão a alguém, examine atentamente a base de designação do objeto dessa aflição mental. Quando o objeto é reificado, pode ser que você afirme: "Aquele homem é mau", como se ele consistisse em uma maldade pura e homogênea, sem qualquer outro ingrediente. Se isso fosse verdade, todos deveriam ser capazes de reconhecer isso; mas é claro que não é assim, e os entes queridos desse homem podem discordar totalmente. Investigue cuidadosamente a base de designação real para esse objeto de aversão. É o rosto, o corpo, a mente, as crenças ou o comportamento? Ao fazer isso, você começa a desconstruir o objeto reificado de aversão. Em vez de uma pessoa existente de forma independente, você pode ver o seu contexto real, incluindo as causas e condições que deram origem à sua existência relativa, seus diversos papéis em relação a pessoas e situações diferentes, e a variedade incomparável de características. A pessoa real está em um estado contínuo de fluxo – assim como você –, com muitas qualidades surgindo e desaparecendo a cada momento. Ela é influenciada por seu ambiente em constante mudança, que, por sua vez, é influenciado pela pessoa. Mas o conceito reificado desse homem é uma caricatura, congelada no tempo, um espantalho que serve como objeto de uma aflição mental.

Quando reificamos outra pessoa, seja com apego ou aversão, não há nada independentemente preexistente que sirva como base de designação para a pessoa. Algo só pode se tornar uma base de designação por acordo ou convenção consensual. Quando uma pessoa humana passa a existir? Poucos chamariam um óvulo não fertilizado de "ser senciente", nem pensamos em espermatozoides como seres sencientes. Durante os nove meses seguintes à concepção, cientificamente é difícil, se não impossível, saber se existe um outro ser senciente no ventre da mãe e ainda mais difícil saber quando esse ser senciente se torna uma pessoa humana. Mas todos concordariam que um bebê recém-nascido é um ser senciente. Nossos julgamentos podem depender de preocupações éticas, implicações legais, critérios médicos e crenças religiosas, tornando-os altamente pessoais. Cada um de nós pode ter suas próprias opiniões impossíveis de serem verificadas sobre o momento da origem de um ser humano no ventre de uma mãe, mas não devemos ignorar o fato de que, quando existe uma criatura consciente no útero, com uma mente separada da mãe, ela também tem sua perspectiva própria sobre esse assunto!

As mesmas dependências caracterizam o processo inverso. Algo decai gradualmente, perdendo partes e funções, até que, em algum momento, dentro de uma estrutura conceitual específica, deixe de ser chamado do que era antes. A designação é modificada ou removida por completo. Acidentes e doenças podem destruir muitas das partes e funções de uma pessoa – cabelos, pele, dentes, joelhos, quadris, membros e olhos; pensamento, memória, fala, visão e mobilidade – e, independentemente de os médicos poderem compensar essas perdas ou não, todos concordarão que a pessoa ainda existe, desde que esteja viva. Após a morte, as pessoas podem continuar se referindo ao falecido por um tempo, mas, ao final, o corpo será chamado de cadáver; e mesmo esse rótulo não será mais aplicado quando restarem apenas ossos ou cinzas.

Na tradição budista de investigação contemplativa, se desejarmos explorar experiencialmente o início e o fim da vida humana, novamente precisamos primeiro atingir shamatha, pois isso permite explorar o continuum da consciência substrato que precede o nascimento como humano e prossegue após a morte. A capacidade de observar a mente se dissolvendo na consciência substrato com lucidez, enquanto a mente se estabiliza em seu estado natural, nos prepara muito bem para observarmos uma dissolução muito semelhante durante o processo de morte. Enquanto repousamos na quietude da consciência, observamos os sentidos físicos sendo desativados enquanto se recolhem para o continuum da consciência mental e, após a cessação da respiração, testemunhamos gradualmente o desaparecimento final dos últimos vestígios das faculdades mentais humanas enquanto repousamos na consciência substrato remanescente. Para aqueles que nunca experienciaram a consciência substrato de forma lúcida, o estágio final do processo de morrer implica perder a consciência à medida que a mente se dissolve no substrato. Esse é o mometo da morte. A vida humana de uma pessoa agora chegou ao fim, no que é chamado de "quase-realização negra". Mas esse não é o fim, e a crença eterna de que agora esse ser "descansa em paz" para sempre, assim como a crença niilista de que esse ser está agora completamente aniquilado, são meras especulações que não são apoiadas por evidências empíricas nem por uma lógica convincente. A principal desvantagem de se estar morto é que a morte não dura.

Padmasambhava explica que a pessoa pode permanecer inconsciente nesse estado de morte por até três dias. Durante esse período, seu corpo não funciona mais como um corpo humano e sua mente humana se dissolveu em sua fonte, o substrato. Portanto, sem um corpo humano ou uma mente humana, você não é mais um ser humano. Você se tornou primal: um ser senciente indiferenciado, designado com base em seu substrato. Durante essa fase – seja por minutos ou dias, seu corpo não se decompõe, pois ainda é mantido por seu continuum sutil de consciência mental. Se, pelo poder de ter atingido shamatha, você tiver atravessado todo o processo de morrer com lucidez, também poderá experienciar a morte com lucidez. Se uma vida humana for comparada a um romance, seria como ler a estória até o final; por outro lado, uma pessoa que simplesmente fica desacordada quando chega à dissolução final da mente humana é como uma pessoa que adormece ao chegar à página final do livro. Que triste perder justo o final!

Embora sua existência humana tenha terminado nesse momento, há mais na morte do que parece. Após a dissolução da consciência humana no substrato, a lucidez prístina se manifesta espontaneamente, e quem tiver realizado essa dimensão da consciência por meio de práticas como Mahāmudrā e Dzogchen estará bem preparado para reconhecê-la novamente, pois ela se manifesta como a "clara luz da morte". Padmasambhava explica:

> A seguir, há a dissolução da quase-realização negra na clara luz. Como analogia, assim como o espaço dentro de uma jarra está unido ao espaço externo, sem nem mesmo um traço de qualquer aparência de um eu, surge uma expansão clara e radiante semelhante ao espaço que tudo permeia, livre de contaminação – como a aurora despontando no céu. Nesse momento, as pessoas que já estão muito familiarizadas com a lucidez prístina da base por meio do atravessar e que adquiriram confiança nisso reconhecerão o encontro da lucidez prístina na qual treinaram anteriormente – que é como uma pessoa familiar – com a clara luz que surge mais tarde. Eles devem então se sustentar na própria base, como um rei sentado em seu trono.[151]

Os contemplativos realizados podem repousar na clara luz da morte com

---

151 Düdjom Lingpa, *Vajra Essence*, 262.

lucidez por muitos dias a fio, sem que seus corpos se decomponham, pois ainda estão imbuídos da radiância da lucidez prístina. Durante esse período, até mesmo a consciência substrato terá se dissolvido na base primordial e, portanto, não haverá um ser senciente, ao menos não da perspectiva deles. Eles terão se tornado primordiais. Para aqueles que não experienciaram a lucidez prístina, ela surgirá e passará rapidamente, sem ser notada, e, assim que a dimensão mais sutil da consciência partir do corpo, ele começará a se decompor. Os ensinamentos de Padmasambhava sobre os seis processos de transição explicam a fase seguinte, conhecida como processo de transição da realidade última.[152] A seguir, vem o conhecido "estado intermediário", ou processo de transição do vir a ser. A preparação ideal para manter a lucidez durante esta fase é a prática da yoga dos sonhos, pois as experiências delusórias ao longo desse processo são notavelmente semelhantes às de um sonho.[153]

Quando esse processo de transição chega ao fim e é seguido por um renascimento humano, a consciência do ser transmigrante se dissolve no substrato, e daí emerge mais uma vez a consciência substrato ao entrar na união do óvulo e espermatozoide dos novos pais. Esse é o momento em que o óvulo fertilizado se torna consciente, e agora existe um ser senciente independente no ventre da mãe. Durante as fases iniciais da gestação humana, os contemplativos budistas se referem a esse ser como "tornando-se humano"[154]. Ainda não é humano, mas está no processo de se tornar um ser humano. Na dependência da formação gradual do cérebro e do sistema nervoso, o continuum sutil da consciência mental se diferencia nos diferentes modos de percepção sensorial, e as faculdades únicas da mente humana também emergem desse continuum. Como explicado anteriormente, a causa substancial desses modos de consciência humana é a consciência substrato que os precede, e as mudanças que ocorrem na formação do corpo humano servem como condições auxiliares para o surgimento da mente humana. Não sei em que momento preciso desse desenvolvimento o ser que está se tornando humano se torna de fato humano. Esta, mais uma vez, é uma questão de designação conceitual e depende da definição do que significa ser humano. Todo esse ciclo de nascimento e morte pode ser explorado com lucidez por quem desenvolveu insight contemplativo suficiente, mas, para todos os outros, o começo e o fim da vida permanecem envoltos em mistério.

Enquanto isso, as habilidades médicas para impedir a morte, incluindo circulação extracorpórea e técnicas cirúrgicas avançadas para reparar lesões fatais,

---

152 Padmasambhava, *Natural liberation*, 235–56.
153 Ibid., 140–161; B. Alan Wallace, Despertar no sonho: Sonhos lúcidos e ioga tibetana dos sonhos para insight e a transformação (Petrópolis, RJ: Editora Vozes, 2014).
154 Tib. *mir chags pa*.

levaram a um número crescente de publicações de relatos de experiências de quase morte (EQMs). Vários cientistas ocidentais estudaram o fenômeno e desenvolveram hipóteses para explicá-lo.[155] Embora muitos desses relatos sejam retrospectivos e ofereçam pouco mais que evidências anedóticas, foram conduzidos vários estudos prospectivos de sobreviventes de parada cardíaca. Bruce Greyson, da Divisão de Estudos Perceptivos da Universidade da Virgínia, um dos principais especialistas do mundo nessa área, desenvolveu uma escala para quantificar os elementos principais dos relatos de EQM, com parâmetros cognitivos, afetivos, paranormais e transcendentais.[156] Estes geralmente incluem aspectos como tranquilidade e bem-aventurança, experiência extracorpórea, atravessar um túnel escuro em direção a uma luz, revisão panorâmica da vida e encontrar parentes falecidos e seres espirituais em outro reino. Os sobreviventes frequentemente relatam mudanças significativas e duradouras em suas perspectivas de vida, incluindo redução do medo da morte, redução do materialismo e aumento da espiritualidade. Eles também relatam frustração e incapacidade de transmitir suas ideias profundas e inefáveis a outras pessoas – junto com um forte desejo de fazê-lo, apesar de muitas vezes serem descartados como alucinados ou insanos.

O termo experiência de quase morte existe apenas desde 1975, mas foram relatados encontros próximos com a morte em todas as culturas humanas, com elementos comuns e também culturalmente específicos. No Tibete, em vez de serem dispensadas ou ridicularizadas, essas experiências eram valorizadas por sua potência espiritual. Em sua tradução do *The Tibetan book of the dead* (Livro tibetano dos mortos), Robert Thurman contrasta o foco ocidental na conquista material do mundo externo com o foco tibetano na conquista espiritual das fronteiras internas da consciência. Embora os ocidentais tenham descartado a importância da morte, ele chama o interesse tibetano pela morte de "o exemplo final da racionalidade da mente tibetana moderna dirigida para o interior"[157]. Esse esforço para explorar e compreender a realidade da morte resultou em relatos narrativos que se tornaram um gênero literário tibetano no século XVI.[158]

---

155 Para uma revisão, veja Christopher C. French, "Near-death experiences in cardiac arrest survivors", *Progress in brain research* 150, ed. Steven Laureys (Amsterdã: Elsevier Science, 2005), 351–67.
156 Bruce Greyson, "The near-death experience scale: construction, reliability, and validity", *Journal of Nervous and Mental Disease* 171, n.º 6 (1983): 369–75.
157 Padma Sambhava e Karma Lingpa, *The Tibetan book of the dead: liberation through understanding in the between*, trans. Robert A. F. Thurman (Nova York: Bantam Books, 1994), 11.
158 Lee W. Bailey, "A 'little death': the near-death experience and Tibetan delogs",

Aquele que retornou do bardo da morte é chamado *delog*[159], e muitas vezes é consultado para conselhos espirituais e mundanos. Um exemplo famoso que se tornou uma autoridade espiritual foi Dawa Drolma, mãe de Chagdud Tulku Rinpoche, que publicou seu diário detalhado. Ele relata que "durante cinco dias inteiros ela permaneceu fria, sem respirar e desprovida de quaisquer sinais vitais, enquanto sua consciência se movia livremente para outros reinos".[160] Seu despertar foi testemunhado por um grande lama, e ela revelou segredos que convenceram os outros da autenticidade de suas visões do bardo. Seguindo o conselho de sua deidade pessoal, Tara Branca, ela compartilhou suas experiências vívidas dos resultados cármicos da virtude e das falhas, ensinando outros a fazerem escolhas morais corretas, prestando muita atenção a causa e efeito.

O materialismo científico sustenta que uma pessoa humana realmente existe, como um conjunto complexo de matéria, que evoluiu para um corpo com um sistema nervoso que dá origem à consciência – um epifenômeno que é simplesmente extinto na morte. O budismo sustenta que não há pessoa, corpo, vida, morte ou consciência realmente existentes – todos os fenômenos condicionados são vistos como originando-se de forma interdependente, de acordo com causa e efeito. E o dançarino principal desse espetáculo não é a matéria não-senciente, mas a própria consciência.

* * * * * * * *

Continuamos a determinar a ausência de identidade dos fenômenos como objetos, voltando-nos agora para os outros que não são o corpo humano. Consideremos então uma casa comum, que poderia representar qualquer objeto construído.

> "Da mesma forma, qual é a base de designação para algo que é chamado de 'casa'? O barro não é uma casa. Quanto às pedras, elas são chamadas de 'pedras' e não de 'casa'. Nem os pilares, vigas, colunas ou a fundação são chamados de 'casa', e, ainda que fossem empilhados, o nome 'casa' não seria aplicável."

Journal of Near-Death Studies 19, nº 3 (2001): 139–59.
159 Tib. *'das log*.
160 Delog Dawa Drolma, *Delog: journey to realms beyond death*, trad. Richard Barron (Chökyi Nyima) com Sua Eminência Chagdud Tulku Rinpoche (Junction City, CA: Padma Publishing, 1995), vii.

Os vários componentes de uma casa podem servir como base de designação, mas não são iguais a uma casa. Designamos uma casa com base em diversos critérios abstratos, pessoais e dependentes do contexto. Por exemplo, podemos considerar que uma casa móvel é um "trailer" e não uma casa real, mas, depois de visitar a nova "casa fabricada" de três quartos do nosso amigo, podemos querer rever nossos critérios.

A natureza interdependente dos objetos designados torna-se particularmente clara quando algo físico como uma casa está sendo construído. A princípio, quando há apenas o terreno, todos concordariam que não há uma casa nesse terreno. Quando uma fundação estiver feita, um empreiteiro poderá dizer que há uma casa em construção. Quando as paredes e o teto estiverem erguidos, a maioria das pessoas concordará que existe uma casa, mesmo que o interior esteja incompleto. Quando os trabalhos de encanamento, eletricidade, eletrodomésticos e acabamento estiverem concluídos, o inspetor municipal verificará se os requisitos de construção foram atendidos e a prefeitura considerará que a estrutura é uma casa legalmente habitável. Por fim, a definição da casa terminada que mais importa para o proprietário e para o construtor será explicitada no contrato, ou poderão ocorrer discordâncias bastante dispendiosas. Precisamente em que momento essa casa surgiu? É simplesmente uma questão de acordo, e as pessoas utilizam vários acordos com critérios muito diferentes. Mas a resposta budista é que nenhuma casa jamais existiu objetivamente. Uma casa é apenas um nome, imputado a uma base de designação, de acordo com uma convenção humana específica. É uma casa porque dizemos que é.

É igualmente revelador examinar o processo oposto, de destruição. Anos atrás, vi notícias de um incêndio nas montanhas de Sierra Nevada, na Califórnia, que destruiu muitas casas. Um casal ficou com nada além de um buraco no chão e uma chaminé de pedra; contudo, eles apontavam para aquilo como sendo a casa deles, que planejavam restaurar. Uma casa incendiada ainda pode ser uma casa aos olhos do proprietário.

> "Tome outro exemplo: uma caneca. Seu exterior não é a caneca, nem seu interior, nem sua borda ou sua base, nem a madeira é a caneca. Nem seus componentes individuais ou seu conjunto existem objetivamente como sua base de designação."

Quando reificamos uma caneca, nós a concebemos como uma entidade única. Mas, se a decompusermos em suas partes, nenhuma delas é uma caneca, nem existe uma maneira universalmente aceita de montar uma caneca a partir de peças, como sugere essa tradicional construção tibetana de uma caneca. De fato, apenas designamos "caneca" em relação ao objetivo específico que temos em mente. Um recipiente com furos no fundo pode ser perfeitamente adequado para guardar lápis, mas inadequado para beber chá. Nossa mão pode ser uma caneca para beber, ou uma peneira para lavar cerejas, ou uma pá para espancar. Aplicamos esses nomes diferentes a uma mesma mão, de acordo com seu uso em cada momento, portanto a base de designação não está na nossa mão, mas na nossa intenção momentânea.

> "O mesmo se dá no caso daquilo que é chamado de montanha; a terra não é uma montanha, nem a grama ou as árvores. Seu conjunto também não é uma montanha e, portanto, a palavra 'montanha' é vazia."

Não há nada inerente à base de designação de uma montanha que a constitua. Este nome é aplicado apenas de acordo com convenções que podem sempre ser alteradas. Uma montanha em Minnesota é uma colina no Colorado. Geólogos, agrimensores e artistas podem ter critérios diferentes, mas as definições de uma montanha são todas relativas: íngremes ou que crescem abruptamente, acima da terra circundante, maior que uma colina, alta o suficiente para ser impressionante ou notável. Alguns traçam uma linha entre colina e montanha correspondente a 1.000 pés, outros a 2.000 pés. O enredo da comédia de 1995, *O inglês que subiu a colina e desceu a montanha*, gira em torno do conflito entre os critérios de um pesquisador e os sentimentos das pessoas sobre sua "montanha" local. A *US Geological Survey* não oferece mais definições oficiais de colinas e montanhas, lagoas e lagos ou riachos e rios devido à ambiguidade desses termos.

> "Ao examinar a base de designação de um simples bastão, sua ponta é apenas uma ponta e não um bastão. Sua base nada mais é do que a sua base, a madeira não é nada mais é do que a madeira, suas cinzas queimadas não são nada mais do que cinzas, e suas partículas pulverizadas são apenas partículas e não um bastão. Portanto, até mesmo o nome simplesmente desaparece, sem existência objetiva. E não há nada além disso."

Mesmo um simples bastão de madeira é apenas uma designação que depende do contexto e da convenção. O mesmo pedaço de madeira pode ser uma bengala para um adulto e um mastro para uma criança. Se um dos lados for relativamente pontudo, pode ser uma lança ou, se for relativamente bulboso, um taco. Com seu canivete, você pode transformar essa madeira na base de designação que preferir, enquanto outros podem continuar vendo algo completamente diferente.

Mas, aqui, a revelação de Düdjom Lingpa nos leva um passo adiante, para a questão do que existe quando um objeto comum, visível a olho nu, é dividido nas partes que o compõem, de modo que até a base que estávamos designando com um certo nome não pode mais ser encontrada. Depois que um bastão é queimado em cinzas, não faz mais sentido dizer "bastão". No entanto, ainda que o "bastão" esteja intacto, se estivermos investigando cuidadosamente para encontrar uma base real de designação – como em todos esses exemplos – e se investigarmos suas partículas, precisamos admitir que também não há bastão. Esta passagem lembra um verso famoso da Carta de Nāgārjuna a um rei – *A guirlanda de joias preciosas*:

> Como algo com forma é apenas um nome, então o espaço também não passa de um nome.
> Como poderia haver forma sem elementos?
> Portanto, até mesmo o próprio "mero nome" não existe.[161]

Tsongkhapa explica o argumento de Nāgārjuna da seguinte forma: "Assim ele afirma que, em última análise, não existe sequer o mero nome e, convencionalmente, além de ser estabelecido por força da convenção de um nome, não há absolutamente nada. É isso que significa se sustentar apenas como rotulado por um nome".[162] É interessante notar que a revelação de Düdjom Lingpa do Vajra Nascido do Lago está em perfeita harmonia com Tsongkhapa neste e em muitos outros pontos.

---

161 *Rājaparikathāratnamālī*, tib. *Rgyal po la gtam bya ba rin po che'i phreng ba*, conforme citado por Tsongkhapa em sua obra 'Illumination of the True Thought' [of the Middle Way], vol. *ma*, 87b3 (176), uma edição impressa em blocos de Tashi Lhunpo da obra 'Collected Works of the Lord'. (Há uma variação textual da última palavra nas edições tibetanas deste verso no Tengyur, como *yin* em vez de *med*, mas sigo a última, já que tem sido mais frequentemente utilizada por mestres contemporâneos, como Sua Santidade o Dalai Lama.)

162 Tsongkhapa, *Illumination of the true thought*, vol. *ma*, 87b4–5 (176).

> "Saiba que terra, água, fogo e ar também não existem no reino das partículas grosseiras, partículas minúsculas, e nem das partículas indivisíveis, diminutas."

Esta afirmação é verdadeira de acordo com a física moderna. Nada nas categorias de moléculas, átomos ou partículas elementares é sólido, fluido, quente ou frio. Tais características surgem apenas com conjuntos maiores de átomos. Mas, em contraste com a explicação budista, a visão moderna, mesmo na maioria das disciplinas científicas, é de que os átomos são absolutamente reais.

Ao analisarmos os fenômenos em busca da existência inerente, podemos nos ver concordando com a escola budista clássica chamada Vaibhāṣika, sistema filosófico que diferencia as realidades últimas das relativas. Ela afirma que algo como um bastão é uma designação para uma configuração física de muitas partículas minúsculas, que realmente existem, enquanto o bastão existe apenas em relação à sua designação convencional. Da mesma forma, ela afirma a existência real de breves momentos de cognição, como um instante de percepção visual de azul ou um lampejo de raiva. Nossos processos de rotulação conceitual configuram esses momentos em experiências, que são apenas relativamente verdadeiras. Mas a visão Vaibhāṣika é de que os mais diminutos átomos físicos e momentos mentais mais breves são reais, absolutamente existentes e independentes de nossos conceitos e designações. O mundo físico é composto desses elementos atômicos e também é real. Nossas sobreposições conceituais são meramente relativas.

Enquanto os defensores da visão Vaibhāṣika afirmavam a realidade equivalente das partículas de matéria e dos momentos de cognoscência, a visão materialista, chamada "atomismo", aceita a realidade última apenas da primeira. No Ocidente, essa visão remonta a 2500 anos, a Demócrito, o filósofo grego pré-socrático que afirmou que tudo o que existe consiste em átomos e espaço. Essa visão foi aceita por muitos cientistas, mas certamente não por todos, desde o surgimento do materialismo científico em meados do século XIX: tudo o que realmente existe consiste em partículas elementares e suas propriedades emergentes.

Na virada do século XX, a física quântica surgiu e desafiou a noção de que os átomos possuem existência absolutamente objetiva. Atualmente, existem problemas e controvérsias não resolvidos nessa área, como discordâncias com respeito ao papel do observador e à natureza da medição. Mas há um acordo inequívoco de que o mundo não consiste em partículas minúsculas com massa, localização e momentum definidos, existindo independentemente e antes de nossas medições. Isso ficou bastante claro no encontro *Mind and Life* realizado em 1997 com Sua Santidade o Dalai Lama e um grupo de físicos destacados, incluindo o experimentalista austríaco de vanguarda citado anteriormente, Anton Zeilinger[163]. Ele nos explicou que, nos seus experimentos efetivos em que tentou isolar e medir as propriedades de uma única partícula elementar, esta não foi encontrada em lugar algum como uma entidade existente antes e independente do ato de medição. Os atributos de um elétron, como sua massa ou velocidade, surgem apenas em relação à sua medição, eles não são independentes. Eles são vazios por si mesmos. Antes do ato da medição é possível apenas descrever uma probabilidade de que algum valor seja observado. Tais experimentos demonstram que não há nenhum atributo preexistente aguardando ser medido – ele ainda não existe.

Eu estava servindo como intérprete nessa discussão, que Sua Santidade ouvia com grande interesse. Quando Anton disse que, ao procurar um elétron como se ele existisse independentemente da medição, você não o encontra, Sua Santidade pareceu bastante satisfeito. Ele se virou para Anton e disse: "Como você poderia saber disso sem conhecer a filosofia Madhyamaka?".

"O que é isso?", Anton respondeu. Sua Santidade deu uma sinopse brilhante da essência da visão Madhyamaka, que é a de que todos os fenômenos são vazios de natureza inerente, surgindo apenas como eventos interdependentes. Anton, que estudou filosofia, ouviu essa explicação com bastante interesse. Ele então respondeu: "Como você poderia saber disso sem conhecer mecânica quântica?". Ele convidou Sua Santidade a visitar seu laboratório na Áustria para mostrar os experimentos que o levaram a essas conclusões. Sua Santidade aceitou imediatamente. Na primavera seguinte, tivemos uma gloriosa reunião de dois dias nos laboratórios de Anton em Innsbruck, seguida de discussões sobre filosofia, física e budismo que continuaram acontecendo enquanto caminhávamos pelos Alpes tiroleses. Foram dois dos dias mais memoráveis da minha vida!

Uma afirmação central da mecânica quântica, que remonta ao seu pioneiro, Werner Heisenberg (1901–76), é que antes do ato da medição os físicos podem falar apenas de um campo de possibilidades. Se você medir um atributo do elétron, por exemplo, as informações sobre esse atributo serão geradas em relação à sua pergunta e à metodologia escolhida. Mas, antes que você realize a medição, não há valor absoluto preexistente para esse atributo, alguma verdade invariável apenas esperando para ser descoberta. O valor que você obtém surge apenas em relação aos seus métodos.

É interessante que um dos termos tibetanos usados para se referir ao mundo

---

163 Uma transcrição editada desse encontro pode ser encontrada em Arthur Zajonc, ed., *The new physics and cosmology: dialogues with the Dalai Lama* (Nova York: Oxford University Press, 2004).

seja "sipa"[164], que significa simplesmente "possibilidade", com base na visão da existência cíclica como uma gama de possibilidades. Elas estão representadas na "roda do vir a ser", na qual o termo inglês "vir a ser" é outra tradução da palavra tibetana "sipa". Existem muitas maneiras de fazer uma medição, seja com instrumentos sofisticados ou apenas diretamente com os sentidos. Meramente procurar para ver se outra pessoa está presente constitui um ato de medição. Ao procurar por um rosto ou outras aparências, as suas percepções de cores, formas e movimentos permitem concluir se uma pessoa está presente ou não. A presença ou ausência dessa pessoa é um fato preexistente, apenas aguardando sua medição? Para você existe apenas um campo de possibilidades. Até fazer sua observação, que é possibilitada, guiada e restringida por suas estruturas conceituais – como os critérios para uma pessoa ser real; os valores que você atribui para as diversas características humanas, como sexo, idade, altura, beleza e inteligência; e o espaço em que você se encontra no momento, seja um quarto, um carro ou um campo de futebol –, é impossível dizer se uma pessoa está realmente presente ou não. A resposta só é verdadeira, para você, quando realiza a sua observação.

Mas não devemos ignorar o fato de que a outra pessoa, assim como o gato no famoso experimento teórico do físico Erwin Schrödinger, tem sua própria perspectiva sobre a existência. Ele ou ela não passam a existir de repente por chamarem minha atenção. Quando tomo conhecimento de alguém, a pessoa passa a existir relativa a mim, enquanto a pessoa relativa a ela mesma já estava lá, da perspectiva dela. Mas algo sem referência à perspectiva de algum ser consciente nunca surge ou desaparece. Até mesmo a consciência da minha própria existência não me fornece informações sobre mim, independentemente de qualquer observador. É apenas mais uma perspectiva, de certa forma tão parcial e propensa a falhas quanto a consciência de qualquer pessoa a meu respeito.

Isso também implica que existem tantos mundos físicos quanto seres sencientes – humanos e não-humanos – que os habitam. Todos os mundos físicos existem apenas em relação às estruturas cognitivas com que são percebidos e concebidos. Em um trabalho anterior chamei essa visão de "relatividade ontológica"[165]. Embora essa visão implique que existam muitos mundos correspondentes às muitas estruturas cognitivas dos seres sencientes, isso é fundamentalmente diferente da "interpretação de muitos mundos" da mecânica quântica, proposta

---

164 Tib. *srid pa*.
165 B. Alan Wallace, "A general theory of ontological relativity", em *Hidden dimensions: the unification of physics and consciousness* (Nova York: Columbia University Press, 2007), 70–84.

em 1957 por Hugh Everett em sua tese de doutorado, desenvolvida sob a orientação de John Wheeler[166]. Segundo Everett, todo ato de medição divide o mundo quântico em mais um mundo clássico alternativo, todos igualmente "reais". O observador percebe subjetivamente apenas um mundo clássico, mas, na realidade, em todos os mundos alternativos invisíveis, é como se existissem réplicas do observador, cujas experiências fornecem a cada um deles uma imagem do mundo que acreditam habitar. Essa hipótese é maravilhosamente imaginativa, mas totalmente impossível de ser testada; é mera conjectura, sem a possibilidade de jamais ser validada ou invalidada. No entanto, nos últimos vinte anos, essa ideia atraiu crescente atenção e respeito, e hoje é considerada uma das várias interpretações principais da teoria quântica.

Por que uma visão tão etérea e especulativa entrou tão na moda entre os físicos linha dura? A resposta pode estar no fato de que a maioria dos físicos hoje em dia adere aos princípios do realismo metafísico e do materialismo, e foram educados para acreditar que a consciência não tem nenhum papel significativo no mundo natural. A interpretação de muitos mundos tira a consciência do cenário e reifica todos os mundos invisíveis que se separariam (supostamente) com cada medida desprovida de consciência. Portanto, essa visão parece ser uma tentativa desesperada de manter os paradigmas do realismo metafísico, do determinismo e do fisicalismo, mas sem nenhuma evidência possível para apoiá-la. No entanto, ela tem muitos defensores que prezam suas pressuposições metafísicas acima dos ideais do empirismo que inspiraram todos os grandes avanços da história da ciência.

Até o século XX, a maioria dos físicos acreditava que tudo realmente existia em relação à perspectiva de Deus, independentemente de haver meros mortais observando. Daí a busca científica, remontando ao menos a Galileu, para ver o universo da perspectiva de Deus. Mas, com a exclusão de Deus da concepção científica moderna predominante do universo, a noção de um mundo absolutamente objetivo existente independentemente das observações de *alguém* ou das estruturas conceituais torna-se uma conjectura infundada que não pode ser testada. Qualquer teoria criada com base em observações e experimentos não pode ser comparada a nenhuma realidade, pois esta existiria independentemente de quaisquer observações ou medidas. Não se pode dizer que tal universo – anterior e independente de qualquer observação – exista ou não exista, pois as categorias de "existência" e "inexistência" são criações humanas, que nós mesmos definimos. E há muitas definições dessas categorias entre cientistas, filósofos e outros. Aplicar esses rótulos a algo sobre o qual nada sabemos

---

166 Hugh Everett, "Short article", *Reviews of Modern Physics* 29 (1957): 454.

é um erro categórico. No máximo, só podemos falar sobre a possibilidade, ou probabilidade, de sua existência, que é determinada apenas quando é feita uma observação. A "visão a partir de lugar nenhum", como o filósofo Thomas Nagel a chama[167], é desprovida de sujeito e objeto, sem seres sencientes e sem um universo físico habitado.

Por outro lado, aqui está uma explicação budista clássica das diferentes percepções disponíveis para cinco possíveis estados de seres conscientes dentro do reino samsárico do desejo: um copo de água comum, para um ser humano, é visto como água. Para um animal, é algo para beber ou sobreviver. Para um preta – um tipo de ser consumido pela fome e por desejos insaciáveis – é visto como pus e sangue. Um ser dos infernos, dominado pelos resultados cármicos do ódio e da agressão do passado, o vê como metal fundido ou lava. Um deva divino o experimenta como o êxtase da ambrosia. Cada classe de ser percebe o líquido de maneira muito diferente, de acordo com suas faculdades sensoriais, propensões cármicas e estruturas conceituais. A base que surge como um copo de água para um humano abrange todas essas possibilidades, sem que o líquido em si tenha identidade inerente, independente de qualquer observador.

Quando Werner Heisenberg e os outros fundadores da mecânica quântica estavam fazendo suas descobertas, diz-se que eles sentiram o chão sob seus pés cedendo. Essa revolução significava que o universo era fundamentalmente diferente do que os cientistas acreditavam há séculos, porque, de alguma maneira misteriosa, o papel do observador e o ato de medir estavam entrelaçados no próprio tecido do universo. Qualquer noção de "naturalismo" como sinônimo de "fisicalismo" é inapropriada, pois não há nada natural em omitir a mente e a consciência da natureza, ou reduzi-las a propriedades meramente emergentes da matéria, sem ter ideia de como a matéria inerte e a energia poderiam dar origem a experiências subjetivas.

A ciência moderna e o Budadharma concordam que nossas aparências sensoriais do mundo físico são enganosas e, portanto, ilusórias. Alguns físicos abandonaram a noção clássica de que alguma "coisa subjacente" ao universo existe independentemente de todas as observações, e propõem que a mente e as observações constituem a única realidade.[168] O físico teórico Leonard Susskind propôs que o mundo seria melhor compreendido se fosse comparado a um holograma.[169] No entanto, outros expoentes em suas áreas, incluindo os físicos

---

167 Thomas Nagel, *The view from nowhere* (Nova York: Oxford University Press, 1986).
168 Richard Conn Henry, "The mental universe", *Nature* 436 (July 7, 2005): 29.
169 Leonard Susskind, "The world as a hologram", SU-ITP-94-33, September 1994, arXiv:hep-th/9409089.

George Smoot e James Gates, os cosmólogos Alan Guth e Max Tegmark, os tecnólogos Elon Musk e Ray Kurzweil, o filósofo Nick Bostrom e o especialista em inteligência artificial Marvin Minsky, sugerem que o universo pode ser uma simulação de um computador gigante e que estamos vivendo em um mundo virtual no estilo Matrix que, erroneamente, pensamos estar realmente "lá fora"[170].

Muito antes desses pensadores começarem a especular sobre quem poderia ter criado essa matriz ilusória que chamamos de "universo" – seja Deus ou seres com inteligência avançada habitando outro mundo –, o Buda apresentou uma teoria baseada em suas próprias descobertas contemplativas, que foram corroboradas por gerações de contemplativos depois dele. A hipótese a ser testada pelos buscadores não-tendenciosos é de que cada um dos mundos ilusórios do saṃsāra, habitados por todos os tipos de seres sencientes, é de fato criado pelas sementes de nossas próprias ações cármicas, realizadas em vidas anteriores e depois amadurecidas e levadas à fruição pela nossa própria fixação ao eu, ou pela reificação de nossas próprias identidades pessoais. Essas impressões cármicas estariam armazenadas em nossos fluxos individuais de consciência, impulsionando-nos de uma vida para outra, cada uma em seu próprio ambiente físico correspondente. Quando o carma amadurece e leva a um renascimento humano, compartilhamos muitas aparências intersubjetivas com nossos semelhantes, e em menor grau com outras espécies e formas de vida. O amadurecimento do carma de um indivíduo pode ser experienciado apenas por essa pessoa, mas o amadurecimento do carma coletivo é experienciado por todos que plantaram sementes cármicas muito semelhantes. Tal corroboração intersubjetiva de múltiplas observações em primeira pessoa gera a crença equivocada de que as observações compartilhadas constituem uma visão da realidade em "terceira pessoa" que é absolutamente objetiva. Isso cria uma ilusão que é extremamente difícil de desafiar, e muito mais de dissipar.

* * * * * * * *

O budismo usa muitos exemplos, analogias e metáforas para nos ajudar a entender a natureza ilusória da realidade, na qual todos os fenômenos parecem existir por si mesmos, mas na verdade são vazios de qualquer natureza inerente própria. O que se segue é uma lista de dez analogias clássicas para a ilusão[171], ensinadas para ilustrar que todos os fenômenos carecem de natureza inerente e surgem apenas como eventos dependentemente relacionados.

---

170 Philip Ball, "We might live in a computer program, but it may not matter", *BBC Earth*, September 5, 2016.
171 Veja também Düdjom Lingpa, *Vajra Essence*, 40–41, e Sera Khandro, "Garland for the delight of the fortunate", in *Buddhahood without meditation*, 91–101.

> "A natureza ilusória de todos os tipos de nomes não pode sequer ser estabelecida como uma ilusão, pois não é nada mais do que o mero nome 'ilusão'."

Mesmo quando alguém pega qualquer tipo de coisa que pode ser nomeada e, por meio da análise, revela que não passa de uma ilusão, o próprio fato de que esse fenômeno meramente rotulado seja, portanto, uma ilusão não é inerentemente existente como uma ilusão; "ilusão" não passa de um rótulo imputado sobre uma base de designação.

> "Na medida em que não há miragem em uma miragem, ela nada mais é que um mero nome."

Quando imputamos um nome como "miragem", o processo de rotulação a isola de tudo o que não é uma miragem. Mas a miragem não traçou suas próprias fronteiras e se rotulou, nem possui suas próprias características intrínsecas que a definem. Não é um fenômeno preexistente; é apenas uma aparência, que é completamente dependente de condições específicas, incluindo a perspectiva de determinado observador. Embora surja à sua percepção visual e possa até ser fotografada, não existe uma realidade correspondente na qual a miragem surge. Quanto mais você se aproxima dela, mais sua natureza ilusória se torna aparente. Ela surge e tem eficácia causal, mas não está realmente ali.

> "Na medida em que não há sonho em um 'sonho', ele não passa de um mero nome."

Se você diz que teve um sonho e continua a descrevê-lo, sua sinopse não é o sonho. Você pode se esforçar para expressar os eventos, sentimentos e pensamentos dos quais se lembra em palavras ou imagens, tentando capturar a essência e o enredo deles, mas sua estrutura narrativa não é o sonho. Se você adotar a prática de se lembrar e registrar os sonhos, se lembrará de mais sonhos, com mais detalhes, e poderá surgir um insight profundo, mas isso não é o sonho. Mesmo que se torne lúcido enquanto sonha, sabendo que está sonhando, todo o construto do sonho é sua própria simulação; saber disso é o que dá a um sonho lúcido seu impacto surpreendente. Mas, em todos os casos, o sonho não tem existência própria e é apenas um nome que você atribuiu a uma experiência da qual se recorda.

> "Uma vez que não há reflexo estabelecido como um 'reflexo', ele não passa de um mero nome."

Um reflexo no espelho não existe no espelho nem em qualquer outro lugar. Se você olhar para um espelho enquanto está a um metro e oitenta de distância de sua superfície, seu reflexo pode ser visto e fotografado como se existisse a uma distância de um metro e oitenta atrás do espelho. Mas é claro que, quando você olha atrás do espelho, nada corresponde à imagem que percebeu.

> "Em uma cidade de gandharvas, não há nada além de uma cidade nominal de 'gandharvas'."

Os gandharvas são descritos como músicos celestias com habilidade excepcional, subsistindo apenas de fragrâncias e vivendo em cidades no céu. Eles aparecem na dependência do samādhi, sem existência própria e independente.

> "Um eco não tem existência objetiva além de seu mero nome 'eco'."

Você identifica um eco ouvindo um som pouco tempo depois de ouvir um som semelhante, mas não completamente idêntico. Se você não ouvisse o primeiro som, não chamaria o segundo de eco, o que mostra que o eco não tem existência inerentemente como eco.

> "A lua na água não é nada mais que as meras palavras 'lua na água'."

Um reflexo da lua na água, ou de planetas e estrelas, é uma analogia frequentemente utilizada nos ensinamentos budistas e aparece muitas vezes nas obras de Düdjom Lingpa. Uma única lua no céu pode dar origem a um sem número de luas na água, refletidas em todos os lagos, poças e gotas de orvalho. Todas as pessoas, cada uma com seu balde de água, vê sua lua-na-água pessoal. Se a água estiver limpa e parada, o reflexo será nítido; caso contrário, será distorcido. Quando você olha para o reflexo da lua na água, parece que ela está a 384.000 quilômetros abaixo da superfície da água. Mesmo que seus olhos focalizem essa imagem como se estivesse vendo um fenômeno "real" a essa distância, nada corresponde à sua percepção. É uma aparência vazia, conceitualmente designada pela mente que a apreende, e que não tem existência além daquela aparência ilusória e da designação conceitual.

> "E uma bolha de água não é estabelecida como tendo qualquer existência objetiva além da mera expressão das palavras 'bolha de água'."

Uma bolha de ar na água depende completamente de fatores dinâmicos; e inevitavelmente sobe à superfície, onde desaparece sem deixar vestígios.

> "E, além disso, uma alucinação não é estabelecida como tendo qualquer existência objetiva além do mero nome."

Alucinações, que nos ensinamentos budistas podem ser causadas pelo efeito de drogas, doenças ou manipulação dos órgãos dos sentidos, são facilmente entendidas como não tendo existência inerente. Durante uma conferência de budismo e ciência em Dharamsala, na Índia, em 2009, presidida por Sua Santidade o Dalai Lama, a psicóloga Anne Treisman comentou que a percepção é um tipo de alucinação guiada externamente. Criamos experiências em vez de "fotografá-las", acrescentou ela, e assim os psicólogos consideram os relatos subjetivos como dados e não como fatos. Mas, se todas as percepções não passam de alucinações, as próprias observações e medidas feitas por psicólogos e outros cientistas também devem ser ilusórias. De acordo com a análise budista como vimos aqui, todas as aparências que surgem aos sentidos físicos, as imagens produzidas com os instrumentos da tecnologia e as aparências que surgem à percepção mental são ilusórias, pois parecem existir por sua própria natureza, mas de fato surgem apenas em relação ao sistema de medida por meio do qual são observados e relativos à estrutura conceitual em que são compreendidos.

> "E uma emanação não pode ser estabelecida como existindo à parte da mera expressão do nome."

Nessa analogia clássica, um ilusionista que domina o poder da emanação em samādhi pode conjurar a aparência de um elefante, por exemplo, e os espectadores realmente a verão. Da mesma forma, um praticante altamente realizado pode guiar uma multidão de discípulos, todos ao mesmo tempo, manifestando um número de emanações igual ao número de discípulos e em formas perfeitamente apropriadas às percepções de cada discípulo.

> "Assim como as expressões dos sons desses nomes, todas as bases de designação dos nomes e palavras que são pronunciados para todos os tipos de surgimentos de fenômenos são inexistentes. Elas são vacuidade, e ela mesma não é estabelecida como

sendo real. Reconheça que a vacuidade não tem existência objetiva, pois não é nada além da expansão do espaço. Estas são instruções essenciais."

Outras analogias bem conhecidas incluem a ilusão de ótica, o arco-íris, o relâmpago e o tronco de uma bananeira. Esses exemplos de ilusão ilustram a natureza de todos os outros fenômenos – todos são vazios de existência inerente e todos surgem na dependência de causas, condições, partes componentes e, por fim, nomes e designações.

Aqui está um ponto final e crucial: é imperativo não reificar a própria vacuidade, como se fosse absolutamente real. Nāgārjuna declara que, se nos fixarmos à vacuidade como tendo existência inerente, transformaremos o único remédio que pode nos libertar do saṃsāra em veneno. Alguns estudiosos budistas traduzem o termo sânscrito *śūnyatā* como "vácuo", mas acho isso enganoso, pois sugere que há realmente algo lá fora, escondendo-se "por trás" do véu das aparências, ou seja, algo como "o vácuo". O adjetivo sânscrito *śūnya* simplesmente significa "vazio", e a sílaba *tā* transforma o adjetivo em um substantivo abstrato, "vacuidade". As aparências são vazias de existência inerente, e não há vacuidade além das aparências. Nem as aparências objetivas de cores, sons e assim por diante, nem as aparências subjetivas de pensamentos, sentimentos e assim por diante, existem por si sós e, após investigação, descobrimos que a demarcação entre "subjetivo" e "objetivo" também é puramente nominal.

De maneira semelhante, Werner Heisenberg alertou os físicos contra o pensamento de que as funções de ondas quânticas compreendem o material básico da realidade, como se elas realmente existissem lá fora, antes e independentemente do ato de medição. Niels Bohr, o avô da mecânica quântica, declarou: "Não existe mundo quântico. Existe apenas uma descrição física abstrata. É errado pensar que a tarefa da física é descobrir como a natureza é. A física diz respeito ao que podemos dizer sobre a natureza".[172]

No documentário *Probabilidade e incerteza: a visão da mecânica quântica da natureza*, Richard Feynman declarou: "Acho que posso dizer com segurança que ninguém entende a mecânica quântica"[173], e essa observação é verdadeira até hoje. Apesar de tais advertências desses eminentes físicos quânticos, alguns cien-

---

172 Citado por Aage Petersen, em "The philosophy of Niels Bohr", *Bulletin of the Atomic Scientists* 19, nº 7 (1963): 8-14.
173 *Probability and uncertainty: the quantum mechanical view of nature*, dir. Richard P. Feynman, British Broadcasting Corp. Television, London, November 18, 1964, http://www.richard-feynman.net/videos.htm.

tistas que se apegam aos princípios do realismo e do materialismo metafísico com fervor quase religioso reificam a função de onda quântica como objetivamente real e física, enquanto reduzem todo o resto a meras maneiras de expressão.[174] Mas a vacuidade e as equações da mecânica quântica são, elas próprias, maneiras simplesmente diferentes de descrever a natureza da realidade. Todas essas são apenas maneiras de expressão, portanto os referentes de termos como "funções de ondas quânticas", "partículas" e "forças" existem apenas em relação às estruturas conceituais em que foram designados. Sua existência é apenas nominal, por isso é um erro fundamental confundir o dedo que aponta a lua com a própria lua. Como explica o filósofo Hilary Putnam, "elementos do que chamamos de 'linguagem' ou 'mente' penetram tão profundamente no que chamamos de 'realidade' que o próprio projeto de nos representar como 'mapeadores' de algo 'independente da linguagem' é fatalmente comprometido desde o início".[175]

Considerações Grosseiras e Sutis para Determinar a Vacuidade

É difícil compreender esses ensinamentos sobre a vacuidade do mundo externo, por duas razões profundamente enraizadas na nossa experiência: primeiro, percebemos o mundo de uma maneira mutuamente verificável e comum, o que parece provar a existência de um mundo objetivo. Segundo, as coisas no mundo ao nosso redor aparentemente mudam de acordo com suas próprias regras, independentemente de estarmos olhando ou não. O mundo que experienciamos não parece vazio: parece estar repleto de entidades independentes.

Além dessas predisposições fundamentais em nossas formas naturais de percepção, os últimos quatrocentos anos de desenvolvimento científico se concentraram quase exclusivamente no mundo externo, onde os fenômenos são objetivos, físicos e quantificáveis. A autoridade científica atribui muito menos peso a fenômenos meramente subjetivos, mentais ou qualitativos. E como William James disse: "A cada momento, aquilo a que prestamos atenção é a realidade", e, se os cientistas se concentrarem exclusivamente em fenômenos físicos objetivos, somente estes serão considerados reais. A sociedade moderna tem um viés muito forte de ver o físico como real e o não-físico como irreal. Na prática científica atual, como vimos, até a própria mente é tipicamente investigada em termos de fenômenos físicos objetivamente mensuráveis do comportamento e da atividade cerebral. A consciência mental subjetiva é descartada como uma miragem criada por circuitos neurológicos e processos em rede.

---

174 Carroll, *Big picture*, cap. 17.
175 Hilary Putnam, *Realism with a human face*, 28.

Com tendências tão fortes, precisamos de esforços corretivos para ajudar a restaurar o equilíbrio entre os aspectos físicos e mentais da vida. Por exemplo, se tivermos um ressentimento profundamente enraizado por outra pessoa, veremos apenas seus defeitos e deixaremos de ver qualidades positivas. Mas, buscando ativamente primeiro as qualidades neutras e depois as positivas, podemos gradualmente desenvolver uma atitude mais equilibrada em relação a essa pessoa. Da mesma forma, nosso desequilíbrio entre os fenômenos físicos e mentais pode ser corrigido. A maneira de fazer isso é concentrando-se na mente, nos eventos mentais e na própria consciência. Por muitas centenas de anos no Tibete, e antes disso por milênios na Índia, pessoas se dedicaram à prática intensa de imergir a consciência em fenômenos puramente mentais por longos períodos de tempo. E aquilo a que prestaram atenção passou a ser considerado realidade para elas, mas sem excluir o mundo físico externo.

Como poderíamos verificar isso empiricamente? Poderíamos mergulhar completamente a consciência na própria mente – a prática de shamatha que Padmasambhava chama de *tomar a mente como caminho* – por oito a dez horas por dia, acumulando 10.000 horas ou mais. O resultado poderia ser, mesmo entre as sessões formais de prática, ver cada vez mais todos os fenômenos como meras aparências vazias que surgem para a mente. Isso não requer a realização da vacuidade. Düdjom Lingpa também chama essa prática de *tomar as aparências e a consciência como o caminho*, porque o resultado da prática é ver que tudo naturalmente se resume a apenas duas coisas: aparências e consciência.

Lerab Lingpa diz que, estabelecendo a mente em seu estado natural, tomando-a como caminho, chega-se a uma "sensação não-conceitual de que nada pode prejudicar sua mente, independentemente de os pensamentos terem cessado ou não"[176]. Ele aponta o fato interessante de que é possível ter consciência não-conceitual dos conceitos. Isso é possível repousando em um fluxo de consciência não-conceitual, sem se fundir com os pensamentos que surgem. Esse é um dos propósitos centrais de repousar na quietude da consciência em meio aos movimentos da mente. É altamente análogo ao resultado de se tornar lúcido em seus sonhos: quando você sabe que é um sonho, sabe que nada pode prejudicá-lo, não importa o que apareça. Para que esses ensinamentos sobre a vacuidade o ajudem a aliviar as aflições mentais e a diminuir o sofrimento, concentre-se em observar e compreender os fenômenos em sua própria mente durante o estado de vigília e, se puder, também no estado de sonho. Com bastante prática, todas

---

176 Lerab Lingpa, "How to settle the mind in its natural state, since this method is so crucially important", de "The Vital Essence of Primordial Consciousness", in Wallace, *Open mind*, 32.

as aparências serão vistas naturalmente surgindo apenas no espaço da mente, no substrato.

Como evitar o erro do niilismo ao testemunhar o fato de que todas as aparências são criações de sua própria mente? Se você concluir que é o único ser senciente no universo, terá sucumbido ao solipsismo. É crucial encontrar o caminho do meio. Há uma diferença importante entre os estados de sonho e de vigília. Em um sonho, existe apenas um ser senciente, e todos os outros que aparecem no sonho são uma criação da mente. Se você matar alguém em seu sonho, existe um carma negativo devido à motivação que surgiu em camadas sutis de sua consciência, mas ninguém mais é prejudicado. No estado de vigília, você está interagindo com muitos seres sencientes, cada um no centro de seu próprio mundo, e suas ações têm efeitos cármicos reais sobre os outros e sobre você. Da perspectiva do estado de vigília, vemos que nada no sonho era real. Da mesma forma, da perspectiva da lucidez prístina, vemos também que nada na experiência de vigília é real: tudo é uma matriz de aparências vazias e interações causais. É delusão confundir o estado de sonho com o estado de vigília. E, da mesma forma, é delusão confundir a lucidez prístina com a consciência comum.

> Uma vez mais o Bodisatva Faculdade da Luminosidade perguntou: "Ó Mestre, Bhagavān, se todos os discípulos deludidos, presos pela fixação à existência verdadeira, não são capazes de perceber a natureza fundamental dos fenômenos ao simplesmente reconhecerem a inexistência da base de designação de um nome, por favor, Mestre, revele uma maneira de determinar a forma fundamental pela qual as coisas não existem por meio de considerações grosseiras e sutis".

Caso a explicação anterior da relação entre um objeto designado e sua base de designação não tenha levado a um insight sobre a natureza vazia de todos os fenômenos, existem outras abordagens. O ensinamento a seguir contrasta a inexistência com sua alternativa, que é a permanência, conforme definida pelas sete qualidades de um vajra.

> Ele respondeu: "Ó Faculdade da Luminosidade, é desta forma: quando um tronco de árvore surge para você, considere se ele é permanente ou absolutamente inexistente".

Todos nós podemos concordar que um tronco de árvore não é permanente nem totalmente inexistente, então por que somos convidados a escolher entre essas duas opções? Tenha em mente que este é o vipaśyanā apresentado da perspectiva do Dzogchen. A melhor analogia é a percepção de uma pessoa que tem um sonho lúcido.

No cânone pāli há uma história maravilhosa contada no *Doṇa Sutta*[177]. Um asceta brâmane errante, chamado Doṇa, viu pegadas com marcas do *dharmacakra*, a roda do dharma. Uma das trinta e duas marcas maiores de um(a) buda é o aparecimento de rodas de mil raios gravadas nas palmas das mãos e nas solas dos pés. Doṇa ficou impressionado, pensando que essas pegadas não poderiam ter sido deixadas por um ser humano. Como um caçador, ele as seguiu até o Buda, que estava sentado com as pernas cruzadas debaixo de uma árvore. A presença confiante e tranquila do Buda inspirou Doṇa, que se aproximou para perguntar quem seria aquele grande ser. Naqueles dias, entendia-se que devas, ou deuses, poderiam aparecer em forma humana, e esse era o primeiro palpite de Doṇa sobre a identidade do ser surpreendente à sua frente:

> "Mestre, você é um deva?"
> "Não, brâmane, eu não sou um deva."
> "Você é um gandharva? Um yakṣa? Um ser humano?"
> Para cada pergunta, o Buda respondeu: "Não".
> "Então que tipo de ser você é?"
> O Buda respondeu: "Eu estou desperto".

Em sânscrito, a palavra Buda significa simplesmente "aquele que está desperto". Os pais do Buda eram humanos, sua esposa e filho eram humanos, e, no entanto, ele disse que não era um ser humano. Estava ele refutando o fato óbvio de que era um ser humano, mesmo sendo um ser humano altamente incomum? Em vez disso, o Buda respondeu: "Eu estou desperto", de uma perspectiva totalmente diferente. Imagine-se em meio a um sonho lúcido, no qual está revelando seus poderes milagrosos, como caminhar sobre a água, voar ou transformar água em vinho. As pessoas em seu sonho notariam suas habilidades incomuns e poderiam se aproximar de você para perguntar: "Você é um deus?". Estando lúcido nesse sonho, você teria de responder: "Não".

Assim como o Buda, você também teria de discordar de qualquer outra iden-

---

[177] Aṅguttara Nikāya 4.36, trad. Thanissaro Bhikkhu, resumidamente, http://www.accesstoinsight.org/tipitaka/an/an04/an04.036.than.html.

tidade que os observadores não-lúcidos em seu sonho pudessem propor, pois a imaginação deles é limitada a entidades familiares dentro do sonho, que eles consideram absolutamente reais. Qualquer coisa que eles pudessem conceber seria uma falsa caracterização de seu verdadeiro status como uma pessoa que tem um sonho lúcido, alguém que reconhece a natureza real do sonho de uma perspectiva fora dos parâmetros do sonho. Você não se parece em nada com nenhum dos personagens fictícios do seu sonho. Mas você pode responder afirmativamente: "Eu estou desperto". Da perspectiva de quem tem um sonho lúcido, tudo no sonho consiste em aparências vazias e nada existe intrinsecamente. É dessa perspectiva que o Mestre na passagem acima está perguntando se um tronco de árvore é permanente ou totalmente inexistente. É permanente, como o espaço absoluto dos fenômenos, ou totalmente inexistente, como um unicórnio ou o filho de uma mulher estéril?

O ponto crucial é que, no ato de reificar um tronco de árvore ou qualquer outra coisa, nós não apenas o conceituamos, mas também o isolamos e congelamos, como uma entidade permanente e imutável. Um tronco de árvore é permanente ou é totalmente inexistente? Ao apresentar essas duas alternativas, o Mestre destaca os dois extremos do substancialismo e do niilismo, e o que resta para evitar esses dois extremos é o caminho do meio. Qualquer coisa que seja verdadeiramente permanente deve possuir as sete qualidades de um vajra, como o Mestre explica:

> "A investigação e a análise são feitas assim: Se ele fosse permanente deveria ser invulnerável, indestrutível, real, incorruptível, estável, livre de obstruções e invencível. Uma vez que um talho é feito quando é cortado com um machado, ele é vulnerável, e quando cortado muitas vezes, é destruído. Já que o um se torna muitos, é falso e não é real, e já que pode ser tingido com corantes e pós brancos e pretos, por isso é corruptível, não é incorruptível. Uma vez que está sujeito a mudanças devido às estações do ano e outras influências, não é estável. Uma vez que qualquer objeto pode penetrá-lo, é permeável. Esta madeira pode ser destruída de várias maneiras, portanto não é invencível."

Um tronco de árvore parece tão maciço e firmemente fincado no solo que é fácil reificá-lo como uma entidade real. Mas, nesta análise, nós o cortamos em lascas progressivamente menores e podemos ver que não pode haver demarcação objetiva entre o tronco da árvore e as lascas de madeira. Ele só deixa de ser um tronco de árvore quando retiramos a designação. Da mesma forma, quando uma semente germina, um broto surge e um broto se torna uma árvore, não há nenhum momento exato em que todos concordamos, com base em evidências puramente objetivas, que existe um tronco de árvore. Tudo o que passa a existir e deixa de existir assim nunca esteve realmente presente – é inexistente da perspectiva de quem despertou para a natureza ilusória dos fenômenos.

> "Não tendo sequer uma das qualidades do vajra, está provado que não existe."

O tronco da árvore que pensamos estar lá, uma vez constatada a ausência de qualquer uma das sete qualidades da existência permanente de um vajra, não existe realmente de modo algum. A base real para designar um tronco de árvore é impermanente, um agrupamento temporário de matéria e energia, células e moléculas, que muda constantemente à medida que a árvore brota, cresce, morre, apodrece e se dispersa no ambiente. Nada corresponde intrinsecamente à designação de tronco de árvore.

Esse insight constitui o núcleo da visão Madhyamaka. Esses ensinamentos sobre vipaśyanā da perspectiva Dzogchen são completamente compatíveis com a visão Madhyamaka de Nāgārjuna como interpretada por Candrakīrti, Śāntideva, Tsongkhapa e outros proponentes da escola de filosofia budista Prāsaṅgika. Os escritos de Nāgārjuna oferecem muitos raciocínios para nos ajudar a penetrar na realidade da vacuidade. O rei do raciocínio lógico, e a análise mais poderosa, é o método da originação dependente (sâns. *pratītyasamutpāda*). Qualquer fenômeno, como um tronco de árvore, surge na dependência de causas, condições e designações conceituais e é, portanto, vazio. Se você realmente compreender a impermanência de qualquer fenômeno – que qualquer coisa que surge a cada momento depende de causas e condições, e por fim perece e desaparece –, isso implica que tal fenômeno é também necessariamente vazio de natureza inerente.

Esse insight é completamente contrário à nossa intuição natural. Normalmente, se nos perguntam se algo em nosso ambiente é real ou ilusório, é fácil verificar que é real tocando ou vendo diretamente, por exemplo. Se é causalmente eficaz, de tal forma que um tronco de árvore pode suportar o peso de uma rede, deve ser real. Da perspectiva Madhyamaka é exatamente o oposto. É precisamente por causa da impermanência e da originação dependente – o fato de os fenômenos surgirem, influenciarem outros fenômenos, serem por sua vez influenciados e, por fim, quebrados, destruídos e dispersados – que esses fenômenos são vazios de existência inerente. Todos os fenômenos condicionados são impermanentes, eles não possuem nenhuma das sete qualidades da permanência de um vajra.

Se houvesse algo independente da designação conceitual, causas e condições, isso seria permanente ou imutável. Portanto, surge naturalmente a pergunta: existe algo que tenha essas sete qualidades?

> Faculdade da Luminosidade perguntou: "Ó Mestre, Bhagavān, o que é um vajra que apresenta todas as sete qualidades vajra? Explique, por favor!".
>
> Ele respondeu: "Ó Faculdade da Luminosidade, referir-se à existência de um vajra material enganoso178 é como referir-se ao filho de uma mulher estéril. Vajras materiais podem ser apresentados como sendo feitos de osso e pedra, que ao serem queimados são destruídos. E vajras de ferro podem ser derretidos no fogo. Não sendo verdadeiramente existentes, esses vajras enganosos são destrutíveis".

Um vajra material convencional, como um objeto de metal fundido que pode ser empregado nas práticas Vajrayāna, é simbólico. Aqui está o que ele simboliza:

> "Esse vajra do espaço, que aparece em todos os lugares: (1) Não pode ser danificado por armas ou qualquer outra coisa; (2) Objetos ou circunstâncias não podem destruí-lo; (3) Livre de falhas ou de contaminação, é a grandiosa base para o sur-

---

178   Tib. *kun rdzob*, sâns. *saṃvṛti*. Esse adjetivo geralmente ocorre como um modificador de um dos dois tipos de realidade. O adjetivo em tibetano e sânscrito significa "totalmente obscurecedor", pois essa realidade obscurece totalmente a dimensão mais profunda da realidade suprema (tib. *don dam bden pa*, sâns. *paramārthasatya*). "Totally obscuring reality" (realidade totalmente obscurecedora) parece muito estranho em inglês e também não alcança o significado, pois, segundo Candrakīrti, é a ignorância que obscurece a natureza da realidade, não as próprias aparências. Portanto, as aparências são "enganosas", mas, para aqueles que são enganados pelo véu obscurecedor da ignorância, elas parecem ser "reais". Assim, elas são "enganosamente reais" e constituem o que é conhecido como "realidade enganosa".

> gimento da existência dos fenômenos, por isso é real; (4) Não pode ser corrompido por falhas ou virtudes, por isso é incorruptível; (5) Não sofre mudanças no decorrer dos três tempos, por isso é estável; (6) Uma vez que pode penetrar tudo até sua vacuidade, não pode ser obstruído; (7) Não pode ser modificado ou alterado por coisa alguma, por isso é invencível."

O vajra do espaço nada mais é do que a vacuidade (sâns. *śūnyatā*), sinônimo de dharmadhātu, espaço absoluto dos fenômenos, que é indivisível da consciência primordial. Como a grande base para o surgimento da existência fenomênica, abrange todo o saṃsāra e nirvāṇa. Esta é a interpretação Dzogchen sobre o significado da afirmação do Buda de que se não houvesse nirvāṇa, ou dharmadhātu, não haveria saṃsāra, ou existência fenomênica, que surge dessa grande base. Assim como não pode haver verdade suprema sem uma verdade enganosa, nenhum objeto sem um sujeito, nem presente sem passado e futuro, também não pode haver saṃsāra sem nirvāṇa.

> "Esse é o vajra do espaço que surge em todos os lugares. Para aqueles que se fixam a ele como se existisse de forma autônoma, ele é um vajra enganoso, e para aqueles que compreendem a maneira como ele existe de forma perfeita e completa, como a liberação não adulterada, esse é o vajra absoluto e indestrutível. Se algum outro objeto com todas as sete qualidades de um vajra existisse, seria permanente. Mas uma vez que tal coisa não existe, tudo é definitivamente vacuidade, a qual não é estabelecida em si mesma."

Mais uma vez essa advertência aparece: até mesmo a natureza última da vacuidade não é estabelecida em si mesma; não possui natureza inerente. Resista à tentação de reificar a vacuidade.

> "Assim, substâncias que surgem como coisas, tais como troncos de árvores, terra, pedras, edifícios ou utensílios domésticos, podem ser pulverizadas, quebradas e trituradas. Depois de reduzidas

> a partículas, podem ainda ser reduzidas a pó. Pulverizando essas partículas a um sétimo de seu tamanho, elas são reduzidas a partículas diminutas, e, desintegrando-as a um sétimo do seu tamanho, são reduzidas até que não tenham mais dimensão espacial. Elas são destruídas e desaparecem na natureza do espaço."

As referências acima a "partículas" e "partículas minúsculas" pertencem a categorias de matéria concebidas por contemplativos e filósofos budistas com base na experiência em primeira pessoa, sem o auxílio da tecnologia. Os elementos terra, água, fogo, ar e espaço também são categorias pertencentes ao mundo da experiência, e estas se mostraram úteis na medicina tibetana tradicional e na prática contemplativa budista. Diferentemente do modelo de partículas, átomos e moléculas apresentados na física e na química modernas, as partículas e os elementos postulados no budismo Mahāyāna não são considerados existentes em algum mundo objetivo, independentes da experiência. Em vez disso, são vistos como unidades fundamentais da matéria e características elementares do mundo da experiência (sâns. *loka*).

> "Além disso, as cinzas de qualquer substância que tenha sido queimada no fogo desaparecem naturalmente no espaço, e algo que parece ser a forma de um ser vivo desaparece completamente depois de morto e cremado. Ao examinar e analisar todos os fenômenos que surgem desta forma, você descobre que todos desaparecem completamente e nem uma única coisa é estabelecida como sendo verdadeiramente existente. Investigar intensivamente este tema é essencial, portanto saiba disto!"

A ciência moderna descreveu a estrutura da matéria com muito mais detalhes e com maior sofisticação do que esta explicação, mas a conclusão é a mesma. Quando você decompõe a matéria em constituintes cada vez menores, não há nada substancial a ser encontrado – apenas espaço vazio, e até mesmo ele não existe por natureza própria e independente. Até mesmo o espaço pode ser dividido nas partes constituintes de suas direções, e as direções nem mesmo podem ser imaginadas, exceto como interdependentemente relacionadas entre si.

Na teoria quântica de campos, que é a unificação da relatividade especial de

Einstein com a mecânica quântica, o próprio espaço vazio é descrito como tendo um potencial chamado energia de ponto zero[179]. Imagine um experimento teórico em que você remova toda a energia térmica, massa, campos eletromagnéticos e gravidade de um volume de espaço; nada restaria senão espaço vazio, um vácuo. Esse espaço tem alguma energia própria? Parece impossível, mas há energia no próprio espaço vazio. Se você calcular a densidade de energia do espaço vazio usando a teoria quântica de campos, o resultado matemático é que a energia do ponto zero tem densidade infinita. Como podemos entender isso?

A corrente principal da física descreve esse resultado como uma visão da realidade na qual todas as aparências de massa e energia no universo existem como configurações da energia do espaço vazio. Das partículas elementares às galáxias, tudo emerge do espaço vazio, existe como configurações do espaço vazio e, por fim, se dissolve novamente no espaço vazio. Uma das teorias sobre as origens do Big Bang é que algo causou uma flutuação na energia do ponto zero do vácuo, o que resultou na expansão contínua de todo o nosso universo.[180]

---

179 Veja B. Alan Wallace, *Choosing reality: a buddhist view of physics and the mind* (Ithaca, NY: Snow Lion Publications, 1996), cap. 2, "Exploring the nature of empty space".
180 B. Alan Wallace, "Vacuum states of consciousness: a Tibetan buddhist view", in *Buddhist thought and applied psychological research: transcending the boundaries*, ed. D. K. Nauriyal (Londres: Routledge, 2006), 112–21; Henning Genz, *Nothingness: the science of empty space*, trans. Karin Heusch (Cambridge, MA: Perseus Books, 1999); K. C. Cole, *The hole in the universe: how scientists peered over the edge of emptiness and found everything* (Nova York: Harcourt, 2001). Por outro lado, em suas primeiras cinco palestras na Universidade de Cornell sobre "O Futuro da Física Fundamental", em 4 de outubro de 2010, o físico teórico Nima Arkani-Hamed afirmou: "... muitos, muitos argumentos separados, todos muito fortes individualmente, sugerem que a própria noção de espaço-tempo não é fundamental. O espaço-tempo está condenado. Não existe espaço-tempo fundamentalmente na descrição real e subjacente das leis da física. Isso é muito surpreendente, porque a física deveria descrever as coisas como elas acontecem no espaço e no tempo. Portanto, se não houver espaço-tempo, não está claro a que se presta a física. É por isso que este é um problema difícil. É um comentário grave...". http://www.cornell.edu/video/nima-arkani-hamed-quantum-mechanics-and-spacetime.

Como Todos os Fenômenos Surgem e se Manifestam

> Faculdade da Luminosidade perguntou: "Ó Mestre, Bhagavān, dessa forma, se não forem estabelecidos como sendo reais, mas sim irreais, de onde é que todos os fenômenos surgem e se manifestam? Que o Mestre possa explicar!".

Até agora, a ênfase tem se dado no aspecto vazio dos fenômenos. Agora, a pergunta é: como eles de fato se manifestam?

> Ele respondeu: "Ó Faculdade da Luminosidade, a fixação a uma identidade atua como causa primária, e a conceituação atua como condição auxiliar, e, devido a isso, os fenômenos surgem como meras aparências. Quando o momento de consciência inicial se move em direção a um objeto, as aparências surgem repentinamente. Com o pensamento conceitual de que algo está sendo eliminado e, então, com o surgimento da ideia de que algo está sendo destruído, ela muda ou desaparece completamente. Todos os fenômenos são meras aparências que surgem de eventos dependentemente relacionados, e nada mais. Certamente, não há nada que seja verdadeiramente existente por si mesmo".

Quando a consciência da vigília emerge progressivamente a partir do substrato, primeiro surge a consciência substrato, seguida pelas atividades mentais aflitivas, atividades mentais e várias aparências. Sem a noção de "eu" introduzida pela atividade mental aflitiva, também chamada de "criador do eu" (sâns. *ahaṃkāra*), nenhuma aparência pode surgir. Essa fixação causal à identidade ocorre em um nível primário. A conceituação que surge na sequência é secundária. Por meio da combinação desses dois, a causa primária[181] e a condição auxiliar[182], todas as aparências se manifestam.

---

181 Tib. *rgyu*.
182 Tib. *rkyen*.

Tomemos o exemplo de uma semente como a causa primária, com as condições auxiliares – o solo, a umidade e a luz solar; quando a causa e as condições se combinam, surge um broto. Se a causa primária ou as condições secundárias estiverem ausentes, nenhum broto surgirá. De acordo com a teoria budista geral da causalidade, nada é produzido apenas por uma única causa. Sempre existem condições auxiliares.

Gen Lamrimpa, um extraordinário iogue com quem morei por um ano, disse que, quando você medita sobre a vacuidade, como ele havia feito por muito tempo, e obtém alguma realização, pode chegar a um ponto em que toda a conceituação entra em colapso. Não é como praticar shamatha, com a consciência completamente recolhida de todas as aparências, ou como adormecer. Nesse caso, seus sentidos e consciência podem estar bem abertos e, no entanto, quando os conceitos entram em colapso e as imputações conceituais cessam, todas as aparências desaparecem. Sem a condição auxiliar da conceituação, as aparências não podem surgir. Da perspectiva de quem está em absorção meditativa na realização não-conceitual da vacuidade, o mundo fenomênico do saṃsāra não existe. Como o Sūtra do Coração declara: "não há formas, sons, cheiros, sabores, sensações táteis ou fenômenos".

Isso contradiz nossa intuição. Imaginamos que um objeto realmente existe por si só, e que conceitos e nomes não têm influência em seu surgimento ou desaparecimento. De fato, é exatamente o oposto. Os fenômenos surgem, permanecem e desaparecem em relação às percepções e designações conceituais deles.

A visão apresentada aqui não poderia estar mais distante da visão materialista dominante de que a consciência e a mente são simplesmente propriedades do cérebro. A premissa dominante é a de que a consciência, o pensamento e a mente emergem quando conjuntos de neurônios no cérebro interagem dinamicamente. O filósofo John Searle afirma que a consciência é "uma característica que emerge de determinados sistemas de neurônios da mesma forma que solidez e fluidez são características que emergem de sistemas de moléculas".[183] Como observado anteriormente, até mesmo Stephen Hawking, quando questionado sobre a natureza da consciência e sobre o que acontece na morte, comparou o cérebro a um computador com a consciência como seu software: quando o cérebro morre, a consciência desaparece.

A ciência convencional evita assiduamente o tabu da subjetividade, professando que se confie exclusivamente em dados de terceiros verificáveis de forma independente. O escritor científico Alex Rosenberg promove a visão do "cientificismo" e lista seu primeiro preceito como "a convicção de que os métodos da

---

183 Searle, *Rediscovery of the mind*, 112.

ciência são a única maneira confiável de garantir o conhecimento de qualquer coisa".[184] Escrevendo no *The New York Times*, ele descreve resultados de experimentos contraintuitivos nos quais os indivíduos estão enganados ou são inconsistentes ao relatar suas motivações, cognições, emoções ou sensações. Como observado na introdução, Rosenberg afirma que é apenas uma ilusão a de que conhecemos nossa própria mente melhor do que a mente dos outros, enquanto a ciência cognitiva e a neurociência fornecem uma "compreensão detalhada da mente". Como a mente pode enganar a si mesma, ela não pode ser confiável: "introspecção e consciência não são bases confiáveis para o autoconhecimento".[185]

Aqueles que creem, como Rosenberg, que toda experiência em primeira pessoa, especialmente a experiência introspectiva, é ilusória, na melhor das hipóteses, descartarão qualquer evidência de que o treinamento em atenção plena e introspecção revele verdades importantes sobre a natureza da mente e seu papel na natureza. Eles não verão utilidade para o treinamento contemplativo e recusarão, por motivos ideológicos ou metodológicos, colocar descobertas contemplativas à prova da experiência em primeira pessoa. Essa atitude lembra a de Giulio Libri, um oponente de Galileu que se recusou a olhar através do telescópio de Galileu por razões baseadas no livro de 1589 de Giovanni Baptista Della Porta, *Natural magic* (Magia natural), que argumentava que a experiência visual em primeira pessoa estava repleta de todos os tipos de ilusões ópticas. Claro que ele estava certo. As imagens visuais das estrelas, sol, lua e planetas que Galileu observou através de seu telescópio pareciam estar lá no espaço. Mas, na realidade, elas foram produzidas na dependência do córtex visual humano de Galileu e, portanto, eram imagens antropocêntricas que não existiam em nenhum lugar fora de sua mente. Mas, felizmente, gerações de astrônomos desde então fizeram inúmeras descobertas sobre o universo, baseadas precisamente nas aparências ilusórias que surgem na dependência de fótons de objetos distantes e das lentes de telescópios, bem como no cérebro e na consciência humanos. Portanto, o termo "ilusório" pode ser usado em muitos níveis diferentes, alguns mais ou menos produtivos para o conhecimento útil. Mas devemos ter cuidado com o que descartamos como meramente ilusório ou, nesse processo, correremos o risco de renunciar ao acesso significativo a todas as dimensões da realidade.

Esta não foi a única razão pela qual alguns contemporâneos de Galileu se recusaram a olhar através de um telescópio. Entre eles estava Cesare Cremonini, um amigo de Galileu, que explicou sua recusa com as palavras: "Não quero

---

184 Alex Rosenberg, *The atheist's guide to reality: enjoying life without illusions* (Nova York: W. W. Norton, 2011), 6.
185 Rosenberg, "Why you don't know your own mind".

aprovar afirmações sobre as quais não tenho nenhum conhecimento e sobre coisas que não vi... e, além disso, observar através dessas lentes me dá dor de cabeça. Basta! Não quero ouvir mais nada sobre isso".[186] Cremonini era professor de filosofia aristotélica na Universidade de Pádua e, de acordo com essa visão, os céus eram incorruptíveis, o que eliminava a possibilidade de manchas solares – um dos muitos fenômenos inesperados que Galileu havia descoberto. As razões de Cremonini eram, portanto, ideológicas e descartavam as observações de Galileu *a priori* e, portanto, ele não precisava de telescópios.

De maneira semelhante, os materialistas modernos negam categoricamente o valor, ou mesmo a possibilidade, da introspecção como um meio de explorar a mente, pois isto leva à descoberta de muitos fenômenos que enfraquecem suas crenças mais adoradas. Os físicos que rejeitam de imediato a possibilidade de que a consciência possa desempenhar um papel fundamental no universo têm mantido a humanidade no escuro em relação ao papel do observador no problema da medição, ainda não resolvido, da física quântica; e cientistas cognitivos que se recusam a questionar sua crença, não confirmada, de que a consciência nada mais é do que uma propriedade emergente do cérebro, têm mantido a humanidade no escuro a respeito do problema mente-corpo ainda não resolvido. Essa perspectiva prefere permanecer na ignorância e depois obscurecer essa ignorância com ilusões de conhecimento, em vez de questionar suposições metafísicas e abrir novos caminhos na compreensão do papel da mente na natureza. A história pode não se repetir, mas certamente reproduz os mesmos padrões de estreitamento mental ideológico.

Seja na filosofia da mente, na neurociência ou na física, com poucas exceções, a consciência desempenha um papel relativamente insignificante no universo, conforme concebido por expoentes nessas áreas. Os relatos ocidentais da mente geralmente se baseiam em Freud e Jung, enquanto as tradições do Buda e as não ocidentais não são mencionadas.[187] A visão contemporânea típica, na qual tudo se resume à matéria, trata a consciência como um subproduto trivial dos sistemas e forças materiais.

---

186   *Opere*, II, 564, que é uma carta de Paolo Gualdo para Galileo. Galileo Galilei, *Le opere di Galileo Galilei*, ed. Antonio Favaro, 20 vols. (Florence: Barbera, 1890–1909), vol. 2, nº 564, p. 165.

187   Veja um exemplo flagrante desse viés etnocêntrico em Daniel J. Boorstin, *The discoverers: a history of man's search to know his world and himself* (Nova York: Vintage Books, 1985). Em todo esse panorama histórico das descobertas da humanidade, o autor cita apenas duas figuras de destaque na história da humanidade por suas descobertas sobre a mente: Freud e Jung. Cinco mil anos de civilização na Ásia são totalmente ignorados.

No budismo, a consciência é central porque todos os fenômenos são realizados como sendo meras aparências que surgem para a consciência e que não têm existência independente. Os objetos e sujeitos que são ingenuamente reificados pela ignorância são explicados como sendo aparências ilusórias que simplesmente surgem devido a causas e condições. As mesmas dez analogias clássicas da ilusão discutidas anteriormente para ilustrar a natureza vazia de todos os fenômenos são repetidas aqui, em que são explicadas como aparências que surgem devido à originação interdependente.

> "Por exemplo, a partir da convergência de (1) a causa primária, representada pelos olhos de outra pessoa, (2) a base do espaço claro e radiante e (3) condições auxiliares como substâncias mágicas, mantras e a mente de um mágico, surge uma aparição ilusória como evento dependente, ainda que seja inexistente."

Um mágico conjura uma aparição ilusória na dependência das mentes dos espectadores e de outras condições. Embora ela surja, é inexistente, o que pode ser verificado olhando por detrás do palco ou de outra perspectiva.

Em março de 2014, tive a sorte de atuar brevemente como intérprete do eminente lama butanês Gangteng Tulku Rinpoche no mosteiro onde residia, Gangteng Gönpa. Ele havia acabado de voltar de uma visita ao mosteiro de um de seus principais lamas, Jé Khenpo Rinpoche, e enquanto esteve lá conheceu um iogue altamente avançado que usou o poder de seu samādhi para evocar as aparições visuais de um leopardo e de um cervo que outras pessoas podiam testemunhar. Diferentemente das ilusões criadas por mágicos profissionais, baseadas em ilusão mecânica e tecnologias sofisticadas, as ilusões criadas pelos iogues avançados são geradas principalmente pelo poder de suas mentes.

> "Devido à combinação de uma causa, que consiste no espaço claro e radiante, com o calor e a umidade como condições auxiliares, surge uma miragem, ainda que não seja estabelecida como real."

Um oásis no deserto aparece a distância, mas o viajante sedento o vê desaparecendo cada vez mais rapidamente à medida que se aproxima. De fato, é apenas uma miragem, surgindo devido a condições atmosféricas específicas e sem qualquer existência verdadeira.

> "Devido à interação de uma causa, que consiste na consciência substrato clara e radiante, e a fixação à identidade como condição auxiliar, surgem as aparências no sonho, que são inexistentes; e as pessoas são deludidas, fixando-se à sua realidade e apegando-se à sua existência verdadeira como se fossem manifestações no estado de vigília."

Tanto no estado de vigília quanto no sonho, agarrar-se a uma suposta identidade é a condição auxiliar que permite que as aparências reificadas do substrato surjam para a consciência substrato: isso é delusório. Tornar-se lúcido no sonho ao realizar a natureza vazia das aparências dos sonhos é análogo a realizar a natureza vazia das aparências no estado de vigília.

> "Com a convergência de uma causa, que consiste em um espelho claro e límpido, e a condição auxiliar do rosto de uma pessoa à frente, surge um reflexo, ainda que seja inexistente."

Você pode tirar uma foto desse reflexo, mas sua câmera focalizará a distância de um ponto atrás do espelho, onde essa imagem não existe. O reflexo que você vê não depende apenas do espelho e do entorno, mas também da sua localização e do olhar. O reflexo não tem existência independente dessas circunstâncias, embora tenha a eficácia causal de aparecer em uma fotografia, da forma como é percebido por algum observador consciente.

> "Na dependência de uma causa, o samādhi da meditação em dhyāna, em conjunto com a condição auxiliar de um recipiente ambiental e umidade, uma cidade de gandharvas aparece como um objeto."

Uma cidade desses músicos celestais surge como uma miragem, como resultado do samādhi e das condições adequadas. Essas exibições devem ter sido comumente conhecidas na Índia antiga para serem incluídas nessas analogias clássicas.

> "Com as causas, que consistem em um objeto sólido e alto, como uma rocha, e a consciência auditiva, juntamente com a condição auxiliar da emissão

> de um ruído como um grito, um eco surge de sua relação dependente."

Quando você ouve o eco do seu grito vindo de uma grande distância parece que alguém está respondendo do alto da pedra, mas é claro que não há ninguém ali. O eco surge apenas na dependência de um som anterior, de uma superfície reflexiva e de um observador posicionado para ouvir o som original e o refletido em momentos ligeiramente diferentes.

> "Com a convergência de uma causa, que consiste em águas claras e límpidas, e a condição auxiliar de planetas e estrelas brilhando no céu, reflexos surgem de sua relação dependente."

Ao ver reflexos de estrelas na água, elas pareceriam estar milhões de quilômetros abaixo da superfície. Sua câmera tiraria uma foto perfeitamente nítida com a lente focada no infinito. Mas não há estrelas lá.

> "Na dependência de uma causa, a água, em conjunção com a condição auxiliar de movimentação ou agitação, as bolhas emergem de sua relação dependente."

Bolhas na água não são apenas fascinantes de se ver, mas também são eficazes na hidroterapia para aliviar dores musculares e em equipamentos ultrassônicos para limpar joias. No entanto, são apenas surgimentos interdependentes, sem existência independente.

> "Na dependência de uma causa, os olhos, em conjunto com a condição auxiliar da pressão aplicada ao nervo óptico, surge uma alucinação a partir de sua relação dependente."

Neste exemplo de uma alucinação muito simples, a aplicação de uma leve pressão no globo ocular produz uma imagem dupla. Mas é claro que esse objeto duplo não existe.

> "Com o domínio das emanações como causa e a entrada no samādhi de produzir emanações como

> condição auxiliar, surgem as emanações de sua relação dependente, ainda que elas não existam."

A produção de uma emanação é como uma projeção holográfica 3D que aparece no espaço e pode ser fotografada, ainda que não exista em lugar algum.

> "Assim, para estas dez analogias, diz-se que há: (1) uma dependência, por apoiarem-se em causas, (2) uma relação, porque as causas e as condições auxiliares são não-duais, e (3) originação, porque as aparências surgem apesar de não existirem."

Aqui nosso texto fornece uma etimologia contextual para o termo originação dependente (sâns. *pratītyasamutpāda*), que no tibetano é traduzido como originação[188] dependentemente[189] relacionada[190]. O ponto crucial aqui é que, como todos os fenômenos são eventos dependentemente relacionados, eles são necessariamente vazios de existência inerente.

> "Da mesma forma, nas exibições da expansão livre e sem objetos, sem limites, que é o espaço absoluto da base que tudo abrange – espaço incessante, sem base e sem raiz –, a base é dividida pela consciência que sustenta continuamente o 'eu' como sendo uma identidade."

A natureza da consciência primordial é indivisível do dharmadhātu, a vasta expansão da vacuidade. Sua natureza é completamente simétrica e homogênea. Mas, ao nos fixarmos às identidades como se fossem reais, a consciência cria uma divisão entre um eu reificado e todas as outras coisas.

> "Assim, uma identidade é sustentada deste lado, e a base, que é o espaço da consciência, é exteriorizada; e da clareza radiante da base semelhante ao espelho, onde qualquer coisa pode surgir, as aparências dos três reinos proliferam."

---

188 Tib. *'byung ba*.
189 Tib. *'brel bar*.
190 Tib. *rten cing*.

Ao reificar o eu, que está "aqui dentro", o mundo externo parece estar "lá fora", mas essa expansão da vacuidade – que surge à mente de ignorância como o substrato – não é simplesmente um vácuo. Do ponto de vista da sabedoria que conhece a realidade como ela é, essa expansão sem objeto já é não-dual com a consciência primordial que a entende como vacuidade, assim como com a energia que tudo permeia dessa consciência.[191] Toda e qualquer coisa pode surgir dessa base, ainda que não seja compreendida, e, quando é assim vista da perspectiva da ignorância, a energia da consciência primordial se manifesta como a agitação das energias cármicas, incluindo a energia da tendência básica de fixar-se a uma identidade. Com essas energias servindo como condições auxiliares, enquanto a clareza radiante da própria base semelhante ao espelho agora serve como causa, surge todo o conjunto de aparências mundanas, que são classicamente divididas nos três reinos do desejo, da forma e da não-forma.

> "Para dar alguns exemplos disso: um oceano não pode ser dividido em dois, mas, depois que a espuma se forma, o oceano é estabelecido como separado dele."

Aqui está um exemplo interessante para quem se sentiu absorvido nas imagens e sons do surf. Embora a espuma seja simplesmente água com bolhas, ela se separa da água, boiando sobre as ondas e exibindo sua própria identidade dinâmica.

> "E no céu, embora não exista nada além do próprio espaço, quando surgem arcos-íris, eles fazem parecer que o céu era outra coisa."

Da mesma forma, um arco-íris que aparece diante de você no céu pode ser visto por todos que olham para ele da perspectiva correta, e sua localização pode ser documentada em uma fotografia; mas, se correr até o local em que toca a Terra, você nunca o encontrará.

Todo fenômeno no universo é análogo a esses dez exemplos clássicos de ilusão, porque tudo surge devido à originação dependente. Aqui está uma segunda etimologia contextual para a "originação dependente":

> "Diz-se que há: (1) uma 'dependência', por apoiar-se no 'eu', (2) uma 'relação', devido à não-dualida-

---

191 Tib. *ye shes kyi rlung.*

> de entre o eu e o outro, e (3) 'originação', porque os fenômenos emergem ainda que não tenham existência objetiva."

Todo e qualquer ser senciente reside no centro de seu mundo particular. Essa experiência pode ser comparada ao que no budismo Vajrayāna é chamado de maṇḍala, ou um mundo sagrado e secreto, onde a principal figura divina emana e dissolve magníficos mundos de seres puros e os ambientes distintos que habitam. Mas, ainda assim, mesmo como seres conscientes comuns, cujas mentes ainda não são puras, ainda é verdade que nossas mentes emanam e dissolvem as configurações únicas dos ambientes que experienciamos, bem como as características particulares que observamos nos outros seres que encontramos. Pelo fato de que tudo o que podemos experienciar são as aparências exclusivas no nosso próprio espaço de consciência, e como a maneira pela qual essas aparências surgirão depende intimamente das energias cármicas e das formações mentais que chegam à fruição na nossa consciência substrato, a todo momento pintamos o mundo com nossas próprias cores, por assim dizer. Porém isso não é solipsismo, porque cada ser realmente se engaja e influencia outros seres sencientes, que por sua vez habitam suas próprias maṇḍalas, vendo a realidade a partir de suas próprias perspectivas únicas. Mundos múltiplos se entrelaçam e interagem uns com os outros, mas eles são semelhantes em sua "dependência" comum de fixação ao "eu". As aparências de um eu e de todos os outros fenômenos surgem do mesmo tecido – o dharmadhātu –, portanto a "relação" entre eles é de inseparabilidade, como um corpo e sua sombra. Todos os fenômenos do universo se "originam" assim e não têm existência objetiva e independente, sem um processo desse tipo. Dentro do saṃsāra, pelo menos, é isso que significa dizer que todos os fenômenos são vazios.

> "Portanto, investigando a natureza da existência das miríades de aparências de todos os fenômenos, o verdadeiro modo como eles existem, reconheça o ponto crucial de que eles são exibições do espaço vazio da realidade última."

A realidade última (sâns. *dharmatā*) significa a natureza vazia de todos os fenômenos; todos surgem do dharmadhātu e surgem distintamente, embora sejam inseparáveis em última instância.

> "Além disso, quando você adormece, todas as aparências objetivas do estado de vigília – incluindo os

> mundos físicos, seus habitantes sencientes e todos os objetos que surgem aos cinco sentidos – se dissolvem no vazio do substrato, que é da natureza do espaço, e eles permeiam infinitamente esse vazio."

Seja no sono profundo sem sonhos, seja enquanto repousa na consciência substrato ao atingir shamatha, ou na morte, todas as aparências objetivas se dissolvem no vazio do substrato, permanecendo como sementes cármicas ou propensões habituais, onde nada é diferenciado e tudo é possível.

> "Então, uma vez mais, a consciência que se fixa a si mesma é estimulada pelas aparições conjuradas provenientes dos movimentos das energias cármicas."

Transitando do sono sem sonhos para o microcosmo de um sonho, todas as aparências e o ambiente emergem do substrato. O sonho de cada indivíduo depende exclusivamente das propensões habituais armazenadas em seu substrato. Os movimentos das energias cármicas desse indivíduo ativam o sonho, e todas as aparências de outras pessoas e fenômenos no sonho derivam exclusivamente de seu substrato.

Além do nosso carma individual, compartilhamos o carma coletivo. Muitas de nossas atividades mais significativas são realizadas com outras pessoas, e isso cria propensões cármicas compartilhadas, que são experienciadas coletivamente. Isso é verdadeiro para todos os seres sencientes. Por exemplo, um terremoto devastador pode ser compreendido como sendo o movimento de placas tectônicas, mas essa não é a explicação completa. A experiência de um terremoto também é influenciada pelo carma coletivo de humanos, animais e outros seres sencientes.

> "Consequentemente, a partir do surgimento de um eu, como anteriormente, todos os fenômenos internos e externos – incluindo os mundos físicos, seus habitantes sencientes e objetos sensoriais – proliferam como aparências de sonhos dentro do espaço fundamental da consciência."

Todas as aparências surgem do substrato, nos estados de sonho e de vigília. Mas as sementes cármicas que dão origem a aparências específicas no sonho são suas, enquanto no estado de vigília elas são coletivamente entrelaçadas com as de muitos outros seres.

> "Você se apega firmemente à alegria, tristeza e indiferença e acredita insistentemente que elas existem verdadeiramente. Isso é delusão, portanto reconheça-a!"

Quer estejamos nos fixando à alegria em situações afortunadas, acalentando dores em situações infelizes ou simplesmente indiferentes a circunstâncias inócuas, estamos nos apegando a objetos externos reificados como fontes da nossa alegria, tristeza ou indiferença. A reificação deve ser reconhecida como a raiz de toda a delusão.

Objeções de um Ponto de Vista Realista

No início da *Essência Vajra*, o séquito reunido em torno do Mestre na visão pura de Düdjom Lingpa é referido como uma exibição ilusória da consciência primordial. Isso porque cada um dos 84 mil discípulos, incluindo os bodisatvas que são nossos interlocutores neste diálogo, é uma personificação arquetípica de uma faculdade da mente de Düdjom Lingpa. O Bodisatva Faculdade Que Manifesta Todas as Aparências, que agora se levanta para desafiar a explicação anterior do Mestre, foi apresentado como Faculdade Que Governa as Aparências Externas, e abaixo ele é chamado simplesmente de Faculdade das Aparências. Suas declarações refletem nossa crença ingênua de que todas as aparências que percebemos realmente existem no mundo externo. Embora certos fenômenos sejam obviamente ilusões, não conseguimos aceitar facilmente a afirmação do Mestre de que todos os fenômenos são eventos ilusórios e dependentemente relacionados.

> Então, o Bodisatva Faculdade Que Manifesta Todas as Aparências se levantou de seu assento, curvou-se em reverência e disse ao Bhagavān: "Ó Mestre, Bhagavān, não concordo que todas as aparências se dissolvam assim. Quando vou para a cama, aqueço-me sob as cobertas e adormeço, este conjunto de fenômenos permanece onde estava."

É difícil acreditar que todo o mundo das aparências surja do nosso substrato quando despertamos e se dissolva novamente no nosso substrato quando adormecemos. Intuitivamente, sentimos que esses fenômenos devem existir independentemente da nossa percepção deles: acreditamos que são reais.

Embora esse texto tenha sido revelado há 150 anos no Tibete, a sociedade moderna agora desfruta de uma compreensão científica muito mais sofisticada da realidade física do que a que estava disponível naquele local e época. O que a física moderna nos diz que realmente existe quando não estamos olhando? As aparências visuais de cores e formas existem "lá fora" quando ninguém está olhando? As paredes são brancas quando apagamos as luzes? A música está tocando quando ninguém está ouvindo? Os alimentos possuem sabores e aromas quando ninguém os está saboreando?

Essa questão crucial foi ponderada pelos fundadores da ciência moderna, que procuraram transcender a percepção humana falível descobrindo a verdade objetiva: "O que realmente existe – da perspectiva de Deus?". Esses primeiros cientistas, incluindo Copérnico, Galileu, Kepler, Descartes e Newton, eram todos cristãos devotos que acreditavam que Deus havia criado o universo em seis dias, e que os seres humanos e outras criaturas terrestres surgiram no sexto e último dia. Eles aspiravam à perspectiva de Deus que transcende os vieses e limitações da linguagem e dos sentidos humanos. Eles sabiam que os dados subjetivos dos sentidos, ou qualia – nossas percepções de cores, formas, sons e gostos –, todos dependem das faculdades sensoriais humanas, tudo o que experienciamos é antropocêntrico. Não há qualia, cores, sons ou gostos inerentes aos próprios átomos. Mas eles assumiram que, mesmo quando ninguém está olhando, átomos, moléculas e objetos reais realmente existem. E, da mesma forma, a energia, que acabou sendo descoberta como interconversível à massa, realmente existe. Essa visão era o consenso científico até o início do século XX, e ainda é uma premissa muito difundida.

Se a visão do realismo metafísico é verdadeira, e as configurações de energia e massa existem de maneira última e independente, então nosso texto e todos os outros ensinamentos sobre a Grande Perfeição são falsos. Mas os pioneiros da física quântica no início do século XX destruíram a visão do realismo metafísico, revelando algumas propriedades bastante contraintuitivas da luz. Qual é a natureza intrínseca da luz, de uma perspectiva última? Em alguns experimentos, descobriu-se que a luz consiste em pequenos pacotes, ou quanta, de energia chamados fótons, que se movem pelo espaço como partículas discretas. Em outros experimentos, verificou-se que a luz consiste em ondas eletromagnéticas, que interagem cancelando e reforçando umas às outras formando padrões de interferência. Como uma coisa pode ser tanto uma partícula quanto uma onda? Esses dois são tão incompatíveis quanto uma girafa e um tomate. No entanto, a luz se comporta como uma ou outra, dependendo de como é examinada. Então, qual é o seu verdadeiro comportamento, independente de qualquer observador? Isso não pode ser respondido, porque nunca podemos observar a luz sem depender de algum sistema de medição, começando com nossos próprios sentidos. Uma das maiores surpresas dos chamados experimentos de escolha retardada foi que o ato de medir determinou o comportamento das partículas ou das ondas de luz e até mesmo seus movimentos através do espaço, *retroativamente*, com a causa seguindo-se ao resultado no tempo, parecendo violar nossas noções de tempo e causalidade.

Um sistema quântico exibe propriedades bem diferentes daquelas dos fenômenos comuns que encontramos. Nada realmente existe em um local definido com momentum definido até que uma medição seja realizada: antes do ato de medição, existe apenas um campo de probabilidades, e nem mesmo isso existe objetivamente. Não podemos medir com precisão a localização de uma partícula e seu momentum ao mesmo tempo: nossa precisão em medir sua localização ocorre às custas da incerteza sobre seu momentum e vice-versa. Este princípio da incerteza de Heisenberg foi inteiramente comprovado por evidências empíricas.

Em outro exemplo, objetos quânticos como fótons, elétrons e até moléculas podem ser "emaranhados", de tal modo que seus estados sejam interdependentes, mesmo quando separados por uma distância arbitrariamente grande. A medição de um desses objetos influencia imediatamente o estado de seu gêmeo emaranhado, parecendo violar nossa noção de causalidade. Einstein chamou de "ação assustadora a distância", mas esse paradoxo foi repetidamente verificado experimentalmente.[192] A maioria dos físicos acredita que a teoria da relatividade, que exclui viagens mais rápidas do que a luz, sobreviveu a todos os testes e, portanto, nossas noções comuns de localidade devem estar incorretas. Ainda mais contraintuitivamente, em um experimento chamado "troca de emaranhamento por escolha atrasada", a equipe de Zeilinger e Brukner demonstrou que a decisão de fazer uma medição de partículas emaranhadas pode afetar seu estado no passado, desafiando novamente nossas crenças comuns sobre causalidade.[193]

O realismo metafísico que postula átomos reais com localizações e momentum definidos foi demolido. Um sistema quântico existe apenas em interdependência com seu sistema de medição. Os dois são como um sonho e o sonhador, pois a paisagem do sonho não existe independentemente daquele que sonha, que por sua vez não existe independentemente do sonho. Isso se torna mais eviden-

---

192 Juan Yin et al., "Bounding the speed of 'Spooky Action at a Distance'", *Phys. Rev. Lett.* 110, nº 26 (2013): http://arxiv.org/abs/1303.0614.

193 Xiao-song Ma et al., "Experimental delayed-choice entanglement swapping", *Nature Physics* 8, nº 6 (2012): 479–84.

te em um sonho lúcido, no qual você reconhece a natureza da experiência que está tendo. Simplesmente pensando que pode andar sobre a água ou atravessar paredes, você pode aprender a fazer essas coisas e qualquer outra coisa que possa imaginar. Sua realidade é completamente participativa. É também uma realidade muito frágil que sobrevive em um casulo. Quando o sonho colide com um som do mundo real e você acorda, a paisagem do sonho desaparece instantaneamente. Da mesma forma, de acordo com a interpretação mais comum da física quântica, as qualidades assustadoras dos sistemas quânticos nos laboratórios de física devem ser cuidadosamente protegidas do ruído aleatório no mundo macroscópico, caso contrário desaparecerão, o que é chamado de decoerência.

Existe também um forte paralelo entre um sonho lúcido comparado ao estado de vigília e um sistema quântico comparado a todo o universo existente há 13,7 bilhões de anos. A evidência objetiva e empírica do sonho lúcido está disponível para os psicólogos contemporâneos há cerca de trinta anos, em parte devido ao trabalho do pioneiro pesquisador de Stanford, ph.D., Steven LaBerge.[194] Não há dúvida de que uma pessoa pode estar lúcida e sonhando ao mesmo tempo, porque ele documentou milhares de sonhos lúcidos. Nesse laboratório perfeito para estudar a mente, absolutamente tudo é feito pela mente, incluindo poderes bizarros e feitos milagrosos que violam as leis da física. É uma dimensão fascinante da realidade que só pode ser explorada experiencialmente por aqueles que descobriram ou desenvolveram a capacidade de sonhar com lucidez. Mas o impacto da pesquisa sobre sonhos lúcidos na psicologia moderna e na compreensão da mente foi quase nulo. As pesquisas não receberam financiamento dos governos nem da indústria farmacêutica, e Steven LaBerge nunca recebeu uma posição acadêmica titular. Seu trabalho é considerado por muitos uma curiosidade interessante, mas não de importância acadêmica no "mundo real".

Da mesma forma, ainda que a física quântica seja um campo altamente respeitado, poucos cosmólogos, geólogos, químicos, biólogos e cientistas do cérebro registraram ou consideraram as implicações profundas da mecânica quântica nos fenômenos que estudam. Eles simplesmente ignoram os efeitos quânticos das partículas elementares, explicando que, no "mundo real" macroscópico, a coerência de tais sistemas decai rapidamente e comportamentos contraintuitivos são perdidos no ruído. De acordo com essa visão, tanto os sonhos lúcidos quanto os sistemas quânticos exibem qualidades extraordinárias que desafiam nosso próprio senso de realidade, mas ambos desaparecem caso não sejam isolados e protegidos contra fenômenos macroscópicos "reais".

---

194 Stephen LaBerge e Howard Rheingold, *Exploring the world of lucid dreaming* (Nova York: Ballantine Books, 1990).

Mas, em vez de pensar no mundo dos sonhos como uma experiência temporária isolada do ambiente circundante, considere a possibilidade de que tudo o que experienciamos seja um sonho.

Até bem recentemente, os fenômenos quânticos eram considerados uma categoria de "efeitos especiais", observáveis apenas sob condições altamente controladas, como os sonhos lúcidos. Mas, quando, como discutido anteriormente, John Wheeler propôs que toda a realidade seria como um sistema quântico, ele apontou que a decoerência não aparece nas equações da mecânica quântica: é simplesmente uma explicação *ad hoc* para o que acontece no laboratório.

Stephen Hawking, que ocupava a cadeira de Isaac Newton na Universidade de Cambridge, é atualmente o físico teórico mais renomado do mundo. Ele escreveu um artigo com Thomas Hertog no qual desenvolveu ainda mais a teoria da cosmologia quântica de Wheeler.[195] Na mecânica quântica, antes que uma medição seja realizada, diz-se que o sistema está em um "estado de sobreposição", um campo de possibilidades ou probabilidades. Nada está realmente presente até que uma medição seja feita. Isso é verdadeiro não apenas para os fenômenos do presente, mas também para os do passado. Tudo o que sabemos sobre o passado é baseado em medições feitas no presente, e nossas informações sempre surgem relativas a sistemas de medição e interpretações humanas dos dados. Se a luz parece ser uma partícula ou uma onda depende do aparelho que você escolher e de suas interpretações conceituais. Com um instrumento bem projetado e uma estrutura conceitual coerente, diz-se que suas medições colapsam o estado de superposição na realidade, e você pode fazer afirmações verdadeiras sobre o passado. Mas essas afirmações são sempre relativas aos seus sistemas e interpretações de medição. Elas não possuem uma verdade independente. Outros sistemas de medição e estruturas conceituais podem produzir verdades muito diferentes, mesmo que sejam incompatíveis entre si, assim como noções de que luz é onda ou partícula, que são caracterizações contraditórias.

Hawking e Hertog resumem suas descobertas:

> A abordagem de cima para baixo que descrevemos leva a uma visão profundamente diferente da cosmologia e da relação entre causa e efeito. A cosmologia de cima para baixo é uma estrutura na qual se traçam essencialmente as histórias de trás para frente, a partir de uma superfície seme-

---

195 S. W. Hawking e Thomas Hertog, "Populating the landscape: a top down approach", *Physical Review* D 73, nº 12 (2006): 123527-1-9.

lhante ao espaço no momento presente. As histórias sem limites do universo dependem, portanto, do que está sendo observado, contrariamente à ideia usual de que o universo tem uma história única e independente do observador. Em certo sentido, nenhuma condição inicial de fronteira representa uma somatória de todos os possíveis estados iniciais. Isso está em nítido contraste com a abordagem de baixo para cima, em que se supõe que haja uma única história com um ponto de partida e evolução bem definidos. Nossa comparação com a expansão eterna fornece uma ilustração clara disso. Em uma cosmologia baseada na expansão eterna, existe apenas um universo com uma estrutura fractal nos tempos finais, enquanto na cosmologia de cima para baixo visualizamos um conjunto de universos alternativos, com maior probabilidade de serem homogêneos, mas com valores diferentes para as várias constantes de acoplamento efetivas.[196]

Em resumo, essa visão quântica sugere que tudo o que sabemos sobre o passado se baseia inteiramente em informações de que dispomos no presente. Qualquer afirmação que fizermos depende de nossos sistemas de medição e interpretações. Não existe uma história única e verdadeira do universo. Temos a liberdade de escolher o passado de todo o universo ao escolhermos o sistema de medição e a estrutura conceitual que preferirmos. Isso também se aplica ao presente e ao futuro.

Agora, quando você fecha os olhos e adormece, o que acha que realmente existe quando ninguém está olhando? Nosso raciocínio precisa evoluir do realismo materialista do final do século XIX para estar em concordância com a melhor compreensão dos físicos atuais de primeira linha, como John Wheeler, Stephen Hawking e Anton Zeilinger.

Se queremos entender a consciência, precisamos desafiar diretamente a suposição materialista de que até mesmo a consciência imaterial deve se originar do cérebro material. Em vez de estudarmos comportamentos físicos presumivel-

---

196 Hawking e Hertog, "Populating the landscape", 123527; Martin Bojowald, "Cosmology: unique or not unique?" *Nature* 442 (August 31, 2006): 988–90.

mente correlacionados, devemos honrar o princípio do empirismo – observando diretamente a mais ampla gama possível de estados de consciência.

Há uma piada antiga sobre o aspecto do viés de observação que leva as pessoas a procurarem coisas onde é mais fácil, que foi apelidado de "efeito da iluminação pública". Parece que a versão mais antiga está nas histórias de kōan do sábio sufi do século XIII Mulá Nasruddin. Uma versão mais recente e sucinta é do linguista Noam Chomsky: "A ciência é um pouco como a piada do bêbado que procura sob um poste de luz uma chave que ele perdeu do outro lado da rua, apenas porque é ali que está a luz. Ela não tem outra escolha".[197]

Infelizmente, os materialistas estão buscando a consciência onde conseguem ver com maior clareza, que é o domínio da matéria e da energia, no qual os fenômenos são físicos, mensuráveis e quantificáveis. Mas, em vez disso, eles precisam investigar a consciência em seu próprio território, porque ela é não-física e não pode ser medida por instrumentos de tecnologia.

Os tibetanos nômades da época de Düdjom Lingpa não precisavam dos argumentos anteriores, porque não haviam sofrido nenhuma lavagem cerebral pelas doutrinas do materialismo e do realismo metafísico que prevalecem no mundo moderno. Eles não precisavam desaprender essas crenças. No entanto, como nosso interlocutor, eles acreditavam instintivamente que o mundo inteiro permanecia exatamente como era quando adormeciam, assim como fazemos hoje.

> O Bhagavān replicou: "Ó Faculdade Que Manifesta Todas as Aparências, quando você vai para a cama, aquece-se sob as cobertas e adormece, se todas as aparências do estado de vigília do mundo físico, seus habitantes scientes, e todos os objetos sensoriais permanecem onde estão, onde está o enorme mundo físico que aparece objetivamente no estado de sonho? Onde estão os muitos seres que o habitam? E onde estão aqueles belos arranjos de aparências para os cinco sentidos? Diga-me, esses objetos surgem fora ou dentro do seu corpo?".

Se você reificar todas as aparências do seu ambiente, convencido de que elas permanecerão inalteradas quando você adormecer, então logicamente você

---

197 Citado em Robert F. Barsky, *Noam Chomsky: a life of dissent* (Cambridge: MIT Press, 1998), 95.

também deveria reificar os fenômenos que experiencia durante os sonhos. De fato, um mundo de sonho comum e não-lúcido – mesmo um mundo repleto de contradições bizarras e impossíveis – parece tão real quanto o mundo no estado de vigília: ambos são reificados. Mas onde estão localizados os fenômenos dessa paisagem onírica?

> Faculdade Que Manifesta Todas as Aparências respondeu: "Eu acredito que se manifestem dentro do corpo".

É exatamente isso que um neurocientista responderia: os sonhos existem no seu cérebro. Sabe-se bem que o cérebro é muito ativo durante o sonho e existem fortes correlações entre mente e cérebro. Mas existe alguma evidência empírica de que as aparências nos sonhos estejam realmente localizadas dentro do cérebro? Há algum instrumento científico capaz de observar o fenômeno de um sonho no cérebro ou em qualquer outro lugar?

> Ele respondeu: "Ó Vajra das Aparências, considere todas as áreas do corpo desde a parte interna da cabeça até embaixo. Diga-me, onde é que esses fenômenos vastos e numerosos, tais como as muitas montanhas e vales, manifestam-se?".

Pressionando por evidências, hoje pediríamos a um neurocientista uma prova de que os fenômenos dos sonhos realmente ocorrem no cérebro. Mas não há evidências de que qualquer experiência subjetiva ocorra dentro do corpo. As correlações demonstradas entre a mente e a atividade cerebral não provam que a mente é produto apenas da atividade cerebral ou que esteja localizada no cérebro. As afirmações comuns de que os sonhos estão literalmente localizados no cérebro, as emoções na amígdala, os pensamentos discursivos no córtex frontal esquerdo, as imagens mentais no córtex frontal direito e as aparências visuais no córtex visual são todas baseadas na falsa suposição de que correlações entre processos cerebrais observados e processos mentais experienciados implicam que eles devem estar localizados no mesmo local. Mas o fato de dois processos serem correlacionados não implica logicamente que eles estejam localizados no mesmo lugar.

> Faculdade das Aparências respondeu: "Ó Mestre, Bhagavān, se examinarmos e analisarmos dessa forma, a cabeça não é grande o suficiente para

> conter tal proliferação de fenômenos dos mundos físicos e de seus habitantes sencientes, nem os membros ou o tronco. Talvez a consciência saia do corpo e perceba um outro reino".

Por outro lado, talvez a consciência saia do corpo e viaje para outro reino, como um universo paralelo, onde existem todos esses fenômenos de sonho. Isso é concebível?

> Ele respondeu: "Ó Faculdade das Aparências, se a sua consciência e o corpo material se separassem dessa forma e a consciência se movesse para fora, por qual orifício emergeria? E quando retornasse para o corpo, por qual orifício entraria? Identifique isto. Qual é a localização dos objetos em um sonho: eles estão presentes nas direções cardeais, nas direções intermediárias, acima ou abaixo? Diga-me, você acha que os objetos que aparecem em um sonho – incluindo os mundos físicos e seus habitantes sencientes – são iguais às aparências que surgem durante o dia, ou são diferentes?".

Se a consciência saísse do corpo – talvez com um espirro, de acordo com uma explicação para o antigo costume de proteger a alma do espirro, dizendo: "Deus te abençoe!" –, deveríamos ser capazes de determinar o método de saída e reentrada. Mas não há evidências de uma porta de saída ou de algum outro local para o qual a consciência possa viajar.

> O bodisatva respondeu: "Eu não vejo tal orifício, nem consigo identificar sua presença [de tais aparências de sonho] no leste, sul, oeste ou norte. Eu acho que os objetos que aparecem em um sonho existem em alguma outra dimensão".

Em que lugar do mundo essa dimensão onírica pode ser encontrada, e como sua consciência viaja até lá? Isso pode parecer bobagem, mas, se você insistir em reificar todos os fenômenos da vigília, deve também reificar os fenômenos dos sonhos, e eles devem existir em algum local físico. Ou os fenômenos dos sonhos são completamente diferentes dos fenômenos do estado de vigília?

O Bhagavān prosseguiu: "Considere a possibilidade de que a consciência passe por alguma abertura. No estado de vigília existem as aparências das portas que permitem que alguém entre e saia de uma casa, e elas podem ser identificadas. Se você afirma que a consciência vai a algum lugar nas direções cardeais ou intermediárias neste mundo do estado de vigília, então, já que todos os elementos e tudo o que é animado e inanimado no mundo dos sonhos teriam o mesmo sabor dos fenômenos no estado de vigília, eles não seriam de forma alguma fenômenos de sonho. Além disso, se fosse possível para a consciência retornar ao corpo material após ter sido separada dele, não haveria nenhuma razão para que todos os mortos não conseguissem retornar a seus próprios corpos. À noite, se o corpo material não se torna frio e sem vida devido à separação de consciência e matéria, também não haveria razão para que se tornasse frio na morte. Portanto, se você acredita que os fenômenos durante o dia e a noite são os mesmos, eles são diferenciados pelo sono ou não? Se você acredita que são diferentes, eles emergeriam juntos, como se um mundo estivesse empilhado sobre o outro, ou um fora e outro dentro? Diga-me o que acha".

Se os fenômenos dos sonhos fossem experienciados quando a consciência viaja para outro local, eles não seriam diferentes dos fenômenos da vigília. Além disso, o corpo deveria "morrer" quando a consciência se afasta do corpo. E, se ela pode retornar ao corpo quando se desperta de um sonho, por que não deveria ser capaz de retornar a um corpo morto?

No budismo Vajrayāna, existe um método de praticar a transferência da consciência na morte, chamado *phowa*[198], em que se visualiza a consciência sendo lançada do coração e saindo através do chakra da coroa para um reino puro, como Sukhāvatī. Considera-se desejável que a consciência saia pela parte superior do corpo e não pela parte inferior.

Existem muitos casos relatados de iogues tibetanos que morreram de forma

---

198 Tib. *'pho ba*.

lúcida, em meditação. A mente se dissolve na consciência substrato, que se dissolve na lucidez prístina, momento em que um prāṇa muito sutil permanece dentro da esfera indestrutível no chakra do coração. Esse estado é chamado de *tukdam*[199], permanecer na clara luz da morte, que está além do tempo. A respiração e o coração pararam e não há sinais metabólicos detectáveis, mas o iogue permanece na postura de meditação. É extremamente improvável que a atividade cerebral continue por dias a fio sem circulação do sangue, mas, inexplicavelmente da perspectiva da medicina moderna, o corpo não se decompõe. Como a energia sutil da consciência primordial permanece no centro do coração, que se mantém aquecido, a pele permanece fresca e o corpo não se decompõe, mesmo depois de muitos dias à temperatura ambiente. Quando essa meditação final termina, a energia muito sutil deixa o corpo, que então começa a se decompor.

> Ele respondeu: "Mestre, Bhagavān, com base neste tipo de exame e análise, se a consciência fosse para outro lugar, o corpo se transformaria em um cadáver e todas as aparências dos mundos físicos e de seus habitantes sencientes teriam que ser do mesmo tipo [durante os estados de vigília e de sonho]. Assim, não haveria diferenciação durante o sono, e na morte teria que haver alguma maneira de retornar ao corpo. Se os fenômenos durante o dia e a noite fossem de tipos diferentes, então um conjunto de aparências teria que emergir de uma posição subjacente ao outro, enquanto o primeiro ainda estivesse presente. Se fossem os mesmos, não haveria distinção entre fenômenos nos estados de vigília e de sonho. Pois muito bem, concordo que os fenômenos no sonho surgem depois de os fenômenos do estado de vigília terem desaparecido no espaço da consciência".

Se as aparências dos sonhos fossem percebidas porque a consciência havia viajado para algum outro local, e as aparências de vigília e sonho fossem igualmente reais, não haveria diferença entre elas. Se os fenômenos do sonho e do despertar fossem diferentes, eles teriam de ocupar reinos diferentes, um acima e outro abaixo, ou em algum desses arranjos, para que não interferissem um com

---

199 Tib. *thugs dam*.

o outro. Isso pode parecer absurdo, como deveria, mas o problema vem da reificação, e isso é o que leva a essas contradições. O bodisatva viu a falácia do que chamaríamos de realismo ingênuo.

Um realista ingênuo acredita que as faculdades sensoriais são fundamentalmente passivas e detectam cores, sons e formas que realmente existem no mundo fora de nós. As coisas são exatamente como parecem ser. Por essa lógica, as aparências dos sonhos devem existir da mesma maneira. Com o abandono do realismo metafísico, o bodisatva conclui que tanto os fenômenos de sonho quanto os de vigília emergem, por sua vez, do espaço da consciência e se dissolvem nele novamente. Mas ele reconhece apenas que as aparências emergem do espaço da mente, enquanto ainda acredita que as aparências que ocorrem enquanto se está acordado correspondem a fenômenos reais que realmente existem, independentemente de qualquer observador.

> Novamente, Faculdade Que Manifesta Todas as Aparências se dirigiu ao Bhagavān: "Ó Mestre, Bhagavān, para este corpo existir, ele deve depender das causas e condições auxiliares dos pais. Mas, uma vez que o problema de que as aparências não se transformam de fato de uma coisa em outra foi esclarecido, por que os pais surgem? Por que este corpo surge? Mestre, explique, por favor".

Ingenuamente, acreditamos que, mesmo que as percepções do nosso corpo sejam subjetivas e emerjam do espaço da mente, o corpo em si é inerentemente real e foi produzido por nossos pais. Mas Padmasambhava sustenta que nada é realmente existente. Se não existe um corpo verdadeiramente existente, composto por átomos realmente existentes e provenientes de pais verdadeiramente existentes, como nossas percepções de um corpo podem se manifestar? Como surgem essas aparências de um corpo?

> Ele respondeu: "Ó Faculdade das Aparências, se você acha que ambos os pais são necessários para a existência de um corpo, lembre que um corpo no estado intermediário, um corpo de sonho, aquele que nasce do calor e da umidade e aquele que nasce espontaneamente, todos surgem sem uma mãe nem um pai.

Os contraexemplos de Padmasambhava são corpos que surgem sem depender de uma mãe ou pai, como seu corpo em um sonho ou no bardo. Nos dois casos, seu corpo surge como uma forma que se move daqui para lá e percebe vários fenômenos, mas é um corpo criado pela mente, não nascido de pais. Mas resta o fato de que os seres humanos nascem de seus pais; portanto, à primeira vista, o nascimento espontâneo de seres nos casos acima não parece pertinente. De acordo com a visão Madhyamaka, os fenômenos, incluindo o corpo humano, de fato surgem convencionalmente na dependência de causas anteriores e condições, e isso não está sendo refutado ou desafiado aqui. Quando lemos esta passagem, é absolutamente crucial lembrar que um aspecto único da Grande Perfeição é que ela apresenta a base da existência, o caminho para a iluminação e o fruto do perfeito despertar espiritual da perspectiva de quem já está iluminado.

Para compreender o significado dessa passagem desconcertante, podemos recorrer à parábola de Padmasambhava do príncipe pródigo: Há muito tempo, nas terras da Índia, havia um grande rei chamado Ākāśagarbha, cujo filho, o príncipe herdeiro Kiraṇa, era imaturo e tolo. Em certa ocasião, o jovem príncipe participou de um grande festival perto do palácio, no qual um mágico exibia ilusões tão realistas que o príncipe ficou completamente hipnotizado por elas. Após o show, quando a multidão se dispersou, o príncipe se perdeu de sua comitiva e sofreu uma amnésia, esquecendo não apenas o caminho de volta ao palácio, mas também quem era. Não tendo nada para comer e nenhum lugar para ficar, ele se juntou a um bando de vagabundos e, vagando de uma cidade para outra, acabou se acostumando a se alimentar com a comida dos mendigos e a usar trapos jogados no lixo. Em pouco tempo ele assumiu plenamente a identidade de um mendigo sem-teto e vivia uma vida desamparada de grande miséria.

Muitos meses e anos se passaram, e o reino, tendo perdido seu príncipe herdeiro, estava à beira do colapso, e havia o medo de que a linhagem real do rei Ākāśagarbha chegasse ao fim. Nesse momento, o jovem mendigo-príncipe, enquanto andava pelo reino, chegou à casa do sábio ministro do rei, Sūryanaśim. O ministro, reconhecendo-o imediatamente como sendo o príncipe, exclamou: "Ó, nosso príncipe que estava perdido voltou! Você não precisa pedir esmolas. Venha para o palácio!". Mas o príncipe-mendigo recusou-se a receber as boas-vindas reais, alegando que ele não era um príncipe, mas apenas um mendigo sem-teto, e se recusou a se deixar levar pelas investidas do ministro.

O ministro tentou convencê-lo de que ele havia sido tão arrebatado pelas ilusões do mágico que se esqueceu de quem era e, sem ter consciência, se perdeu no estilo de vida de um vagabundo sem-teto e assumiu erroneamente a identidade de um mendigo. Mas, como o príncipe ainda não havia sido persuadido, o ministro perguntou detalhes sobre seu local de nascimento, seus pais, amigos de infância e assim por diante. Quando o príncipe percebeu, espantado, que não conseguia responder a essas perguntas tão simples, pediu a Sūryanaśim que o esclarecesse sobre suas verdadeiras origens e sobre sua identidade. Ao receber essas "instruções essenciais", a consciência do príncipe sobre sua própria natureza foi restabelecida. Ele foi imediatamente levado ao palácio e coroado como o novo rei.[200]

Fazendo outra analogia, no meio de um sonho não-lúcido você se esquece de quem era no estado de vigília e se identifica totalmente com a persona no sonho, deludida por tudo o que acontece no sonho, como se tudo fosse real. No contexto do seu sonho, você pode ter uma noção clara de quem são seus pais e até mesmo de ter pesquisado sua genealogia de muitas gerações. Você pode até se lembrar de quem era no seu último sonho – uma encarnação anterior, por assim dizer –, mas sem reconhecer que está sonhando novamente. Mas, uma vez que tenha despertado para a natureza delusória do seu sonho e para a sua identidade equivocada dentro dele, tornando-se lúcido no sonho ou acordando completamente, você reconhece que a pessoa com quem você se identificava no sonho nunca realmente existiu e, portanto, não tinha pais. Na passagem acima, da perspectiva do mestre, Faculdade das Aparências nunca existiu como um ser humano não-iluminado, portanto, na realidade, ele nunca teve pais.

> "Se você acredita que este corpo existe na dependência dos pais, antes de os seres terem se tornado encarnados, de onde veio o primeiro de todos os pais? Onde ele vivia? Para onde foi no final? Examine a mãe da mesma forma – como ela nasceu, viveu e morreu. Investigue a evolução dos pais até este corpo atual. Compreenda isso."

Sempre que investigamos fenômenos em nosso mundo, a tendência humana universal é de que a observação da evidência seja seguida por uma conclusão ou descoberta; e então tomamos a nossa descoberta como objetivamente verdadeira. Negligenciamos completamente as influências que as nossas escolhas, quanto à estrutura conceitual e ao método de observação, têm nos resultados que obtemos. Mas é ilusório pensar que esses resultados eram verdades preexistentes, independentes do nosso método de investigação. Como Werner Heisenberg

---

200 Carma Chagmé, *Naked awareness: practical instructions on the union of Mahāmudrā and Dzogchen*, comentário de Gyatrul Rinpoche, trad. B. Alan Wallace (Ithaca, NY: Snow Lion Publications, 2000), 81–87.

afirmou: "O que observamos não é a natureza em si, mas a natureza exposta ao nosso método de questionamento".[201] Nos últimos quatrocentos anos, os cientistas vêm explorando a realidade com sistemas físicos de medição e fazendo perguntas sobre entidades físicas, todas dentro das estruturas físicas da física, química e biologia. *Quando você faz uma pergunta física, recebe uma resposta física* – isso é garantido pela sua estrutura conceitual física e pelos métodos físicos utilizados.

Mas lembre-se de que, como propõe Stephen Hawking, não existe uma única história absolutamente verdadeira do universo. Existem várias histórias, relativas às estruturas conceituais e sistemas de medição que escolhemos. Nunca poderemos testemunhar algo definitivamente verdadeiro, independente de qualquer sistema de medição. Se você imaginar que utiliza a única estrutura conceitual e sistema de medida possível, então acreditará que a sua é única verdade: a verdade última. Muitos tipos de fundamentalistas religiosos têm caído nessa armadilha há muito tempo, assim como os materialistas científicos – que afirmam que apenas fenômenos fisicamente mensuráveis são reais –, negando, assim, a verdade da experiência subjetiva, bem como a validade de suas próprias teorias conceituais. Ops!

A história científica da evolução tem um grande poder explanatório em relação à evolução das espécies, mas é verdadeira apenas em relação às estruturas conceituais e medições nas quais se baseia. No budismo, que abrange o Abhidharma, o Mahāyāna e o Vajrayāna, existem múltiplas teorias sobre a origem do universo e dos seres humanos. De acordo com o Tantra *Kālacakra*, nenhum relato da história do universo é definitivamente verdadeiro – mas um ou outro relato pode ou não ser verdadeiro em relação à estrutura cognitiva na qual foi formulado. Essas muitas histórias podem ser mutuamente complementares, mutuamente incompatíveis ou algumas podem ser simplesmente falsas, mesmo no seu próprio contexto. É necessária uma avaliação crítica em cada caso para determinar qual categoria se aplica.

As teorias budistas da cosmogonia têm, em princípio, alguns pontos em comum com a ciência moderna: considera-se que o universo está em expansão, nosso ciclo particular começou bilhões de anos atrás e terminará em um ciclo final de destruição. De acordo com o sistema Kālacakra, o universo emergiu das "partículas de espaço", e desse reino da não-forma emergiu o reino da forma, a partir do qual emergiu o reino do desejo. Cada um desses reinos é povoado por uma grande variedade de seres sencientes, e apenas alguns desses possuem

---

201 Werner Heisenberg, *Physics and philosophy: the revolution in modern science* (Nova York: Harper & Row, 1962), 58.

corpos físicos. Entende-se que a força motriz por trás dos ciclos do universo é o carma dos seres sencientes. O carma coletivo dos seres sencientes dá origem à formação de seus ambientes compartilhados. Nosso planeta e seus habitantes estão completamente entrelaçados: esse é o princípio da originação interdependente.

De acordo com a história budista, o Buda Śākyamuni foi o quarto buda da era atual, em uma série que culminaria em mil budas. Durante o tempo de seu antecessor, o Buda Kāśyapa, diz-se que a expectativa de vida humana atingia oitenta mil anos, os corpos humanos eram mais etéreos e as mentes humanas eram em grande parte virtuosas. Desde aqueles dias felizes – por meio da degeneração dos seres sencientes – o tempo de vida diminuiu, os corpos se tornaram mais grosseiros e as mentes ficaram atormentadas por aflições mentais. Essa história está claramente em desacordo com a história da evolução biológica. Mas os budistas empregam estruturas conceituais e métodos de observação radicalmente diferentes e, portanto, a incompatibilidade entre essas respectivas histórias não invalida necessariamente nenhuma das duas.

A principal tecnologia de medição no budismo e na cultura indiana mais antiga é o samādhi: "o telescópio da mente". Utilizando o samādhi, é possível escapar dos véus obscurecedores da mente egocêntrica, com seu gênero, raça, idade, história e atributos pessoais, assim como o telescópio Hubble escapa das distorções da atmosfera da Terra, permitindo que se vejam claramente galáxias a bilhões de anos-luz de distância. Como mencionado anteriormente, o atingimento de shamatha é um instrumento para investigar o espaço profundo da mente, superando as distorções da sua própria narrativa pessoal e testemunhando memórias de vidas passadas que se estendem no tempo. O Buda explicou que os contemplativos antigos eram capazes de recordar mil vidas, incluindo lembranças de si mesmos e de outros como seres não-humanos que povoavam o mundo.

Temos evidências de que comerciantes marítimos indianos viajaram para o Egito e Macedônia acompanhados de iogues; algum deles pode ter ensinado a tecnologia do samādhi a Pitágoras, contemporâneo do Buda (século VI a.C.). Pitágoras viajou ao Egito para estudar as antigas tradições de sabedoria e também pode ter encontrado adeptos contemplativos indianos. Pitágoras retornou e formou a comunidade que levava o seu nome na Itália, onde ensinava não apenas filosofia, matemática e música, mas também defendia a adoção de uma dieta e um estilo de vida que ajudariam seus seguidores a se tornarem verdadeiros "amantes da sabedoria" ou "filósofos", termo que ele mesmo cunhou. Ele também pode ter ensinado práticas contemplativas, mas, como insistia que seus seguidores mantivessem um voto de sigilo, isso continua sendo uma especulação. Ele era famoso por afirmar que conseguia se lembrar de suas vidas passadas e por ser um milagreiro, o que, em termos indianos, era conhecido como um siddha. Pitágoras não aprendeu samādhi ou a teoria da transmigração com os gregos ou com os egípcios, pois antes desse tempo eles provavelmente não tinham tal treinamento ou teoria contemplativa. Parece mais provável que ele tenha aprendido isso com professores da tradição indiana, já bem desenvolvida, e tenha até viajado para a própria Índia.

Se o seu sistema de medição for o samādhi e as perguntas que fizer disserem respeito à natureza da mente, você encontrará respostas bastante diferentes daquelas encontradas usando sistemas físicos de medição e estruturas conceituais materialistas. A visão Madhyamaka, e a visão do nosso texto, é de que nenhum de nossos relatos é definitivamente verdadeiro, nem as descrições budistas do tempo cíclico nem as explicações científicas de uma história linear sobre o universo. Uma descrição pode ser verdadeira em relação a uma matriz de referência cognitiva específica e oculta de uma outra perspectiva. Os textos budistas antigos não mencionam genética ou evolução biológica, portanto são incompletos nesse aspecto. E a biologia evolutiva é uma ciência excelente, verdadeira em sua matriz de referência, mas, levando em consideração as antigas descobertas da investigação contemplativa, podemos reconhecer que essa biologia também é incompleta. Nenhuma explicação retrata uma realidade definitiva e objetiva, como alguma teoria grandiosa e unificada de tudo poderia pretender.

A visão Madhyamaka afirma apenas uma verdade definitiva, que é igualmente verdadeira em todos os tempos, lugares e matrizes de referência cognitivas: todos os fenômenos são vazios de natureza inerente. Isso é válido para a própria vacuidade. Portanto, é a única verdade invariável em todos as matrizes de referência cognitivas. Todas as outras verdades são, no máximo, relativamente verdadeiras, mas não inerentemente verdadeiras. É análogo à afirmação de Einstein na teoria da relatividade de que a velocidade da luz é invariável – enquanto matéria, energia, tempo e espaço dependem de uma matriz de referência. Meu corpo não tem massa definitivamente verdadeira, porque a leitura na balança do meu banheiro depende da velocidade com que viajo em relação ao meu referencial inercial. Atualmente, não consigo viajar a uma velocidade suficientemente próxima da velocidade da luz para me preocupar com o ganho de peso decorrente da viagem no tempo, mas muitos pesquisadores inteligentes e sofisticados testaram e confirmaram a teoria da relatividade e a constância da velocidade da luz com um alto grau de certeza.

Considere outra analogia, que será muito mais complexa desenvolver: o filósofo alemão do século XIX Ludwig Feuerbach (1804–1872) rejeitou o cristianismo que dominava a Europa em sua época, defendeu o ateísmo, o materialismo e o comunismo, e explicou Deus como uma projeção humana da figura paterna ideal. Seu trabalho mais conhecido, *The essence of christianity* (A essência do cristianismo)²⁰², foi publicado em 1841. O livro de Feuerbach influenciou um numeroso grupo intelectual e revolucionário que incluía Leon Trotsky, Karl Marx, Friedrich Engels e Richard Wagner.

A explicação antropológica de Feuerbach de que o homem criou Deus à sua própria imagem, em vez de Deus ter criado o homem à sua própria imagem, era herética em sua época, mas hoje em dia se tornou estranhamente comum. Enquanto isso, a visão científica dominante da história planetária é de que a consciência emergiu apenas após um processo evolutivo muito longo, começando com reações químicas de matéria e energia inanimadas, que gradualmente originaram compostos orgânicos, que evoluíram para formas de vida biológicas, e algumas delas por fim desenvolveram cérebros e consciência. O método científico é creditado por descobertas revolucionárias em física, química, biologia e astronomia. Com a *Origem das espécies*, de Charles Darwin, em 1859, repentinamente pareceu que a existência da vida na Terra poderia ser entendida como um processo gradual de evolução física, e não como o ato de um Deus criador.

Nos últimos quatrocentos anos, os cientistas chegaram gradualmente à conclusão de que as interações físicas da matéria e da energia explicam o comportamento dos sistemas biológicos, e que as experiências psicológicas subjetivas podem ser reduzidas a processos biológicos no cérebro. Os neurocientistas apresentam entusiasticamente a neurociência como a disciplina científica que elucidará completamente a natureza da consciência, o livre-arbítrio e a religião, juntamente com muitas outras coisas, reduzindo a psicologia à biologia. O marketing dessa marca tem sido muito eficaz para convencer a população em geral e as agências de fomento à pesquisa de que elas são o "campo de pesquisa favorito" para resolver os mistérios restantes sobre a identidade, a mente e a consciência humanas.

Existe um paralelo revelador entre o desenvolvimento histórico da ciência e a história científica atual do nosso mundo. A primeira revolução científica, atribuída principalmente a Galileu, foi nas ciências físicas; e a segunda, iniciada por Darwin, foi nas ciências da vida. As ciências da mente surgiram após a revolução darwiniana, numa época em que o materialismo científico estava rapidamente ganhando domínio sobre todos os ramos da ciência natural, exatamente como Thomas Huxley orquestrou e previu. Seguindo a mesma sequência da ciência física para a ciência da vida e para a ciência da mente, a ciência explica a história do mundo como a evolução da matéria e da energia para organismos vivos, depois para seres inteligentes e conscientes. Mas existem céticos em relação a essa crença, até mesmo dentro da ciência convencional. O astrofísico Paul C. W.

---

202 Ludwig Feuerbach, *The essence of christianity*, trad. Marian Evans (Nova York: Calvin Blanchard, 1855).

Davies, por exemplo, comenta que "uma teoria completa das interações entre partículas e forças nos diria pouco, por exemplo, a respeito da origem da vida ou da natureza da consciência"[203]. Então, como uma analogia à afirmação de Feuerbach de que Deus é apenas um superpai projetado, talvez possamos dizer que a história científica do mundo é apenas uma projeção baseada na evolução histórica particular da ciência eurocêntrica nos últimos quatrocentos anos! Essa história não era inevitável; poderia ter havido outras, pois a primeira revolução científica poderia muito bem ter sido na biologia ou na psicologia.

No tempo de Galileu, antes de o modelo mecanicista do universo dominar o pensamento ocidental, houve tentativas rivais de explicar o mundo, conhecidas como filosofias naturais. No *organicismo*, o universo e suas partes são vistos como conjuntos orgânicos, análogos aos organismos vivos ou literalmente vivos. O organicismo remonta pelo menos a Platão, que considerava o universo como um ser vivo e inteligente; e ainda influencia as opiniões de alguns biólogos modernos que enfatizam a natureza auto-organizadora dos sistemas vivos sobre as propriedades de suas partes. Talvez as explicações mais antigas da vida sejam expressões do *vitalismo*, postulando uma força viva, tal como *vis viva*, *élan vital* ou uma alma, que separa os seres vivos da matéria não-viva. O termo *vis viva* foi usado pela primeira vez pelo polímata alemão Gottfried Leibniz (1646–1716) para descrever a energia cinética conservada em colisões elásticas, como no bilhar. De modo geral, o modelo mecanicista prevaleceu sobre essas visões orgânicas do universo e permeia completamente o esforço científico moderno, com o objetivo de explicar todos os fenômenos como interações puramente mecânicas entre as partes componentes: o universo como máquina.[204]

Em uma realidade alternativa, a trajetória das descobertas científicas humanas poderia ter sido inteiramente diferente. E se as primeiras descobertas tivessem sido feitas no campo da biologia, com a física sendo compreendida apenas mais tarde? A história do universo contada poderia ser de que havia primeiro uma força vital universal primitiva, da qual o universo físico emergiu como um ambiente que seria habitável para os organismos vivos. Um crescente corpo literário de físicos e biólogos preocupa-se com o chamado *princípio antrópico*, que observa que um grande número de constantes aparentemente arbitrárias, mas muito específicas na natureza – como o ponto de congelamento da água ou a ligeira redução de densidade quando a água congela, fazendo o gelo flutuar em vez de afundar –, precisava ser quase exatamente como observamos para que a vida que conhecemos existisse. Se essas constantes fossem um pouco diferentes,

---

203 Davies, "An overview of the contributions of John Archibald Wheeler", 20.
204 Veja também Wallace, *Taboo of subjectivity*, 43–47.

a vida como a conhecemos não estaria presente. Essa visão sugere que, em vez de o universo físico inanimado ser fundamental e dar origem secundária à vida, pode ser exatamente o oposto. Talvez um princípio vital, como o prāṇa, seja fundamental e responsável por dar origem a mundos físicos nos quais os seres vivos poderiam se manifestar e evoluir. Devemos reconhecer que ainda não existem explicações científicas comprovadas para a origem da vida. Existem muitas especulações diferentes, todas não testáveis.

Agora imagine se a ciência moderna tivesse tido como pioneiro um psicólogo que tivesse desenvolvido métodos para atingir shamatha e utilizado vipaśyanā na exploração experiencial da mente e de seu papel na natureza. Os primeiros estudos científicos poderiam ter tido como objeto a natureza da própria consciência, possivelmente até penetrado a consciência substrato e acessado a lucidez prístina. Essa tradição poderia ter considerado a consciência como o aspecto mais fundamental do universo, a vida como uma derivação secundária e o universo físico inorgânico como um mero recipiente para servir de ambiente para os seres scientes.

Mas esse não foi o caso da civilização ocidental. E nossa história consensual do progresso científico na física, química, biologia e psicologia pode ser a razão pela qual contamos uma história semelhante sobre a criação do universo. Naturalmente, esta última é uma história rica, com tremendo poder explanatório sobre o universo físico e objetivo e que trouxe uma compreensão que melhorou radicalmente as vidas e os potenciais humanos. Mas não é a história completa, muito menos a única história plausível, de forma alguma. Na verdade é uma história muito limitada, e é apenas relativamente verdadeira. Em vez disso, a experiência contemplativa altamente replicável revelou que o universo permanece como um campo de possibilidades até que surja a autofixação, as aparências se manifestem, a conceituação diferencie o objeto do sujeito, e as histórias infinitamente variadas do saṃsāra sejam contadas, nenhuma das quais é definitivamente verdadeira.

A redução de Feuerbach de Deus a uma criação da mente do homem e a hipótese acima – de que a visão científica atual da evolução do universo e da vida em nosso planeta se desenvolveu como um reflexo direto da evolução dos nossos métodos de investigação científica – são igualmente antropocêntricas. Isso lembra a famosa declaração: "O homem é a medida de todas as coisas", do filósofo grego Protágoras (490 a.C–420 a.C). De acordo com a visão Madhyamaka, tudo o que é percebido e concebido pela mente humana existe em relação à mente humana; e a mente humana, que é tão vazia de natureza inerente quanto tudo o mais, existe apenas em relação aos fenômenos que apreende. Mas o anseio humano por transcendência é universal e atemporal. Os contemplativos cristãos buscavam essa transcendência olhando para dentro, além dos limites da alma humana – e suas projeções limitadas – para a realização mística genuína da mente de Deus. Galileu, que foi treinado como contemplativo em sua juventude, mais tarde dirigiu seu anseio por transcendência para o exterior, procurando conhecer indiretamente a mente do Criador, por meio de Sua criação. A ciência moderna, embora tenha deixado de lado a estrutura teísta de Galileu, ainda busca a transcendência com o uso de sistemas tecnológicos de medição, que transcendem as limitações dos sentidos humanos, e com o uso analítico da matemática, ou da linguagem da Natureza, que transcende as limitações da linguagem e do pensamento humanos. Na prática da Grande Perfeição, primeiro transcendem-se as limitações da psique humana, repousando na consciência substrato, que revela uma gama muito mais ampla de fenômenos do que os que podem ser apreendidos pelos sentidos físicos. Em seguida, atravessa-se a consciência substrato para acessar a dimensão atemporal e não-local da consciência primordial, que revela toda a gama de mundos possíveis de saṃsāra e nirvāṇa. Esta, de acordo com a Grande Perfeição, é a transcendência suprema e a satisfação do nosso anseio mais profundo e eterno.

De acordo com a cosmologia quântica, informações significativas estão na base do universo, e isso implica necessariamente a participação de um observador que recebe e registra informações. No nível macrocósmico, o universo é visto fundamentalmente como um sistema de processamento de informações, em relação ao qual matéria e energia são propriedades emergentes e derivadas. No nível microcósmico, considera-se novamente a possibilidade de que cada ser senciente possa ser considerado como um sistema consciente de processamento de informações, e não simplesmente uma configuração de matéria e energia em relação à qual a consciência é uma propriedade emergente derivada. Se isso estiver correto, o chamado efeito placebo faz todo o sentido pela primeira vez: o poder da expectativa ativa o sistema de processamento de informações de um corpo-mente humano, que aciona os processos eletroquímicos apropriados e complexos no corpo que produzem a mudança esperada. Embora o paradigma materialista não forneça explicações para o efeito da expectativa do sujeito, essa explicação, baseada nos princípios da cosmologia quântica, apresenta uma justificativa verdadeiramente científica que contribui com a pesquisa empírica. Aqui está mais uma área fértil para a investigação contemplativa-científica.

A Visão a Partir da Lucidez Prístina

Voltamos à discussão anterior sobre como investigar a linhagem de seus pais que resultou em seu corpo atual. Com base em nossa matriz cognitiva de referência e modos de observação compartilhados, nosso corpo biológico, composto de átomos, nasceu dos pais, e cada um deles também tinha pais. A teoria da evolução não é uma fantasia, é baseada em evidências convincentes e lógica rigorosa. Mas não existe uma verdade última que seja independente de seus métodos de investigação. Até mesmo de acordo com a visão Madhyamaka seu corpo é composto de átomos e moléculas, esteja você olhando ou não. Mas, da mesma maneira que as cores que percebemos não existem independentemente de nossas faculdades visuais, os átomos e moléculas, assim como os entendemos, não existem independentemente das estruturas conceituais segundo as quais são descobertos e medidos. As cores e a consciência delas são fenômenos interdependentes. Nenhuma delas é inerentemente existente. Dentro do contexto do sonho não-lúcido que chamamos de história de vida e família, nossos pais biológicos deram à luz esse corpo. Mas, ao despertarmos, nada disso é verdade, da mesma maneira que, quando você acorda de um sonho, sabe que as pessoas no seu sonho não tinham existência além daquela realidade imaginária.

O Bodisatva Faculdade das Aparências expressou muito ceticismo em relação às declarações do Mestre porque ele leva as aparências a sério. Se as aparências realmente representam a realidade, como todos supomos instintivamente, o Mestre deve estar errado.

> Faculdade das Aparências respondeu: "Está bem, Mestre, Bhagavān – uma vez que sou eu que estabeleço as aparências, suspeito que apenas as minhas próprias aparências não existem, mas são meramente aparências. É assim mesmo ou não? Mestre, por favor, explique!".

Em outras palavras, as coisas que surgem apenas para mim, assim como o próprio "eu", podem ser meras aparências, mas todos os outros fenômenos do mundo devem ser realmente existentes. É essa a resposta? Muitos neurocientistas ficariam perfeitamente satisfeitos com esta resposta, especialmente porque muito poucos deles são bem versados na física quântica contemporânea. Sua personalidade, eles podem dizer, é uma ilusão, porque não há nenhuma parte do seu cérebro que corresponda à sua identidade pessoal e que controle o resto do sistema. Mas o seu cérebro é real.

> Ele respondeu: "Ó grande ser, não pense assim! Se você considerar que tudo é vazio apenas porque estabeleceu todas as aparências dessa maneira, e isso por fim o levar à conclusão de que nada é

> vazio, exceto aquilo que surge apenas para você como inexistente, então você estará meramente se preparando para estampar o selo da vacuidade sobre aquilo que não é vazio, e ver aquilo que existe como inexistente".

Agora você caiu nos dois extremos simultaneamente. Você caiu no extremo do niilismo em relação a si mesmo e ao que surge para você – pensando que você e os qualia da sua experiência consciente não existem. E você caiu no extremo do substancialismo com relação a todos os outros fenômenos – pensando que eles realmente existem lá fora, quer você os perceba ou não.

> "Considerando a vacuidade como enganosa e reificando a existência como definitivamente real, se você acreditar que apenas você mesmo não existe por si só, então a compreensão da vacuidade de si mesmo o deixará com a visão śrāvaka da mera ausência de identidade pessoal."

A visão śrāvaka reconhece a ausência de um eu verdadeiramente existente – a ausência da sua própria identidade pessoal. Mas os cinco agregados de forma, sensação, reconhecimento, fatores composicionais e consciência são considerados reais. O universo externo é inerentemente real. Esse realismo metafísico é comum à visão Theravāda. Mas nos ensinamentos Mahāyāna sobre a perfeição da sabedoria afirma-se que até mesmo os cinco agregados são vazios de existência inerente. Isso é claramente afirmado no *Sutra do Coração*, por exemplo, no qual o diálogo se dá entre Śāriputra, representando a visão śrāvaka, e Avalokiteśvara, representando a visão Mahāyāna. Desde as menores partículas elementares até a natureza búdica, o sugatagarbha, afirma-se que todos os fenômenos são vazios de natureza inerente.

> "Ao considerar todo o mundo dos fenômenos como as dez analogias ilusórias, compreenda que eles não são verdadeiramente existentes, assim como não há objetos que surjam separados do ilusionista, e assim como, desde o momento em que as aparências surgem, elas desaparecem diante da pessoa para quem surgiram. Considere essa ausência de existência verdadeira como sendo a vacuidade absoluta."

Se todas as aparências são como as criações de um ilusionista, onde está o ilusionista que cria todos os fenômenos no universo? Da perspectiva do dharmakāya, todas as aparências são expressões criativas da lucidez prístina, rigpa. Esta não é a lucidez prístina de alguma outra pessoa, mas a sua própria.

> Faculdade das Aparências respondeu: "Eis o que penso: elas não são as aparências de um ser senciente. Se todos os três reinos fossem apenas minhas próprias aparências, quando essas minhas aparências mudassem, todas as aparências dos três reinos deveriam mudar de forma correspondente – elas certamente teriam de morrer, desaparecer e ser extintas junto comigo. Visto que não é assim, não acho que, devido à minha percepção dos objetos externos, os mundos físicos e seus habitantes senscientes nos três reinos pereçam e desapareçam comigo. Então, Mestre, por favor, explique plenamente o significado disto".

Faculdade das Aparências está, com razão, cético em relação ao solipsismo que considera que o mundo inteiro surge e desaparece apenas devido a ele. Aqui devemos examinar cuidadosamente o referente da palavra "eu" como o ilusionista que cria todas as aparências no universo. Se o referente desse termo é um indivíduo em particular que tem características como idade, raça e gênero, então não faz sentido, pois implicaria falsamente que todos e cada uma das coisas além de nós são uma invenção da nossa própria imaginação. Da mesma forma, se o referente é um único continuum de consciência substrato, manifestando o universo inteiro e destruindo-o ao dissolvê-lo de volta no substrato, isso também não faz sentido. Então, qual é o referente da palavra "eu" aqui?

Novamente, vamos fazer uma analogia: a grande compaixão é o motor da bodicita. A liturgia tibetana clássica para o desenvolvimento da grande compaixão traz esta prece: "Que todos os seres senscientes se libertem do sofrimento e de suas causas!". Com essa aspiração, cria-se uma compaixão incomensurável, comum ao Śrāvakayāna e ao Mahāyāna. A próxima linha pergunta: "Por que todos nós não podemos ser livres?". Afinal, da perspectiva Mahāyāna, todos têm uma natureza búdica e todos os fenômenos são vazios, então por que precisamos sofrer? A seguir, a liturgia diz: "Eu libertarei todos nós", como a resolução da grande compaixão (sâns. *mahākaruṇā*), que excede em muito as aspirações dos veículos inferiores. Esta é uma tarefa vasta e não estamos relegando essa responsabilidade a mais ninguém. Seria isso uma completa loucura?

Se o referente da palavra "eu" nessa liturgia for um indivíduo em particular, com um número limitado de anos de vida pela frente e apenas duas mãos, isso é certamente impossível. E levaria um tempo infinito para que um único continuum de consciência, reencarnando repetidamente, liberasse todos os seres, e, portanto, este também não pode ser o referente da palavra "eu". De que perspectiva é realista fazer esse voto do bodisatva? Da perspectiva da lucidez prístina, de rigpa, você é Samantabhadra. Você não depende de algum outro Samantabhadra para obter ajuda. Sua consciência permeia todo o espaço e todo o tempo. Suas virtudes são infinitas e você tem todo o tempo do mundo. Aqui está o referente mais profundo da palavra "eu".

Quando o Mestre nos pede para vermos tudo como um sonho, ele está nos encorajando a estender nossa consciência para além da identificação com a pessoa que vive no sonho e na história pessoal no estado de vigília. Além disso, devemos expandir a consciência para além da consciência substrato pessoal. Somos encorajados a ver a vida da perspectiva da lucidez prístina. Do ponto de vista Madhyamaka, todos os fenômenos são *semelhantes a* um sonho, mas, do ponto de vista da lucidez prístina, todos os fenômenos no saṃsāra *são* um sonho. Estamos procurando impulsionar nossa consciência para além dos limites da fixação dualística delusória e liberá-la em sua base última, a lucidez prístina. Portanto, na presença dos budas, fazemos o voto de libertar todos os seres sencientes do sofrimento e das causas do sofrimento, o que só faz sentido da perspectiva da lucidez prístina.

> **Ele respondeu: "Ó Faculdade das Aparências, pensamentos como os seus são familiares a todos os seres que estão deludidos por se fixarem à existência verdadeira. Mas saber como agir da mesma maneira que os outros não é o caminho para realizar a vacuidade. Durante vidas sem princípio você tem apreendido suas próprias aparências como sendo separadas de você mesmo e, identificando-se intimamente com elas, tornou-se deludido".**

Nós reificamos os fenômenos instintivamente, assim como o bodisatva fez aqui, mas o pensamento convencional não nos levará à realização da vacuidade nem à liberação. Quando olhamos para o céu à noite, o vasto universo de planetas e estrelas não consiste em entidades reais independentes: essas são nossas próprias aparências. Mas nos fixamos às meras aparências como se fossem planetas e estrelas separados de nós e independentes de todos os modos de observação. Da mesma forma, reificamos nossas identidades como indivíduos humanos com idade, gênero, raça e histórias particulares. Ao fazermos isso, demarcamos todas as outras espécies, idades e gêneros como objetos externos e separados.

> "O mundo fenomênico de um sonho, com todos os seus objetos sensoriais, não é deixado para trás e descartado quando você acorda. Ao contrário, todos eles desaparecem no reino da mente. Da mesma forma, todas as aparências desaparecem dentro de você. Você deve reconhecer que não existem mundos físicos, seres sencientes ou objetos sensoriais autônomos externamente."

Todas as aparências nos sonhos parecem existir por si sós. Nós nos fixamos às aparências em um sonho não-lúcido, e assim experienciamos esperanças e medos completamente delusórios. Exatamente da mesma maneira, nós nos fixamos às aparências no estado de vigília como inerentemente reais. Essa fixação, ou reificação, é a raiz do saṃsāra.

Conforme discutido anteriormente, a visão do realismo metafísico – a crença de que existe um universo físico autônomo lá fora – forneceu uma base filosófica para virtualmente toda a ciência moderna desde os tempos de Galileu. Mas, novamente, o surgimento da física quântica no século passado questionou essa crença fundamental. Niels Bohr, um dos fundadores da física quântica, escreveu: "Em nossa descrição da natureza, o propósito não é revelar a verdadeira essência do fenômeno, mas apenas rastrear, o mais profundamente possível, as relações entre ... os aspectos da nossa experiência".[205] E Erwin Schrödinger, outro dos grandes pioneiros dessa segunda revolução na física, comentou: "A única ajuda possível é seguir algo como o seguinte princípio emergencial: a mecânica quântica proíbe declarações sobre o que realmente existe – declarações sobre o objeto. Suas declarações tratam apenas da relação objeto-sujeito".[206]

Uma das interpretações mais provocativas da física quântica é chamada Q-bismo (Qbism), defendida com eloquência por Christopher Fuchs. Seu colega

---

[205] Christopher A. Fuchs, N. David Mermin, e Rüdiger Schack, "An introduction to QBism with an application to the locality of quantum mechanics", *American Journal of Physics* 82, nº 8 (2014): 749.
[206] Ibid., 757.

físico Hans Christian von Baeyer aborda essa visão em seu livro *Qbism: the future of quantum physics* (Q-bismo: o futuro da física quântica), no qual escreve: "Enquanto o experimentador, o observador e o teórico estiverem investigando algo externo a eles mesmos, aquilo com que estão lidando diretamente não será a natureza em si, mas a natureza refletida nas experiências humanas".[207] O Q-bismo vai além da teoria de John Wheeler sobre a participação dos observadores no universo, de acordo com a cosmologia quântica. Faz o movimento radical de falar não sobre as experiências humanas em geral, mas sobre a experiência de cada agente, um humano em particular. Isso pode ser visto como implicando que todo e qualquer ser senciente, humano e não-humano, experiencia o seu próprio universo, com todas as aparências desse universo sendo únicas para cada ser. A escritora científica Amanda Gefter resume a essência dessa nova interpretação da física quântica: "O Q-bismo diria que não é que o mundo seja construído a partir de coisas do lado de fora, como os gregos pensavam. Nem é construído a partir de coisas 'internas', como os idealistas, como George Berkeley e Eddington, diriam. Em vez disso, as coisas do mundo têm as características do que cada um de nós encontra em todos os momentos da vida – coisas que não estão dentro nem fora, mas antes da própria noção de um corte entre os dois".[208]

Para relacionar essa visão da realidade física aos relatos clássicos dos siddhis mundanos que podem ser alcançados com estágios avançados de samādhi, considere o siddhi da capacidade de alcançar e tocar a lua e o sol. O Buda declarou que, quando a mente se torna concentrada, purificada, limpa, imaculada e imperturbável, o iogue aplica e direciona sua mente para vários poderes supranormais.

> Ele então desfruta de diferentes poderes: sendo um, ele se torna muitos – sendo muitos, ele se torna um; ele aparece e desaparece; ele atravessa cercas, muros e montanhas sem obstáculos, como se estivesse atravessando o ar; ele afunda no chão e emerge dele como se o chão fosse água; ele anda sobre a água sem passar da superfície como se estivesse em terra; ele voa de pernas cruzadas no céu como um pássaro com asas; ele até mesmo

---

207 Hans Christian von Baeyer, *Qbism: the future of quantum physics* (Cambridge: Harvard University Press, 2016), 188.
208 Amanda Gefter, "A private view of quantum reality", *Quanta Magazine*, June 4, 2015, https://www.quantamagazine.org/20150604-quantum-bayesianism-qbism.

toca e acaricia com a mão o sol e a lua, fortes e poderosos como são; e ele viaja no corpo até o longínquo mundo de Brahmā.[209]

O grande mestre tibetano Karma Chagmé (1613–1678) escreve de maneira semelhante: "Além disso, aqueles dotados destas grandes habilidades paranormais, com tamanha força e com tamanho poder, acariciam o sol e a lua com as mãos".[210]

Se partirmos do pressuposto inquestionável de que a lua e o sol são objetivamente existentes, essas afirmações parecem ser completamente absurdas. Os tibetanos contam uma piada sobre uma vila bastante atrasada em Ladakh que estava secretamente desenvolvendo seu próprio programa espacial. Quando finalmente estavam prontos para o lançamento, eles convocaram uma conferência de imprensa para anunciar sua missão de pousar no sol. "Mas você vai se queimar!", contestou um repórter. "Não", respondeu o astronauta da vila com um sorriso sabido, "vamos pousar à noite!". Podemos levar mais a sério essas afirmações dos praticantes realizados budistas do que o que se conta nessa piada?

Todo mundo sabe que não podemos tocar o sol, uma bola de fogo termonuclear que poderia conter 1,3 milhão de Terras. Estamos situados a 93 milhões de quilômetros de distância, na chamada zona de Cachinhos Dourados (*Goldilocks zone*): nem muito quente, nem muito fria, mas adequada. Nossos instrumentos revelam imagens surpreendentes da beleza dinâmica do sol. Sua energia permite a fotossíntese, alimentando a rede da vida em nosso planeta. Suas tempestades magnéticas causam estragos nas telecomunicações. Felizmente, o nosso sol é uma estrela de meia-idade, com bilhões de anos de vida restantes; mas ao final vaporizará toda a vida na Terra antes de engolir o nosso planeta. Embora poucas pessoas ainda adorem o sol como uma deidade, ele continua tendo um papel central para a vida na Terra. Como poderia não ser realmente existente, independentemente das nossas designações conceituais? Como os ensinamentos sobre a vacuidade poderiam ser verdadeiros?

O sol está realmente lá, independente de todas as observações, ou não? Com base nos métodos de medição que escolhemos hoje, como telescópios, juntamente com a nossa matriz de referência cognitiva, tal como o materialismo cien-

---

209 Maurice Walshe, trad., *The long discourses of the Buddha: a translation of the Dīgha Nikāya* (Boston: Wisdom Publications, 1995), 105. *Sāmaññaphala Sutta* no Dīgha Nikāya 1.78.
210 Karma Chagmé, *Great commentary to [Mi 'gyur rdo rje's] Buddhahood in the palm of your hand (Sangs rgyas lag 'chang gi 'grel chen)* (Bylakuppe, Índia: Nyingmapa Monastery, data desconhecida), 655.

tífico, o sol de fato existe. Mas, de acordo com estes ensinamentos da Grande Perfeição, que estão em concordância com a visão Madhyamaka de Nāgārjuna, ele não tem existência última, independente de medidas e estruturas conceituais.

E a Terra? Em 1966 vimos sua primeira foto tirada das proximidades da lua. Nosso minúsculo e surpreendentemente colorido planeta, flutuando na escuridão do espaço, é claramente diferente da superfície cinzenta e morta da lua em primeiro plano. Certamente a Terra existe, assim como a fotografamos. Mas as escrituras budistas descrevem nosso mundo como consistindo no Monte Meru e os quatro continentes, com quatro subcontinentes e uma hierarquia de reinos, incluindo os mais elevados habitados por devas. Essa descrição parece não corresponder aos nossos mapas e fotografias da Terra. Seria mera superstição desmentida pela tecnologia e compreensão modernas?

Na literatura budista indiana, diz-se que os grandes siddhas, como Nāgārjuna, viajaram para outros continentes por meios paranormais. O cânone pāli descreve uma grande fome durante o tempo do Buda. Em resposta, seu notável discípulo Maudgalyāyana, a quem o Buda se referia como o mais avançado entre seus discípulos com respeito à realização de siddhis, ofereceu-se para transportar toda a saṅgha para o continente ao norte de Uttara Kuru, onde a comida era abundante. O Buda rejeitou sua oferta (sem questionar sua capacidade de realizar o serviço que ofereceu), e a saṅgha sobreviveu à fome sem dano algum.

Quando eu estava estudando em Dharamsala, no início dos anos 70, aprendi algo interessante sobre Uttara Kuru, um dos quatro continentes, ou setores mundiais, ao redor do Monte Meru, de acordo com a cosmologia budista. O marido de minha irmã estava envolvido em estudos de pós-graduação em física solar na UCLA, e os dois viajaram para Connecticut para ter a melhor visão de um eclipse solar. Naquela época, meu professor de tibetano, Tenzin Trinley, era um astrólogo tibetano que podia fazer previsões muito precisas de eclipses solares e lunares. Sem acesso a fontes ocidentais, ele mencionou que seus cálculos, baseados no Tantra do Kālacakra, indicavam que haveria um eclipse solar completo no mesmo dia previsto pela astronomia moderna. Ele acrescentou que isso seria visível no continente norte de Uttara Kuru, mas não no continente sul de Jambudvīpa, onde a Índia está localizada.

Considere a possibilidade de que, na explicação budista clássica, o eixo da Terra corresponda espacialmente ao Monte Meru. A Índia e a Ásia Central corresponderiam então ao continente do sul; América do Norte e a América do Sul, ao continente norte; Europa e África, ao continente ocidental; e a região do Pacífico e da Austrália, ao continente oriental. Porém, que eu saiba, não há menção nas escrituras antigas de pessoas que tenham viajado por terra ou por mar para os outros continentes ao redor do Monte Meru. A tecnologia deles estava centrada nos dhyānas do reino da forma, e eles viajavam por meio do samādhi. A partir desses métodos de investigação, veio a descrição do Monte Meru e dos quatro continentes. Perspectivas diferentes podem dar origem a verdades completamente diferentes, que são incompatíveis, mas complementares (como a dualidade onda-partícula da luz), embora igualmente vazias de qualquer realidade objetiva e independente.

Aqui está outro exemplo. De acordo com o Tantra do Kālacakra, no final da vida do Buda, o rei de Shambhala e sua comitiva viajaram para a Índia para solicitar ensinamentos do Buda sobre esse tantra. O Buda deu iniciações e ensinamentos, e eles retornaram a Shambhala, onde esses ensinamentos foram preservados; mas eles eram desconhecidos em outros lugares até 1500 anos depois, quando foram revelados pela primeira vez na Índia. Por centenas de anos, tibetanos e mongóis rezaram para renascer em Shambhala, local bastante conducente à prática do Tantra Kālacakra que, embora ainda seja um reino humano, é considerado uma terra pura.[211] Diz-se que nesse local a iluminação pode ser rapidamente alcançada. Há relatos de que novecentos e sessenta milhões de famílias moram em Shambhala, por isso não pode ser localizada no Tibete. Onde Shambhala pode ser encontrada? Seria apenas um mito?

No deserto de Gobi, na Mongólia, existe um mosteiro chamado Khamaryn Khiid, fundado em 1821 pelo iogue mongol Danzan Ravjaa, que era adepto do Kālacakra e do Dzogchen. Ele o chamava de portal para Shambhala. Há vários anos visitei-o com minha esposa, a professora Vesna Wallace, que traduziu grande parte do Tantra Kālacakra e seu principal comentário, escrito, segundo a tradição, por um dos reis de Shambhala. Há uma trilha que serpenteia pela árida e vermelha paisagem lunar do deserto, mas se diz que aquele que purificou a mente e, portanto, purificou sua a visão da realidade, e segue essa trilha, chegará a Shambhala. Se a visão não for pura, a pessoa se perderá no deserto de Gobi. Com visão pura, você pode encontrar a vasta população de Shambhala no meio do deserto de Gobi. Mas nem Shambhala nem Gobi são inerentemente reais.

> "Os seres sencientes tornam-se deludidos por sustentarem que apenas de sua própria perspectiva não há seres ou aparências além de si mes-

---

211 Veja Shar Khentrul Jamphel Lodrö, *Demystifying Shambhala: the profound and secret nature that is the perfection of peace and harmony as revealed by the Jonang tradition of Kalachakra* (Belgrave, Australia: Tibetan Buddhist Rimé Institute, 2016); e Geshe Lhundup Sopa et al., *The wheel of time: the Kalachakra in context* (Ithaca, NY: Snow Lion Publications, 1991).

mos, e depois por reificarem equivocadamente as aparências."

É solipsismo pensar que tudo é meramente as suas próprias percepções subjetivas, ou aparências, e igualmente delusório pensar que as aparências correspondem a objetos externos realmente existentes.

"Assim, observe essa tendência em sua própria mente! Quando os ensinamentos do Buda degeneram, seres sencientes cegos estabelecem a vacuidade simplesmente chegando à conclusão de que, embora os universos físicos e seus habitantes não existam a partir de sua própria perspectiva, eles de fato existem de forma autônoma, por si mesmos. A partir dessa conclusão, apenas alguns poucos identificam o caminho último da vacuidade; portanto, examine cuidadosamente a natureza deste ponto crucial."

É incorreto imaginar que suas próprias percepções subjetivas são inexistentes, mas que o sol está definitivamente localizado no centro do nosso sistema solar, que a lua gira em torno da Terra e que Gobi é um deserto real. A deslegitimização das percepções subjetivas e a reificação dos objetos materiais são os postulados principais do materialismo científico atual: a percepção subjetiva é fantasia, mas o mundo físico objetivo é real. No entanto, o Vajra Nascido no Lago está advertindo nossa própria Faculdade das Aparências interna a não cair exatamente nesse tipo de pensamento.

Novamente, Faculdade das Aparências perguntou: "Ó Mestre, Bhagavān, se alguém determina a vacuidade em termos de tal inexistência, essa pessoa não precisa determinar que as experiências de alegria e tristeza e de se mover de um lugar para outro dentro dos reinos do mundo fenomênico também não existem? Mestre, explique, por favor!".

Ele respondeu: "Ó Faculdade das Aparências, ao longo de vidas sem princípio, tal grandioso ser nunca revolveu pelos três reinos do saṃsāra. Embora

> possa ter viajado bastante de uma região para outra, ele não existe. Seus olhos não veem o menor vestígio de forma. Seus ouvidos nunca ouviram nem mesmo o som de um eco, nem seu nariz detectou odores, nem sua língua experienciou sabores, ou o seu corpo percebeu sensações táteis. Ele nunca deu sequer um único passo nos três reinos do saṃsāra. Ele nunca exerceu o menor esforço para ganhar a vida. Ele não se senta ou se levanta, nem nunca move nenhum de seus membros. Tenha certeza de que ele nunca esteve sujeito às experiências de nascimento, juventude, idade adulta, velhice, doença, morte, e assim por diante".

Isso é uma terapia de choque ontológica, como acordar alguém que está sofrendo com um pesadelo: "O que você está sentindo não é real. Acorde!".

Da perspectiva da lucidez prístina do Mestre – como alguém que está acordado dentro de um sonho –, nenhuma pessoa verdadeiramente existente jamais transmigrou de uma vida para outra. As formas e os olhos dos sonhos são igualmente inexistentes, assim como todos os outros objetos e faculdades dos sentidos. Da perspectiva de quem despertou, todas as pessoas, percepções, ações e experiências no sonho nunca ocorreram, assim como na perspectiva de Samantabhadra os seres sencientes nunca realmente existiram.

> Novamente, Faculdade das Aparências perguntou: "Ó Mestre, Bhagavān, eu ainda posso certamente determinar esta delusão sem princípio e sem fim, e certamente há muitas migrações no saṃsāra".

O Sutra do Coração diz que, da perspectiva da realização da vacuidade, não há forma, nem sensação e nem consciência, mas aqui Faculdade das Aparências reafirma a perspectiva que lhe é familiar. Todos esses fenômenos certamente existem, e estamos obviamente vagando no saṃsāra.

> "Além disso, os países são vistos com os olhos, sons e vozes são escutados com os ouvidos, vários odores são detectados com o nariz, e as coisas que são experienciadas como objetos táteis também são vistas diretamente com os olhos. Em última análi-

se, as coisas são apanhadas pelas mãos, comidas e saboreadas. Todas as sensações táteis suaves e ásperas são experienciadas com o corpo. Nós de fato nos movemos sobre o chão com as nossas pernas, e os fenômenos de nascimento, envelhecimento, doença e morte são incontestáveis. Além do mais, as pessoas realmente tentam ganhar a vida deslocando-se e fazendo esforços. Por que você diz que elas não existem? Mestre, explique, por favor!"

Observe que alguém em um sonho não-lúcido compartilharia essas mesmas observações sobre os fenômenos do sonho, igualmente certo de que tais fenômenos são reais.

Ele respondeu: "Ó Faculdade das Aparências, você não viaja de uma região em um sonho para outro lugar no estado de vigília. Em vez disso, as aparências simplesmente se deslocam, por assim dizer. Embora você possa ter visto um país em um sonho, ao procurar por ele hoje, não há qualquer vestígio para ser visto. Embora vários sons e vozes, cheiros, sabores e diferentes tipos de sensações táteis possam ter surgido no sonho, se procurar por eles hoje, descobrirá que os ouvidos escutam seus próprios sons, o nariz detecta seus próprios odores e a língua experimenta seus próprios sabores, além dos quais você nunca comeu uma única porção de comida".

Seja no estado de sonho ou no estado de vigília, todas as sensações que você percebe surgem apenas do seu próprio substrato. Elas não surgem de alguma realidade separada e inerentemente existente. Todos os fenômenos aparentes são suas próprias percepções.

"Embora você sonhe que viaja por um país a pé, você nunca deu um único passo."

Imagine empreender uma jornada muito longa dentro de um sonho não-lúcido, arrastando seus pés com o corpo dolorido de exaustão. Do ponto de vista de quem está lúcido, não há jornada realizada, nem esforço e nem viajante. Essas são todas aparências vazias, como assistir a um filme em 3D e imaginar que você está viajando para outro país.

> "Embora possa parecer que você se esforçou de várias maneiras para ganhar a vida em um sonho, observando sua situação hoje, verá que não trabalhou nem mesmo por um instante."

Não importa o quão exaustivo tenha sido o seu dia cortando madeira em um sonho, quando você acorda, percebe que todo o trabalho foi ilusório. Você não realizou nada. Seu próprio corpo era apenas outra ilusão. Você não estava realmente lá.

> "Da mesma forma, todas as aparências de nascimento, envelhecimento, doença, morte, caminhar, sentar-se e mover-se são inexistentes. A partir do momento em que essas aparências delusórias surgem, observe como elas são não-objetivas, sem fixações, sem base, nunca ocorrendo e não-nascidas."

Aqui estão as instruções vipaśyanā mais importantes. Por que as aparências são chamadas de *delusórias*? Elas nos enganam, como um vigarista que nos leva a acreditar em uma mentira. Elas são enganosas, não existem como parecem existir. As aparências parecem igualmente tangíveis e reais tanto nos estados de vigília quanto no sonho, mas não são. Examine-as atentamente. Não as tome pelo que parecem ser. As aparências não são objetivamente reais. Elas não estão realmente localizadas em lugar algum. Elas não surgem de alguma base ou fundação verdadeiramente existente. Elas nunca ocorrem e nunca nascem.

Um treinamento muito eficaz de vipaśyanā é adquirir experiência no sonho lúcido. Embora você saiba com certeza que está sonhando, as aparências ainda assim parecem estar lá, realmente existentes, com suas próprias identidades inerentes. Como você pode perceber experiencialmente que, embora os fenômenos surjam, eles não existem como parecem existir? Não apenas praticando vipaśyanā em seus sonhos, assim como um bebê de um ano de idade tentando aprender sobre o mundo ponderando sobre o berço. As crianças aprendem pela exploração interativa do mundo. Testemunhei a descoberta do fogo feita pelo meu neto, sob a forma de uma pequena vela no meu altar, que ele descobriu ser quente!

Ao tornar-se lúcido em um sonho, você deve explorar ativamente essas aparências ilusórias e enganosas, em vez de tomá-las pelo que parecem ser. Se você deseja voar, você pode. Seu corpo não é físico, então você pode simplesmente imaginá-lo como um corpo voador. Com um pouco de prática, você pode atravessar paredes. Algumas pessoas precisam correr através da parede primeiro, ou ir de costas, mas depois que você pega o jeito é fácil. Você pode transformar seu corpo de homem em mulher, adulto em criança, e humano em animal, transformando-se no que quiser.

Com mais experiência, você descobre que não há limites para o que pode fazer em um sonho lúcido. Você sabe com certeza que todas as aparências são maleáveis, insubstanciais e irreais. O sonho é um microcosmo, no qual você compreendeu um aspecto limitado da vacuidade. Quando você se torna especialista nisso, será completamente destemido em seus sonhos. A yoga dos sonhos desencadeará seus pesadelos mais temidos. Mas, quando eles vierem, você saberá que pode transformá-los da maneira que escolher, ou simplesmente voar para longe. Por fim, você perceberá que não há para onde voar; portanto, quando surgir o seu pior pesadelo, simplesmente relaxe: "Vá em frente, dê o seu melhor, porque nada aqui pode me causar mal". Sua invulnerabilidade não se deve a uma armadura protetora, mas ao fato de que você parou de reificar seu corpo, mente e tudo o mais no sonho. Nessa matriz de aparências vazias – uma aparência imaginária atacando outra – não há como se machucar. Isso é vipaśyanā.

> "Assim como esses exemplos, todos os fenômenos são meras aparências – são vazios e não estabelecidos como sendo reais."

Os ensinamentos Mahāyāna afirmam que um āryabodisatva, com realização direta da vacuidade, pode dar partes de seu próprio corpo para satisfazer as necessidades dos outros, tão facilmente quanto nós podemos oferecer uma verdura. Meu próprio lama, o Ven. Gyatrul Rinpoche, me disse que durante a Revolução Cultural um lama tibetano muito realizado foi capturado pelos comunistas. Eles queriam subjugá-lo, fazendo dele um exemplo, e provar seu poder sobre os tibetanos. Ele foi torturado, pregado na parede e ordenado a renunciar ao Buda. Ele se recusou. Os discípulos do lama ficaram arrasados assistindo à sua tortura e humilhação, e imploraram que ele simplesmente pronunciasse as palavras que o libertariam. "De qualquer maneira, ninguém acreditará", diziam eles. Ele simplesmente sorriu em resposta ao pedido deles, dizendo: "Como posso renunciar ao Buda sendo que eu sou um buda?". Para ele, não havia sofrimento em um corpo ilusório pregado em uma parede ilusória. Esse sonho acabou. Ele morreu na prisão.

Outro dos meus amados lamas, um velho amigo de Gyatrul Rinpoche que faleceu recentemente, o Ven. Yangthang Rinpoche, foi mantido em um campo de concentração por dezoito anos, apenas por ser um grande lama. Como os outros monges e monjas, ele estava sempre passando muita fome. Foi relatado que ele utilizava seu poder de samādhi para manifestar alimento para seus colegas de cela. Ele aparecia do lado de fora dos muros da prisão, obrigando os guardas a saírem correndo para capturá-lo e trazê-lo de volta; e no dia seguinte ele repetia o jogo. Eu o ouvi dizer que ele experienciava uma felicidade maior na prisão do que a maioria das pessoas não confinadas jamais experienciou. Tais realizações surgem por meio das práticas de shamatha, vipaśyanā e Dzogchen.

> Faculdade das Aparências contestou: "Os sonhos não são como os fenômenos no estado de vigília. Os sonhos parecem ser aparências delusórias, enquanto os fenômenos no estado de vigília parecem ser verdadeiramente existentes, estáveis e incapazes de serem influenciados pela mente. Então, como é isso? Mestre, explique, por favor!".

Como uma faculdade da mente de Düdjom Lingpa, Faculdade das Aparências afirma o que instintivamente assumimos ser verdadeiro – os sonhos são delusórios, enquanto no estado de vigília testemunhamos uma realidade verdadeiramente existente, independente de nossas mentes. Os sonhos são repletos de inconsistências lógicas, descontinuidades e puras impossibilidades, eles são claramente ilusórios. O universo físico real, por outro lado, obedece às leis da natureza.

De fato, essas anomalias são fundamentais para se tornar lúcido em um sonho. Um aspecto crucial do sonho lúcido e da yoga dos sonhos é desenvolver um tipo de atenção plena chamado memória prospectiva. Treinamos para notar qualquer coisa estranha, sob todas as circunstâncias. Adotamos então uma atitude crítico-reflexiva, sempre que encontramos algum tipo de anomalia durante o dia e a noite, e perguntamos: "Isso é estranho, ou não é? É possível que eu esteja sonhando agora?". Realizamos em seguida o que é conhecido como verificação da realidade. Aqui estão três dessas verificações: (1) Salte para o alto – se você flutuar suavemente, é um sonho. (2) Aperte o nariz e feche a boca – se você ainda conseguir respirar, é um sonho. (3) Leia algo, ponha de lado e leia novamente – se as palavras mudarem, é um sonho.

Como em qualquer habilidade, a capacidade de ter sonhos lúcidos varia muito. Algumas pessoas são talentosas, e essa habilidade é natural para elas, sem treinamento. Mas, como a maioria das habilidades, qualquer pessoa pode ter alguma experiência em se tornar lúcido em um sonho se persistir em práticas eficazes para despertar essa lucidez. Se você geralmente não consegue se lembrar dos seus sonhos, mesmo que tenha um sonho lúcido, provavelmente não se lembrará disso quando acordar. Portanto, desenvolva a capacidade de se lembrar dos sonhos, que também envolve a memória prospectiva. Adormeça com esta forte resolução: "Hoje à noite eu certamente terei sonhos e me lembrarei deles quando acordar". Aqui está uma segunda resolução importante: "Quando eu acordar pela manhã, permanecerei completamente imóvel, sem abrir os olhos e sem me mover". E então, quando começar a despertar, tente se lembrar exatamente de onde estava no sonho e veja se consegue retornar a ele. Pode acontecer de você voltar ao sonho mantendo a lucidez. Mas, mesmo que isso não aconteça, continue tentando relembrar a sequência dos seus sonhos. Manter um diário dos sonhos é muito útil para desenvolver o hábito de recordar os sonhos. Com uma atitude crítico-reflexiva, realize verificações da realidade ao longo do dia. Mais cedo ou mais tarde, esse hábito penetrará nos seus sonhos. Sempre que vir algo estranho, faça uma verificação da realidade e veja se está sonhando.

> Ele respondeu: "Ó Faculdade das Aparências, desde o momento em que esse seu corpo surgiu pela primeira vez até o momento em que relembra as aparências, tem havido todos os tipos de aparências do estado de vigília, como trabalhar, encontrar um emprego, adquirir coisas, esforçar-se e perceber objetos sensoriais. Onde estão todas elas agora? Quais objetivos e tarefas foram cumpridos?"

Quão substanciais são todas as memórias que você guarda de suas experiências? As lembranças dos sonhos e as lembranças das experiências de vigília são diferentes ou iguais? Os ensinamentos a respeito da renúncia são uma descoberta central de tais investigações. No final de sua vida, existe realmente alguma diferença entre as lembranças da sua vida e as lembranças de um sonho?

> "Identifique o que é realmente existente! Da mesma forma, examine as formas como elas são e não são comparáveis às aparências no sonho. Veja se existem ou não diferenças entre as duas em termos de duração e quantidade."

Se algo fosse realmente existente, seria durável e imutável ao longo do tempo. As aparências de sonho e da vigília, por outro lado, são efêmeras e não são tão diferentes como habitualmente assumimos. Às vezes, temos sonhos nos quais parece ter passado muito tempo ou em que inúmeras experiências bem detalhadas se seguiram umas após as outras. Existe algo na vida dos sonhos necessariamente mais curto ou menos complexo do que no estado de vigília?

> "Não há como distinguir entre saṃsāra e nirvāṇa a não ser pela presença e ausência de delusão."

Tenha em mente que nirvāṇa é equivalente a vacuidade e a dharmadhātu. Quem realiza o nirvāṇa vê a realidade como ela é. Quem está aprisionado no saṃsāra está vivendo em condições muito semelhantes a um sonho não-lúcido; até mesmo enquanto desfruta das melhores circunstâncias da vida, está fundamentalmente deludido.

> "Se você tomar os sonhos como delusórios e irreais, e as aparências do estado de vigília como sendo não-delusórias e reais, você acha que é um buda não-deludido durante o dia e um ser senciente deludido enquanto está sonhando?"

Esta é uma suposição bastante disseminada. Muitas pessoas assumem que no estado de vigília a realidade é percebida como ela é. Os sonhos, por outro lado, são descartados como delusões de uma mente confusa. Muitas pessoas acreditam que "normal" é o melhor que se pode ser. Até o recente surgimento da psicologia positiva, as possibilidades de desenvolver habilidades excepcionais relacionadas à atenção, compaixão, empatia, presença mental e sonhos lúcidos não eram um foco de interesse científico. Desde que você seja normal, assume-se que suas percepções do mundo são geralmente válidas. Mesmo quando os cientistas estudam meditadores avançados, parece haver pouca apreciação pelos insights extraordinários que esses adeptos obtiveram com seu treinamento contemplativo, muitos dos quais desafiam os próprios fundamentos da psicologia moderna. Em vez disso, seu comportamento, escaneamentos cerebrais e respostas a questionários são analisados e traduzidos em dados "objetivos" exigidos pelos estudos científicos. Na maioria das pesquisas sobre meditação realizadas até o momento, os meditadores são tratados como sujeitos da experimentação e não como parceiros experimentais em uma busca conjunta por conhecimento. Até agora, os cientistas demonstraram pouco interesse em entender as estruturas conceituais, os métodos observacionais e os resultados que foram desenvolvidos e praticados pelos contemplativos ao longo de milênios. Mas a mudança está no ar.

> "Se assim fosse, saṃsāra e nirvāṇa trocariam de lugar em um único dia, e então certamente não haveria esperança para nenhum deles."

Se fosse esse o caso, você experienciaria o nirvāṇa durante o dia e saṃsāra à noite, alternando incontrolavelmente, sem esperança de escapar do ciclo.

> "Por outro lado, se você pensa que ambos são delusórios, mas que há verdade e falsidade dentro de cada delusão, não há razão para fazer distinções entre as aparências delusórias."

Talvez você imagine que as aparências nos sonhos sejam relativamente mais delusórias, e as aparências diurnas menos delusórias; mas, se todas as aparências são misturas de verdade e falsidade, elas não são realmente diferentes.

> "Aparências delusórias são assim designadas porque algo que não é de determinada maneira é tomado como sendo de tal maneira. Em seus sonhos você pensa: 'Este é um sonho e isto é delusório', sem fazer qualquer distinção entre verdade e falsidade?"

No contexto do sonho, você pode fazer observações corretas ou incorretas. Da mesma forma, no contexto da experiência no estado de vigília, você pode fazer observações válidas e formar conclusões lógicas ou inválidas e ilógicas. Isso é verdadeiro até mesmo na ciência, que geralmente assume que existe um mundo real e que, portanto, a tarefa do cientista é representar essa verdade preexistente com teorias e dados. Mas os sistemas de medição empregados podem ser exatos ou distorcidos, precisos ou irreprodutíveis. A coleta e análise de dados podem ser rigorosas ou desleixadas. Consequentemente, os resultados podem ser válidos ou não. Como podemos validar nossas observações?

De acordo com a visão Madhyamaka, se nossas percepções não podem ser validadas com referência a uma realidade objetiva que existe por si só, como podemos determinar se nossas observações são válidas ou não? O mestre tibetano Tsongkhapa propôs três critérios para estabelecer a existência convencional de fenômenos enganosos:

> Como se determina se algo existe convencionalmente? Afirmamos que algo existe convencionalmente: (1) se é conhecido por uma consciência convencional; (2) se nenhuma outra cognição válida convencional contradiz sua existênca tal como é conhecida; e (3) se a razão que analisa a realidade com precisão – isto é, analisa se algo existe intrinsecamente – não a contradiz. Sustentamos que aquilo que não atende a esses três critérios não existe.[212]

Sua Santidade o Dalai Lama comentou que esses três critérios para a existência podem ser entendidos da seguinte forma: (1) Algo é conhecido pelas convenções mundanas (isto é, primeiramente, há concordância quanto à sua existência em um sentido comum). (2) O fenômeno conhecido não deve ser invalidado por nenhuma outra cognição válida, que pode incluir suas próprias cognições subsequentes. Por exemplo, você pode perceber algo e pensar que é esse o caso, mas sua percepção subsequente do fenômeno pode, em última análise, invalidá-lo como uma percepção falsa. Da mesma forma, ele poderia ser invalidado por cognições válidas de uma terceira pessoa. (3) O fenômeno conhecido não deve ser invalidado pela análise definitiva.[213]

Quanto ao segundo critério de existência, desde o início da revolução científica, como vimos, a civilização eurocêntrica se concentrou principalmente em melhorar os métodos científicos de terceira pessoa para melhorar a cognição válida com o progresso da tecnologia e do raciocínio científico, e quase não deu atenção à melhoria dos modos de percepção em primeira pessoa, incluindo a introspecção. Como resultado, praticamente todo o progresso na compreensão do mundo natural limitou-se às investigações em terceira pessoa de fenômenos objetivos, físicos e quantificáveis, excluindo todos os fenômenos subjetivos, não-físicos e qualitativos. Isso produziu uma compreensão profundamente desequilibrada da realidade como um todo, na qual a experiência subjetiva tem sido marginalizada ou excluída da compreensão que temos do universo.

O que é necessário é uma disciplina rigorosa para examinar e explorar a na-

---

212 Tsongkhapa, *The great treatise on the stages of the path to enlightenment* (Lam rim chen mo), vol. 3, trad. The Lamrim Chenmo Translation Committee (Ithaca, NY: Snow Lion Publications, 2002), 178.
213 His Holiness the Dalai Lama, "Teachings on Lam-rim Chen-mo". http://www.lamayeshe.com/article/chapter/day-six-a ernoon-session-july-15-2008.

tureza, as origens e os potenciais da mente por meio de observação direta refinada e sofisticada, que tem sido a marca do empirismo em todos os outros ramos da ciência. Como observado anteriormente, William James abraçou esse ideal quando declarou que, para o estudo científico da mente, é na observação introspectiva que devemos confiar, antes de tudo, e sempre. Mas a natureza subjetiva dessa investigação em primeira pessoa – em contraste com a perspectiva objetiva em terceira pessoa de todos os outros ramos da ciência – foi um obstáculo para as ciências da mente no século passado. Os três critérios de Tsongkhapa para determinar se uma observação de qualquer tipo é válida são extremamente relevantes aqui, juntamente com a afirmação de James de que é possível obter um consenso intersubjetivo com relação a descobertas introspectivas sobre a mente, sendo que o consenso final pode ser alcançado por meio de um processo de "visões posteriores que corrigem as anteriores, até que finalmente seja alcançada a harmonia de um sistema consistente".[214]

Embora os tremendos sucessos das ciências naturais tenham sido baseados em observações objetivas em terceira pessoa, as descobertas na matemática, o fundamento lógico da ciência, são – como descobertas feitas por meio de investigações introspectivas e contemplativas – baseadas em investigações subjetivas em primeira pessoa. Os matemáticos avaliam, verificam e refutam as descobertas um do outro por meio de investigação intersubjetiva: eles não tentam validá-las em relação a alguma realidade objetiva e independente.

Um excelente exemplo dessa verificação consensual e intersubjetiva ocorreu com a recente descoberta de uma prova para o Último Teorema de Fermat. Pierre de Fermat (1607–1665), um dos maiores matemáticos do mundo, alegou ter provado que a equação (an + bn = cn) não possui soluções numéricas inteiras quando 'n' é maior que 2, mas sua prova nunca havia sido encontrada. Gerações posteriores de matemáticos tentaram e falharam em demonstrar uma prova geral, razão pela qual ficou conhecido como o Último Teorema de Fermat, ou seja, o último a ser provado. Ele foi quase universalmente considerado pelos matemáticos contemporâneos como praticamente impossível de ser provado.

Andrew Wiles encontrou o Último Teorema pela primeira vez aos dez anos de idade e passou os trinta anos seguintes trabalhando no problema. Quando ele finalmente descobriu uma possível estratégia para uma prova, trabalhou em segredo por sete anos antes de revelá-la. Wiles anunciou sua prova em 23 de junho de 1993, em uma palestra em Cambridge intitulada "Curvas elípticas e representações de Galois". Em setembro de 1993, o matemático de Princeton, Nick Katz, foi apontado como um dos árbitros para revisar o manuscrito de

---

214 James, *Principles of psychology*, 1: 191–92.

Wiles. No decorrer de sua revisão, ele fez a Wiles uma série de perguntas elucidativas que o levaram a reconhecer que sua prova apresentava uma omissão crítica. Um ano depois, em 19 de setembro de 1994, Wiles teve uma revelação que ele chamaria de "o momento mais importante de sua vida profissional, tão indescritivelmente belo... tão simples e tão elegante", e esse insight lhe permitiu corrigir a prova, para a satisfação da comunidade matemática.[215] A prova resultante, com mais de 150 páginas, foi publicada em maio de 1995. O sucesso de Wiles foi uma conquista tão importante que resultou em prêmios, incluindo o Prêmio Internacional King Faisal (£140.000), o Prêmio Wolf (£70.000), um título de cavaleiro e o Prêmio Abel de 2016 (£500.000).[216]

Este exemplo histórico de repúdio e verificação intersubjetivos ilustra o argumento de William James de que apenas um consenso posterior, baseado no refinamento de visões anteriores, pode servir de proteção contra a dificuldade inerente e a falibilidade da observação introspectiva. Quando a comunidade científica reconhecer completamente a validade dessa abordagem para a investigação contemplativa em primeira pessoa sobre a natureza, origens e potenciais da mente, a ciência contemplativa poderá ser plenamente aceita no contexto das ciências naturais como um todo. As implicações da inclusão do empirismo em primeira pessoa nas ciências naturais são vastas. Como James declarou: "Deixem que o empirismo se associe à religião, pois até agora, devido a algum estranho mal-entendido, ele tem sido associado à irreligião, e eu acredito que uma nova era da religião e da filosofia estará pronta para começar... Acredito plenamente que esse empirismo seja um aliado mais natural do que a dialética jamais foi, ou poderá ser, da vida religiosa".[217]

Investigando as Aparências

Por mais difícil que possa parecer obter confirmação e consenso sobre a natureza de fenômenos subjetivos e não-físicos como mente, percepção e consciência, isso não é impossível. Se desejamos fazer um progresso nesse campo, comparável aos grandes avanços alcançados nas outras ciências naturais, devemos seguir a orientação dessas outras disciplinas observando diretamente os fenômenos – neste caso, os fenômenos mentais – que procuramos entender. Não podemos

---

215 "Wile's proof of Fermat's Last Theorem", https://en.wikipedia.org/wiki/Wiles%27s_proof_of_Fermat%27s_Last_Theorem.
216 Veja Simon Singh, *Fermat's Last Theorem: the story of a riddle that confounded the world's greatest minds for 358 years* (Londres: Fourth Estate, 1997). Este foi o primeiro livro sobre matemáticos a se tornar o número 1 em vendas.
217 James, *A pluralistic universe*, 142.

sucumbir ao dogma materialista que o deslegitima – recusando-nos a olhar através do telescópio da mente.

Ao determinar a validade das aparências do sonho e do estado de vigília, o Mestre afirma que não podemos simplesmente descartar os sonhos como delusórios enquanto reificamos os fenômenos de vigília como realmente existentes – pois a observação efetiva os revela como sendo equivalentes a autoenganos.

> "Será que não há ódio pelos seus inimigos, apego por seus amigos, esperança por coisas boas, ou medo de coisas ruins? Ao contrário, se você se fixar e se apegar à realidade de bom e ruim, alegria e tristeza, e a todos os objetos sensoriais durante o estado de vigília, e fizer o mesmo com as aparências do sonho, como se fossem aparências do estado de vigília, então estará enganando a si mesmo. Exposto a aparências e estados mentais enganosos, você se apega à realidade deles e engana a si mesmo. Examine como isso acontece!"

A verdade é que quase sempre deixamos de questionar a realidade das aparências nos estados de sonho e de vigília. Nos dois casos enganamos a nós mesmos reificando outras pessoas, alegrias, tristezas e todos os fenômenos, juntamente com nós mesmos. Nossos amigos, inimigos, esperanças e medos nos sonhos são bem diferentes daqueles na experiência de vigília, mas não notamos essas inconsistências. Ao nos apegarmos à realidade das aparências efêmeras, nós nos iludimos e continuamos girando infinitamente no saṃsāra.

Agora deveria estar claro que vipaśyanā não é uma prática de simplesmente observar com atenção desnuda, mas de investigar profundamente a natureza das aparências e sua correspondência – ou falta de correspondência – com a realidade.

> "Ó Faculdade das Aparências, as aparências de mover-se em todas as diferentes direções surgem devido ao poder da conceituação. Das meras aparências de dar um passo após o outro, várias imagens indeterminadas de forma, e assim por diante, emergem do espaço da consciência e ao mesmo tempo [outras] desaparecem de volta no espaço da consciência."

Tanto no estado de sonho como de vigília, o poder da conceituação cria a estrutura para todas as experiências. Nos dois casos, quando você experiencia a mudança de um lugar para outro, suas percepções incluem formas e outros objetos sensoriais que surgem para a consciência e depois desaparecem, e isso é interpretado como uma viagem. Mas, da perspectiva do estado de vigília, não há movimento real no sonho. E da perspectiva da vacuidade, também não há movimento real no estado de vigília.

> "Com relação a montanhas e vales, casas, posses e tudo o mais – o que previamente surgiu desaparece com o surgimento do que vem depois, mas você não chega ao subsequente deixando o anterior para trás em algum lugar."

Essas aparências anteriores nunca foram realmente existentes. Elas não estavam lá antes de você aparecer e não permanecerão depois que se for. Mas nos agarramos a elas, imaginando que todas as aparências em constante mudança que percebemos como se estivessem passando são fenômenos verdadeiramente existentes. De fato, todas as aparências surgem e depois se dissolvem novamente no substrato, durante os estados de sonho e de vigília.

> "Saiba que, simplesmente abrindo e fechando os olhos, todas as aparências se dissolvem no espaço da consciência e as subsequentes emergem."

Como mencionado anteriormente, cada ser senciente permanece no centro de seu mundo único, ou maṇḍala. Se você seguisse o caminho budista através de todos os estágios de realização, ou terras (sâns. *bhūmi*), estaria muito próximo da condição de buda como um āryabodisatva na décima terra. Não importa em que lugar os outros possam pensar que você está – da sua própria perspectiva, sua localização seria a mais elevada terra pura de Akaniṣṭha. Esse é o centro da sua maṇḍala.

Em um sonho há apenas uma maṇḍala, com um centro e um ser sonhando. Não há outros observadores. Uma pessoa em um sonho lúcido pode fechar os olhos, fazendo com que o sonho colapse e todos na paisagem do sonho desapareçam; ainda assim ninguém é ferido, porque tudo é uma criação do seu substrato. Ao acordar, compartilhamos experiências e carma, faculdades sensoriais semelhantes e estruturas conceituais comuns. Permanecemos no centro de nossas próprias maṇḍalas, que se sobrepõem e interagem com as maṇḍalas de outras pessoas. Quando fechamos os olhos, outros participantes continuam a enxergar de suas próprias perspectivas. Mas ninguém olha e percebe um mundo verdadeiramente existente.

> Faculdade das Aparências respondeu: "Acho que esses fenômenos que aparecem aqui não são nada além de todas as pessoas, lugares e regiões que já estavam presentes, e, além disso, eles aparecem para as faculdades sensoriais. Eu não acho que os posteriores surgiram após os anteriores terem desaparecido no espaço da consciência. A forma como todos os fenômenos que surgem existem e a forma como se manifestam, invariavelmente, parecem ter um só sabor. Mas como eles existem? Mestre, explique, por favor!"

Os psicólogos se referem à permanência dos objetos como a compreensão de que os objetos continuam a existir mesmo quando não podem ser observados. O psicólogo suíço da corrente do desenvolvimento Jean Piaget (1896–1980) foi o primeiro a estudar o desenvolvimento dessa compreensão em bebês humanos, cujo comportamento em tenra idade é consistente com "fora do campo de visão, fora da mente". Por volta dos dois anos de idade, eles desenvolvem a consciência de que os objetos continuam existindo mesmo quando ocultos. Piaget sustentava que essa capacidade é um estágio essencial do desenvolvimento humano. Estudos subsequentes demonstraram o desenvolvimento da permanência dos objetos em muitos outros animais. A crença de que todos os objetos que percebemos são realmente existentes e independentes de nós é profundamente arraigada. Faculdade das Aparências expressou tenazmente essa crença de que tudo existe exatamente como aparece.

> Ele respondeu: "Ó Faculdade das Aparências, não é dessa forma. Você acredita que o arco-íris que apareceu no céu antes e o que aparece hoje são idênticos? Você acha que as nuvens, névoa, trovão, chuva e vento que ocorreram no céu anteriormente são os mesmos que acontecem hoje? Você acredita que as aparências do seu corpo e de todos os objetos sensoriais em um sonho são idênticas àquelas do estado de vigília? Se pensa assim, examine onde todos eles estão quando não estão

> aparecendo. Não haveria a menor diferença em termos de como a forma, dimensão, cor de qualquer um deles existe".

Todos os fenômenos, seja no estado de sonho ou de vigília, têm precisamente o mesmo status ontológico: são aparências vazias que surgem para a consciência. Essa natureza não é fácil de reconhecer porque estamos muito acostumados à ideia da permanência dos objetos. Se não reificássemos os fenômenos tão instintivamente, todos realizariam prontamente a verdade da vacuidade. Em vipaśyanā somos desafiados a encontrar os atributos dos objetos que existem quando ninguém está olhando. Mas suas formas, cores, cheiros, sons e todas as outras características percebidas surgem apenas na dependência das nossas faculdades sensoriais. Tais percepções, ou qualia, não existem independentemente daquele que as percebe. Não obstante, assumimos instintivamente que deve haver um portador de atributos real externo que corresponda às nossas percepções internas. Precisamos realizar que nada existe por si só – enquanto evitamos simultaneamente o extremo do niilismo, a falsa conclusão de que nada existe.

> "Você acredita que as pessoas e os animais que aparecem no estado de vigília são idênticos e, portanto, de nenhuma maneira diferentes daqueles em um sonho? Se você acha que eles são os mesmos, você deveria reconhecer os sinais óbvios de sua desigualdade. Por exemplo, no estado de vigília as pessoas podem parecer estar doentes, ser atingidas por armas e perecer, mas não no estado de sonho; e as várias aparências – terras sendo destruídas, montanhas desmoronando – também são diferentes."

Muitos anos atrás, Steven LaBerge e eu conduzimos uma oficina sobre sonhos lúcidos e yoga dos sonhos, na qual isso ficou muito claro. Uma participante que usava cadeira de rodas e sentia dores contínuas e debilitantes conseguia ter sonhos lúcidos à vontade. Ela era tão hábil em mudar de forma que podia adotar praticamente qualquer uma que desejasse. Em um sonho lúcido que compartilhou conosco, ela se transformou em um disco fonográfico. Quando girar infinitamente se tornou chato, ela se transformou em uma borboleta e voou para longe, uma metamorfose do sofrimento para a libertação. Suas aparências de vigília eram de constante sofrimento, mas em seus sonhos ela via essa realidade ilusória como ela é, e era livre.

> "Você está deludido ao considerar permanentes todos os fenômenos não-existentes e não-estabelecidos que surgem."

Considerar os fenômenos como permanentes significa reificá-los. Em um sonho não-lúcido consideramos as aparências como sendo reais, sujeitando-nos a muito sofrimento desnecessário. Da mesma forma, consideramos as aparências de vigília como fenômenos reais. Nos dois casos estamos fundamentalmente deludidos sobre a natureza das aparências, e o resultado de sofrimento é o mesmo.

> "Na realidade, eles são não-estabelecidos, impermanentes e mutáveis; e, desde o momento em que meramente aparecem, são vazios e sem existência objetiva. Conhecer esse estado é a quintessência de todos os tantras, transmissões orais e instruções essenciais. Assim, entenda isso!"

As sementes dos ensinamentos sobre a vacuidade podem ser claramente encontradas no cânone pāli, embora ainda não tivessem florescido nos elaborados jardins do Mahāyāna. Dentro do cânone pāli, o Buda simplesmente se refere aos fenômenos como "sem sinais", o que significa que eles não têm características intrínsecas. No entanto, a vacuidade dos fenômenos é um fio comum que percorre todos os veículos budistas, incluindo o Dzogchen. Se a vacuidade da natureza inerente é uma verdade invariável, então, quanto mais rigorosamente investigarmos e penetrarmos os fenômenos, usando as habilidades de atenção refinadas e inteligência aguda, mais claro isso deveria se tornar.

Entre todas as ciências naturais, que geralmente se concentram no mundo externo, a que possui as ideias mais avançadas sobre a natureza da matéria e da energia é a física. E, dentro da física, a disciplina que penetra mais profundamente na natureza dos constituintes físicos do mundo é a mecânica quântica. É aqui, na vanguarda da ciência, que os ensinamentos budistas sobre a vacuidade parecem ressoar mais profundamente com as descobertas físicas no mundo externo. Se sondarmos profundamente o suficiente externamente, descobriremos que os fenômenos são vazios de qualquer realidade objetiva e independente. Mas os cientistas não concordaram com respeito a nenhuma teoria da consciência.

Dentro do budismo tibetano, particularmente no Mahāmudrā e Dzogchen, encontramos investigações profundamente incisivas sobre a natureza da mente e da consciência. Como resultado de uma investigação fenomenológica tão persistente, verifica-se que estas também são vazias de existência inerente. Mas o budismo não tem uma teoria sobre o mundo externo correspondente à da física moderna. Pela primeira vez na história temos a oportunidade de ver o mundo através dessas duas lentes sobre a realidade. Vendo representações científicas e budistas da vacuidade com essa visão binocular, talvez possamos fundi-las em uma teoria tridimensional da realidade.

Não acredito que precisemos da ciência para nos tornarmos iluminados, pois os ensinamentos budistas têm realizado esse trabalho por milênios sem a ciência. Também é fato que as maiores descobertas feitas pelos contemplativos budistas não podem ser comprovadas com evidências físicas públicas. Podemos ler sobre elas e ter fé, mas não há nada que leve a pessoa comum a aceitá-las como verdadeiras.

Há um vídeo documentário extraordinário chamado *The yogis of Tibet* (Iogues do Tibete), no qual um iogue altamente realizado, Drubwang Konchok Norbu Rinpoche (1921–2007), discute sua prática meditativa com rara sinceridade. Ele disse: "Quando medito, posso ver todas as minhas vidas anteriores", e "embora eu pareça uma pessoa humana externamente, meu estado mental é muito diferente"[218]. A maioria dos lamas não é tão franca, eles geralmente relutam em falar publicamente sobre qualquer de suas realizações. As confissões desse lama altamente realizado em um filme popular precipitaram alguma revolução na psicologia moderna? Não, nem uma pequena onda.

Por outro lado, quando os físicos anunciaram recentemente sua descoberta do bóson de Higgs, houve um tsunami de cobertura da mídia e interesse público. A diferença é que as evidências físicas dos físicos foram revisadas e documentadas por pares, produzindo conhecimento científico e consensual, embora quase nenhum cientista pudesse realmente entendê-lo. As descobertas do iogue constituem um conhecimento privado de realidades não-físicas. Mas, se algo é verdadeiro e tem grandes implicações para a humanidade, deveria ser conhecido por tantas pessoas quanto possível. Compreender a natureza da consciência substrato, da consciência primordial e da vacuidade é muito importante para ser mantido em sigilo. O dano infligido pela ideologia materialista é tão sério que precisamos mais do que críticas – precisamos de um antídoto. O antídoto universal para nossa compreensão errônea fundamental da realidade é a realização da vacuidade.

---

218 *The yogis of Tibet: a film for posterity*, dir. Jeffrey M. Pill (JEHM Films, 2002). Essa entrevista começa na marca dos 35 minutos.

O Sentido de Realizar a Vacuidade dos Fenômenos

Por que devemos nos esforçar tão diligentemente para realizar a vacuidade de todos os fenômenos, a verdade de que são destituídos de existência inerente? Podemos ficar tentados a concluir que a vacuidade é uma preocupação abstrata de interesse apenas dos filósofos. Nosso hábito de reificação realmente importa na vida cotidiana?

Aqui está uma dica muito prática. Sempre que uma aflição mental surge, seja ela direcionada a outra pessoa ou a um objeto inanimado, a afirmação budista é de que a reificação foi acionada. Sem ela, nenhuma aflição mental se manifesta. Ao reificar um objeto, você se fixa a ele mentalmente e o separa de tudo o que não é o objeto. Cortando conexões e ignorando as dependências, você designa seu objeto como uma entidade distinta e independente. Isso se torna mais óbvio quando outra pessoa está envolvida, e quando a aflição é de raiva ou desejo. Podemos perceber uma pessoa como um criminoso perverso ou um amigo amoroso, mas o que exatamente constitui essa pessoa objetificada? Um corpo ou uma mente? Permanente ou impermanente? Surgindo na dependência de causas e condições ou independentemente? Da mesma forma, se ocasionalmente sentimos autoestima elevada, arrogância e orgulho, enquanto outras vezes nos sentimos nitidamente inferiores, o que exatamente é esse eu inconstante? Se examinarmos de perto, nenhum eu independente será encontrado. A maneira de eliminar a fixação à existência verdadeira é investigar e compreender com precisão a origem dependente.

> Faculdade das Aparências então comentou: "Nesse caso, todos os fenômenos aparecem, ainda que sejam inexistentes. Mas ainda que seja determinado que todos os fenômenos sempre foram vazios desta forma, não vejo sentido nessa determinação. Afinal, esse fato é vazio de si mesmo, e penso que isso é suficiente. Isso é assim? Mestre, explique, por favor!".
>
> Ele respondeu: "Ó Faculdade das Aparências, todos os seres são destituídos de identidade, não têm existência objetiva e têm a natureza da vacuidade. No entanto, ao falharem em reconhecer isso, os seres vagueiam eternamente nos três reinos do samsāra, apegados à existência verdadeira.

> Estabelecendo tal não-existência como a natureza da vacuidade, realizando-a como ela é, e fazendo com que esse estado se torne manifesto é a natureza essencial da meditação e do caminho autêntico, a quintessência suprema dos ensinamentos, das transmissões orais e das instruções essenciais do Buda perfeito. Portanto, saiba disto!".

Este é o tema central do budismo Mahāyāna. Como Śāntideva diz em *Um guia para o modo de vida do bodisatva*, as perfeições de generosidade, ética, paciência, entusiasmo e meditação devem ser realizadas em prol da perfeição da sabedoria[219]. Existem muitos tipos de sabedoria, mas a perfeição da sabedoria é a realização da vacuidade.

> "Se não for realizada, a vacuidade será eduzida a um estado eticamente neutro que não traz nem benefícios nem danos. Conhecer a natureza da vacuidade é a grande sabedoria da realização da ausência de identidades, que é a natureza essencial de todos os estágios e caminhos."

Se a vacuidade for tratada como uma abstração intelectual, sem consequências éticas, não haverá benefício nem iluminação. Os estágios e os caminhos são descritos de maneira diferente em vários veículos budistas. No Mahāyāna existem os cinco caminhos do bodisatva: (1) o caminho da acumulação de mérito, que implica o atingimento de shamatha, bodicita e a realização conceitual inicial da ausência de identidades; (2) o caminho da preparação, que implica uma realização mais profunda da vacuidade e da bodicita; (3) o caminho da visão, que ocorre quando um bodisatva tem pela primeira vez uma realização direta e não-conceitual da vacuidade, correspondendo ao primeiro estágio de um āryabodisatva, o Muito Jubiloso; (4) o caminho da meditação, durante o qual os obscurecimentos aflitivos e cognitivos são purificados, compreendendo o segundo até o décimo estágios; e (5) o caminho do não-mais-treinar, no qual o samādhi semelhante ao vajra leva à plena iluminação de um buda no décimo primeiro estágio, da Radiância Universal. Os temas centrais comuns a todos esses estágios e caminhos são a realização da vacuidade e da bodicita.

---

219 Śāntideva, *A guide to the bodhisattva way of life: Bodhicaryāvatāra*, trad. Vesna A. Wallace e B. Alan Wallace (Ithaca, NY: Snow Lion Publications, 1997), 9.1.

Faculdade das Aparências, então, perguntou: "Mesmo que todos os fenômenos dos mundos aparentes sejam perfeitamente vazios, a mera realização disso não faz com que se tornem inexistentes. Portanto, não seriam as virtudes físicas ou verbais superiores a essa realização? Mestre, por favor, explique o que isso significa".

Mesmo que seja verdade que todos os fenômenos são vazios, talvez realizar isso não seja tão importante, isso não mudará o mundo. Talvez seja melhor nos envolvermos em virtudes físicas e verbais, como prostrações e recitações, ou nos lançarmos ao trabalho humanitário e à filantropia. Essa atitude é como aceitar as descobertas da mecânica quântica como verdadeiras pensando, porém, que essa verdade não tem impacto na vida cotidiana. De fato, as descobertas da mecânica quântica permitiram que muitas das tecnologias onipresentes hoje surgissem, incluindo transistores, lasers, LEDs, relógios atômicos para navegação por GPS e scanners de ressonância magnética para imagens médicas. Novos desenvolvimentos em computação quântica e criptografia prometem ganhos dramáticos de desempenho em relação aos métodos clássicos. De maneira semelhante, a realização direta da vacuidade e da natureza última da realidade transformará a vida de uma pessoa tão profundamente que isso é inexprimível.

O Bhagavān respondeu: "Não pense dessa forma. Mesmo que passasse a vida inteira praticando virtudes cuja existência é enganosa, tais como prostrações e circum-ambulações com o seu corpo e meras recitações orais com a boca, como poderia a liberação ser alcançada? Uma vez que não alcançará a liberação nem mesmo por meio de virtudes mentais como meditar sobre uma deidade, cultivar as dhyānas ou por meramente reconhecer seus pensamentos, qual é o propósito de frustrar-se por pensar que a liberação não será alcançada simplesmente por compreender a vacuidade? Se pensar assim, você estará obscurecido por uma grande escuridão de estupidez e insensatez, e o olho da sabedoria com o qual investigará a natureza de todos os fenômenos estará cego".

As práticas físicas e verbais unicamente são inadequadas, e você não se libertará mesmo praticando virtudes mentais como a meditação Vajrayāna de deidades, shamatha ou estabelecendo a mente em seu estado natural. No entanto, se essas práticas forem combinadas com a realização da vacuidade, então você estará definitivamente no caminho da liberação. O simples reconhecimento de pensamentos com consciência plena não significa nada – a menos que você realize a natureza vazia desses pensamentos.

Faculdade das Aparências está buscando os benefícios de realizar a vacuidade no lugar errado. A realização da vacuidade não muda magicamente o mundo externo. Por exemplo, Maudgalyāyana, discípulo do Buda, foi espancado até a morte, apesar de suas excepcionais habilidades sobrenaturais. Tendo cometido o ato de matar seus pais em uma vida anterior, conhecido como um dos cinco atos de retribuição imediata, ele sabia que não poderia evitar as pesadas consequências desse ato. A realização que tinha da ausência de identidade não neutralizou seu carma.

> Faculdade das Aparências perguntou: "Hoje em dia algumas pessoas se engajam na meditação e se esforçam na prática, e alguns mestres adquirem conhecimento por meio dos ensinamentos, tantras, transmissões orais e instruções essenciais do Buda e por meio de seu próprio treinamento, mas ainda assim não obtêm sucesso na meditação nem realização. Cada um deve julgar por si próprio. Depois de passarem por muitas fases agradáveis e difíceis, há pessoas que, finalmente, identificam algum grau de conhecimento e afirmam que ele é autêntico. Tais afirmações são verdadeiras ou não? Mestre, explique, por favor!".

Padmasambhava declara explicitamente que esses ensinamentos da Grande Perfeição são oferecidos para beneficiar futuros discípulos, que compreenderão os pontos essenciais e eliminarão todas as dúvidas[220]. E o comentário de Düdjom Lingpa sobre o *Sharp Vajra of Conscious Awareness Tantra* (O Tantra do Vajra Cortante da Consciência Lúcida) descreve esses ensinamentos como uma herança concedida para que muitas pessoas no futuro alcancem a liberação

---

220 Düdjom Lingpa, *Vajra Essence*, 171.

confiando nesse caminho[221]. Essas preocupações manifestadas por Faculdade das Aparências são compartilhadas por muitos praticantes contemporâneos. As pessoas hoje praticam esses ensinamentos com sucesso e obtêm conhecimento e realização autênticos, conforme descrito nas escrituras e comentários antigos? Muitos praticam recitações e visualizações, mas um número muito menor se dedica seriamente a um treinamento rigoroso e contínuo em shamatha e vipaśyanā. Alguns praticam meditações Vajrayāna intensamente em retiros por três anos ou mais. Mas será que suas práticas degeneraram em rituais superficiais e ineficazes, ou as pessoas ainda conseguem ter sucesso na meditação e atingem a mesma realização que todos os bodisatvas e budas do passado?

> Ele respondeu: "Ó Faculdade das Aparências, os budas ensinaram que todos os fenômenos, que vão da forma até a mente onisciente, têm a natureza da vacuidade. Eles ensinaram as características de todos os fenômenos porque os iogues devem conhecê-las e realizá-las. O caminho de seus seguidores está de acordo com isso e, portanto, é crucial que esse caminho esteja em conformidade com todos os tantras, transmissões orais, bem como com as instruções essenciais. Por éons sem princípio, os seres falharam em descobrir o caminho por si mesmos e foram deludidos por se apegarem às experiências de um fluxo constante de aparências de alegria e dor. Se também falharem em seguir os ensinamentos, tantras, transmissões orais e instruções essenciais dos budas, eles não descobrirão os estágios ou caminhos para a liberação por conta própria. E as aparências de sensações agradáveis e dolorosas farão com que sua declaração de terem realizado o estado de onisciência seja como determinar os chifres de uma lebre. Saiba que o discurso deles é muito estúpido e tolo, e que suas palavras indicam falta de investigação, análise e realização".

---

221 Pema Tashi, *Essence of clear meaning: a short commentary on the "Sharp Vajra of Conscious Awareness Tantra"*, in Düdjom Lingpa, *Heart of the Great Perfection*, 46.

O propósito desses ensinamentos não é apenas acreditar, estudar, analisar e nem mesmo ensiná-los – mas realizá-los. Para seguir qualquer caminho que seja condizente com os ensinamentos do Buda, é essencial realizar o significado da vacuidade.

Encontrei textos de filósofos ocidentais, tal como Hilary Putnam, que ressonam fortemente com os ensinamentos budistas sobre a vacuidade, e a cosmologia quântica parece notavelmente congruente com as explicações budistas da natureza última da realidade. No entanto, vimos que a maioria das teorias sofisticadas sobre fenômenos físicos desenvolvidas por nossos principais cientistas e filósofos é concebida como interações complexas entre matéria e energia. Eles geralmente ignoram a importância da mente e da consciência, ou as descartam como fenômenos emergentes, meros artefatos de processos físicos no cérebro. Nenhum desenvolvimento de moralidade, equilíbrio emocional, estabilidade mental ou refinamento da atenção é considerado necessário para uma carreira em ciência ou filosofia. As tendências da modernidade não oferecem caminho para a liberação do sofrimento humano interno, descartando tais noções em favor do crescimento econômico e de melhores bens de consumo.

Os seres sencientes têm dificuldade em encontrar o caminho para a iluminação por conta própria. Passamos a vida perseguindo desejos e tentando evitar o que é indesejável. Uma pessoa que ingeriu veneno não está em boas condições para descobrir o antídoto. É por isso que o Buda revelou não apenas os ensinamentos sobre a vacuidade, mas também o caminho que leva à realização e à liberação.

Assim como Einstein e seus colegas cientistas clamaram por um novo tipo de mentalidade para neutralizar a ameaça da aniquilação nuclear, o Buda clamou pela realização da vacuidade para liberar a mente e extinguir o sofrimento do saṃsāra. O caminho que ele descreveu leva à realização da vacuidade e ao conhecimento direto e não-conceitual da natureza última da realidade. Daí a importância de tomar refúgio no Buda, no Darma e na Saṅgha, bem como de tomar refúgio no Guru, sem o qual continuaremos a vagar pela vasta e infinita extensão do saṃsāra. A iluminação não é algo que podemos obter de um livro, de um seminário ou de um retiro. Não realizaremos a vacuidade com amostragens casuais do Darma, satisfazendo nossos "gostos e não gostos" como se estivéssemos escolhendo sabores de sorvete.

> Faculdade das Aparências então perguntou: "Mesmo que eu saiba que os fenômenos são vazios devido à sua inexistência, a ansiedade e o medo ainda surgem quando acontecem coisas como ser atacado por outros, cair de um penhas-

> co, ou ser agredido com água, fogo ou armas; e experiências, tais como dor, doença, perda e arrependimento, de fato acontecem. Portanto, me parece que devam existir. Por favor, explique como isso acontece".

Uma compreensão meramente intelectual da vacuidade não está à altura dos nossos hábitos profundamente enraizados de reificação. Os fenômenos que encontramos em nossas vidas diárias continuam parecendo tangíveis, independentes e reais, e eles têm consequências reais. Mesmo que tenhamos realizações profundas em nossa prática formal de meditação, elas serão facilmente perdidas em meio aos compromissos mundanos. Se todos os fenômenos são vazios, por que eles ainda parecem existir e têm as mesmas consequências?

> Ele respondeu: "Ó Faculdade das Aparências, quando surgem aparências como essas de alguém batendo em você com uma arma ou uma vara, ou quando ocorrem situações assustadoras envolvendo água, fogo ou um penhasco, as sensações de sofrimento e dor certamente surgem devido à fixação dualista".

Habitualmente, atribuímos toda a culpa de sofrermos a coisas como pessoas más, armas, incêndios, inundações, terremotos, micróbios, acidentes, mutações genéticas, preconceitos e sorte. Mas, em todos os casos, a responsabilidade é de uma causa primária: apreender os sujeitos e os objetos como inerentemente diferentes. Praticamente qualquer coisa pode nos fazer sofrer, mas somos vulneráveis apenas por causa da fixação. Nem mesmo os budas são capazes de erradicar o poder do carma dos seres sencientes. Mas libertar a mente do apego extingue todo o sofrimento. Pare de reificar o sujeito internamente. Pare de reificar o objeto externamente. Pare de reificar a dualidade de sujeito e objeto. Todas as aparências surgem devido à fixação dualista – que é delusória.

> "Mas, na realidade, não há lesão ou entidade que inflija danos. Os fogos do inferno não queimam, os pretas não são atormentados pela fome ou sede, e os asuras não são retalhados com armas de guerra. Da mesma forma, com respeito aos fenômenos, toda a angústia e a dor simplesmen-

> te surgem; mas, com respeito à vacuidade, não são de forma alguma estabelecidas como sendo qualquer coisa real."

Da perspectiva da vacuidade, nada tem existência verdadeira e inerente, mesmo que tudo pareça aparecer, permanecer e desaparecer, e todos os reinos dos infernos, pretas e asuras, assim como nosso reino humano, são igualmente criações de nossas próprias mentes.

> "Ó filho da família, a base primordial que surge como o espaço é apreendida como sendo outra coisa. Uma vez que o espaço surge como terra, a terra é apreendida como sendo uma substância real. Da mesma forma, o espaço aparece como objetos sensoriais, tais como água, fogo, ar, e os seres sencientes e essas aparências são tomados como sendo coisas reais. Por exemplo, vários reflexos do sol, da lua, dos planetas, das estrelas, e assim por diante, aparecem no oceano, mas eles não têm existência separada do oceano. Deste modo, reconheça que tudo se resume ao próprio espaço."

O dharmadhātu, a base primordial, que interpretamos equivocadamente como espaço "vazio", dá origem a todas as substâncias materiais, aqui denominadas coletivamente terra. Embora os objetos materiais consistam em nada além de espaço – o que é consistente com a visão da mecânica quântica da matéria como uma configuração específica do espaço –, reificamos as coisas materiais como tendo solidez inerente. O mesmo vale para os outros elementos clássicos de água, fogo e ar, constituindo todo o mundo fenomênico externo. E é igualmente verdade para seres sencientes e nossos mundos fenomênicos internos. Todos os fenômenos externos e internos surgem do dharmadhātu devido unicamente à nossa fixação dualística e reificação.

A teoria de que todos os fenômenos físicos emergem do espaço figura com destaque na teoria quântica dos campos. O físico Henning Genz afirma claramente:

> Os sistemas reais são, nesse sentido, "agitações do vácuo" – assim como as ondas da superfície de um lago são agitações da água do lago... as propriedades do vácuo físico definem as possíveis agita-

ções – os possíveis sistemas que podem emergir do vácuo físico... O vácuo em si não tem forma, mas pode assumir formas específicas: ao fazê-lo, torna-se uma realidade física, um "mundo real".[222]

A escritora científica K. C. Cole acrescenta: "O mais próximo que provavelmente podemos chegar da imaginação de uma simetria perfeita é um espaço vazio, sem características, atemporal e suave – a proverbial folha em branco, o silêncio absoluto. Não pode ser percebido porque nada pode mudar. Tudo seria único e igual, tudo seria o mesmo, tanto quanto se poderia dizer, que o nada".[223] Usando uma analogia notavelmente semelhante à encontrada na literatura do Dzogchen, ela escreve: "Como a água transformando-se em gelo e liberando sua energia para o ambiente, o 'congelamento' do vácuo libera enormes quantidades de energia... Tão simplesmente quanto a água formando o gelo, o vácuo inflado congelou em estruturas que deram origem a quarks, elétrons e, por fim, a nós".[224] E o físico John March-Russell afirma: "A crença atual é de que você precisa entender todas as propriedades do vácuo antes que possa entender qualquer outra coisa".[225] Finalmente, em uma nota que lembra muito a relação entre o espaço relativo e o dharmadhātu que ele oculta, o físico Steven Weinberg sugere que nossa visão do mundo que vemos ao nosso redor é "apenas um reflexo imperfeito de uma realidade mais profunda e mais bela".[226]

A teoria budista de que todos os elementos materiais do universo emergem do espaço certamente não é exclusiva do Dzogchen. Em seu livro *O universo em um único átomo*, Sua Santidade o Dalai Lama comenta que, de acordo com o Tantra Kālacakra, o espaço é quantizado em partículas das quais emergem todas as outras configurações de matéria e energia:

> Segundo a cosmologia budista, o mundo é construído com cinco elementos: o elemento de suporte do espaço e os quatro elementos básicos de terra, água, fogo e ar. O espaço permite a existência e o funcionamento de todos os outros elemen-

---

222 Genz, *Nothingness*, 26.
223 Cole, *Hole in the universe*, 244.
224 Ibid., 177–78.
225 Ibid., 235.
226 Steven Weinberg, *Dreams of a final theory: the scientist's search for the ultimate laws of nature* (Nova York: Vintage Books, 1992), 196.

tos. O sistema Kālachakra apresenta o espaço não como um nada absoluto, mas como um meio de "partículas vazias" ou "partículas de espaço", que são consideradas partículas "materiais" extremamente sutis. Esse elemento espaço é a base para a evolução e dissolução dos quatro elementos, que são gerados e reabsorvidos por ele. O processo de dissolução ocorre nesta ordem: terra, água, fogo e ar. O processo de geração ocorre nesta ordem: ar, fogo, água e terra... Se recuarmos à causa última dos objetos materiais do mundo, chegamos finalmente às partículas de espaço. Elas precedem o big bang (ou seja, qualquer novo começo) e são de fato o resíduo do universo precedente que se desintegrou. Disseram-me que alguns cosmólogos defendem a ideia de que nosso universo surgiu como uma flutuação do que é chamado de vácuo quântico. Para mim, essa ideia ecoa a teoria do Kālachakra das partículas de espaço.

Nossa analogia final é uma das favoritas de Düdjom Lingpa, aparecendo dezenas de vezes na *Essência Vajra*. Para os tibetanos, que vivem em uma terra sem litoral, o oceano é uma expansão vasta e misteriosa que pode ter muitos significados. Nesse caso, imagine um oceano muito calmo em uma noite clara, longe das luzes da cidade. Um penhasco à beira-mar é a sua caverna de retiro, de onde você contempla os reflexos no oceano. O oceano representa o dharmadhātu, no qual aparecem reflexos vívidos que representam objetos que parecem reais, mas que não têm existência verdadeira separada do oceano. Todas as aparências, interna e externamente, se manifestam como reflexos no oceano do dharmadhātu. Todos os fenômenos emergem do dharmadhātu, consistem nele e se dissolvem novamente nele. Eles nunca são outra coisa além do espaço da vacuidade.

Relatando sua visão pura na cena de abertura da *Essência Vajra*, Düdjom Lingpa usa essa mesma analogia para descrever o surgimento do Mestre, Samantabhadra, o Vajra Nascido no Lago, Guru Padmasambhava, que surge como um jovem de oito anos: "Dentro do reino de seu corpo transparente, radiante e oceânico, todos os budas pacíficos e irados e miríades de campos búdicos e emanações naturalmente surgiram, como planetas e estrelas refletidos em um lago".

Ao redor do Mestre há um campo búdico ilusoriamente exibido e um séquito de 84 mil discípulos e bodisatvas que se curvam em reverência diante do Mestre, quando uma canção de realização surge espontaneamente do espaço prístino. Aqui está sua estrofe final:

> Todas as exibições de campos búdicos, Mestre e séquito não existem, mas partindo da inexistência eles parecem existir.
> Cantamos seus louvores em fascinada exaltação!

Tente imaginar como o reconhecimento da verdade pervasiva da vacuidade poderia levar diretamente a uma experiência de maravilhamento transcendente diante do mistério da própria existência. Quão semelhante ou diferente isso poderia ser da ideia teológica de "criação a partir do nada"? Devemos deixar questões vastas como esta para outra exploração, mas, por enquanto, nos foi dada uma visão completamente equilibrada de aparências e vacuidade, que na revelação de Düdjom Lingpa levará o discípulo diretamente à realização da fonte criativa de todas as aparências, a própria consciência prístina. Que vocês possam estudar essa visão pura completa – concedida diretamente da mente iluminada do próprio Padmasambhava – e depois meditar sinceramente sobre ela. E que, por fim, vocês possam chegar à mesma realização da vacuidade e da lucidez prístina que todos os budas realizaram, para o benefício infinito de todos os que ainda pensam que não são nada mais do que seres sencientes.

Epílogo

Todos nós, seres sencientes no saṃsāra, sofremos e desejamos ser livres. Mas nós, seres humanos, temos habilidades mentais excepcionais de inteligência, memória, habilidades de linguagem e imaginação que nos permitem explorar o escopo do sofrimento ao qual somos vulneráveis, as verdadeiras fontes do nosso sofrimento, a possibilidade de liberdade genuína e duradoura e maneiras de realizar essa liberdade. Mas muitos de nós desperdiçam seus extraordinários dons mentais, concentrando-se principalmente na busca da satisfação hedônica por meio da aquisição de bens materiais, influência e prestígio. Dessa maneira, nossas preciosas vidas humanas passam em vão. Para muitas pessoas em nosso mundo moderno, a falta de sentido do mundo natural em geral e da existência humana em particular é considerada autoevidente. O universo é uma máquina desprovida de mente, e nós somos robôs biológicos programados para sobreviver e procriar. Diz-se que essa visão é apoiada por evidências científicas. Da mesma forma, a crença de que a existência humana termina no esquecimento – a aniquilação total de nossa consciência e existência pessoal – é aceita por muitos como um fato científico incontestável, que apenas os "crentes religiosos" não conseguem aceitar. Portanto, a cessação de toda experiência na morte é algo que tanto tememos quanto, às vezes, silenciosamente, pelo qual ansiamos. Mas simplesmente acreditar em algo não faz com que se torne verdadeiro.

Nos últimos 150 anos, com a dominação da ciência e da mídia pelas crenças não questionadas do materialismo, e com a dominação da civilização humana por valores e consumismo materialistas, devido à superpopulação e ao excessivo consumo (especialmente pelos muito ricos), estamos contaminando e esgotando todo o ecossistema ao ponto de estarmos rapidamente levando outras espécies à extinção e colocando em risco a sobrevivência da nossa própria espécie. Está bem documentado que a humanidade matou cinquenta por cento da vida selvagem em nosso planeta apenas nos últimos quarenta anos, e a tendência ainda é de crescimento.[227] Enquanto a história da humanidade está repleta das trágicas consequên-

---

227   Veja Gerardo Ceballos, Paul. R. Ehrlich, e Rodolfo Dirzo, "Biological annihilation via the ongoing sixth mass extinction signaled by vertebrate population losses and declines", *Proceedings of the National Academy of Sciences* 114, nº 30 (2017): doi:10.1073/pnas.1704949114: http://www.pnas.org/content/early/2017/07/05/1704949114.full. Veja também "World wildlife populations halved in 40 years", reportagem de Roger

cias de pessoas que justificam o comportamento mais cruel em nome da religião, o materialismo ameaça levar a própria história humana a um fim prematuro e violento.

Sofremos por causa da ignorância de não conhecermos a natureza da realidade e pela delusão de compreendermos equivocadamente a natureza da nossa própria existência e do mundo ao nosso redor, delusão esta que adquirimos por meio da educação social. O materialismo é um exemplo muito importante. Mas a delusão mais profunda, com a qual todos nascemos, é a tendência de nos reificarmos como sujeitos e todos os outros fenômenos como objetos. Todas as outras delusões inatas e adquiridas e as aflições mentais derivadas, como ganância e ódio, têm essa delusão como base.

Utilizando nossa capacidade excepcional de inteligência de maneiras mais significativas, podemos explorar a realidade do sofrimento e a natureza de nossa consciência comum para descobrirmos que, por mais que possamos resistir à ideia, nosso próprio sofrimento pessoal não cessa com a morte. Não existe uma fuga tão fácil da realidade. Com o uso penetrante da inteligência, podemos investigar e obter insights sobre as verdadeiras fontes do nosso sofrimento. Ao fazermos isso, podemos descobrir que as origens do sofrimento também não são inerentes à nossa existência como seres sencientes. A verdadeira liberdade é uma possibilidade. Guiados por aqueles que vieram antes de nós e encontraram essa liberdade para si mesmos, podemos descobrir o caminho para a liberação e o despertar espiritual. Esse é o significado da existência.

O Buda mostrou-nos o caminho para a realização do nosso potencial mais profundo, para realizar o desejo de liberdade do nosso coração, conhecendo a realidade como ela é. O remédio para a ignorância é o conhecimento, e os métodos de investigação conhecidos como vipaśyanā fornecem os meios para obter esse insight por intermédio da realização profunda e experiencial. Não basta ouvir palestras sobre a vacuidade e sobre a originação dependente ou ler tratados profundos sobre a natureza da existência. Precisamos meditar para internalizarmos essas verdades. Mas, se vipaśyanā não for apoiada e integrada com shamatha, os insights que produz não penetrarão no coração do nosso ser e não cortarão as raízes da ignorância e da delusão na fonte. Além disso, muitos grandes iogues do passado atestaram que é difícil ou impossível progredir nas práticas "velozes" do estágio da geração e da completitude sem já estarmos aterrados na firme estabilidade mental que é shamatha. Como escreveu o grande Shabkar Tsokdruk Rangdröl (1781-1851):

Harrabin, analista ambiental da BBC, 30 de setembro de 2014, http://www.bbc.com/news/science-environment-29418983.

> A distância percorrida por um grande navio puxado em terra por cem homens durante cem dias pode ser percorrida em um dia quando colocado no mar.
> Da mesma forma, um único dia de meditação realizada com a verdadeira estabilidade da mente traz mais progresso do que cem dias de prática dos estágios da geração e da completude antes que a estabilidade da mente seja atingida.[228]

Dado o papel indispensável que o atingimento completo de shamatha desempenha no caminho da iluminação, trazendo assim purificação e transformação irreversíveis da mente, podemos perguntar: quanto tempo leva para alcançar esse equilíbrio mental sustentável e quais são as condições necessárias para isso? Os contemplativos budistas descobriram que shamatha é alcançada com mais eficácia se o praticante se dedicar a essa prática em tempo integral e continuamente até que seja plenamente alcançada. Além disso, é preciso garantir que todos os pré-requisitos internos e externos para esse atingimento sejam atendidos.

Embora os pré-requisitos internos sejam de importância primordial, particularmente para o cultivo de shamatha, é preciso também praticar em um ambiente conducente e favorável. Este ambiente deve satisfazer as seguintes condições:

- Suas necessidades básicas, como alimentos e roupas, são facilmente obtidas.
- Não há perigo de predadores, inimigos e assim por diante.
- As instalações para o retiro são agradáveis e saudáveis.
- Você compartilha da companhia de outras pessoas éticas e com as quais tem afinidade.
- Seu ambiente é bem situado, com poucas pessoas por perto durante o dia e pouco ruído durante a noite.

---

[228] Shabkar Tsogdruk Rangdrol, *The life of Shabkar: the autobiography of a Tibetan yogi*, trad. Matthieu Ricard, Jakob Leschley, Erik Schmidt, Marilyn Silverstone, e Lodrö Palmo, ed. Constance Wilkinson, com Michal Abrams e outros membros do Padmakara Translation Group (Ithaca, NY: Snow Lion Publications, 2001), 282. Tradução ligeiramente modificada.

Quanto aos pré-requisitos internos importantes, as seguintes qualidades foram consideradas indispensáveis:

- Ter poucos desejos por coisas que você não tem.
- Contentamento com o que você tem.
- Ter poucas preocupações e atividades que possam distraí-lo da sua prática de shamatha.
- Manter disciplina ética pura.
- Abandonar completamente a ruminação envolvendo desejos e assim por diante, não apenas durante a meditação formal, mas também entre as sessões.

Particularmente no contexto da prática Mahāyana, o cultivo da bodicita e das quatro primeiras perfeições de generosidade, ética, paciência e entusiasmo são pré-condições necessárias para alcançar a perfeição da estabilização meditativa, a quinta perfeição, que é a preparação final para cultivar a perfeição da sabedoria por meio da prática de vipaśyanā.[229] Se o praticante tiver reunido todos esses pré-requisitos externos e internos, os contemplativos budistas consideram que é possível atingir shamatha em um ano de prática de tempo integral em ambiente adequado. Mas, se esses pré-requisitos não forem atendidos, shamatha pode nunca ser alcançada, não importando quanto tempo ou o quanto você tente, como Atīśa adverte em seu livro *Lamp for the path to enlightenment* (Lâmpada para o caminho para a iluminação): "Enquanto as condições para shamatha estiverem incompletas, o samādhi não será alcançado nem mesmo se você meditar diligentemente por mil anos".[230] Finalmente, uma vez que muitos desafios internos e externos, ou "perturbações", surgirão no decorrer da prática intensiva de shamatha, é imperativo saber como transformar a adversidade para enriquecer sua prática, em vez de obstruí-la. Para isso, as práticas budistas tibetanas de "treinamento da mente"[231], como o treinamento da mente em sete pontos de Atīśa, podem ser maravilhosamente úteis[232].

Embora haja boas razões para acreditarmos que shamatha tenha sido alcançada em um ano pelos budistas asiáticos tradicionais, ainda é viável para as pes-

---

229 Tsongkhapa, *Great treatise on the stages of the path to enlightenment*, 3: 28–30.
230 Tib. *Byang chub lam gyi sgron ma*, sâns. *Bodhipathapradīpa*, v. 39.
231 Tib. *blo sbyong*, pronunciado "lojong".
232 Veja B. Alan Wallace, *Budismo com atitude: o treinamento tibetano da mente em sete pontos* (Teresópolis, RJ: Editora Lúcida Letra, 2017).

soas no mundo de hoje – com o seu materialismo, hedonismo e consumismo – fazê-lo? Essa é uma pergunta que pode ser respondida apenas por meio da experiência e somente por pessoas profundamente dedicadas a atingir shamatha e a seguir o caminho da iluminação. Embora possamos ter fé nos grandes contemplativos do passado, para sabermos por nós mesmos se esse caminho é viável para nós no presente, também devemos ter fé em nós mesmos. Como comenta William James: "De que maneira adotamos e nos apegamos a visões? Pensando que, se uma concepção *pode* ser verdadeira em algum lugar, *pode* também ser verdade aqui e agora; *serve* como verdade e *deve* ser verdade; *só pode* ser verdade; *será* verdade para mim".[233]

Na minha experiência nos últimos quarenta e cinco anos, é muito difícil encontrar um ambiente genuinamente propício no qual se possa continuar praticando pelo tempo que for necessário para atingir shamatha. Concluí, portanto, que é necessário criar instalações projetadas especificamente para essa prática por períodos longos. Como poucas pessoas com intensa dedicação à prática são financeiramente independentes, também é necessário fornecer apoio financeiro para elas e, se estiverem em retiro fora de sua própria terra natal, deverão obter vistos renováveis prolongados. A criação de uma rede mundial de tais "observatórios contemplativos" tornou-se, portanto, uma das minhas maiores prioridades.

Assim como os astrônomos precisam de observatórios e os neurocientistas precisam de laboratórios para conduzir suas pesquisas, os contemplativos precisam de ambiente propício, companheiros e mentores para desenvolver da maneira ideal a tecnologia contemplativa de shamatha e a ciência contemplativa de vipaśyanā. Para que suas descobertas obtenham reconhecimento científico e aceitação pública, esses observatórios devem fornecer instalações onde contemplativos treinados profissionalmente colaborem totalmente com os cientistas para explorar a natureza, origens e potencialidades da mente humana. Dessa maneira, os métodos em primeira pessoa dos contemplativos podem ser completamente integrados aos métodos em terceira pessoa da ciência moderna, enriquecendo assim a compreensão da humanidade sobre nossos potenciais internos. Como William James escreveu em referência a uma futura ciência das religiões, tal como a imaginava, essa colaboração entre contemplativos e ciência "pode oferecer mediação entre diferentes praticantes e ajudar na obtenção de um consenso de opinião"[234]. Essa ciência contemplativa integral poderia ganhar reconhecimento público comparável ao atualmente concedido às ciências fí-

---

233 James, *A pluralistic universe*, 148.
234 William James, *The varieties of religious experience: a study in human nature* (Nova York: Penguin, 1902/1985), 456.

sicas, de modo que "até os pessoalmente não-religiosos poderiam aceitar suas conclusões em confiança, da mesma forma que os cegos agora aceitam os fatos da óptica – poderia parecer tolice recusá-los".[235]

Considero que essa pesquisa interdisciplinar e transcultural é ainda mais significativa para o mundo do que o Projeto Genoma Humano Internacional, o Projeto Cérebro Humano da Europa e a Iniciativa Cérebro Americana. Essa pesquisa pode ser um passo importante para se descobrir o terreno comum entre as grandes tradições contemplativas do mundo, fazer uma ponte entre as visões espirituais e científicas da natureza humana e do universo em geral, e explorar os recursos internos do espírito humano que são a fonte do bem-estar sustentável para todos.

---

235   Ibid.

Posfácio

Novas Fronteiras na Colaboração entre o Budismo e a Ciência

Nos últimos trinta anos, participei e ouvi muitas conferências e diálogos sobre a natureza da mente e da consciência realizados entre cientistas e estudiosos budistas, principalmente da tradição budista tibetana. Repetidas vezes, especialistas de diversas áreas, incluindo psicologia, neurociência e filosofia, apresentaram suas pesquisas mais recentes aos budistas e depois os convidaram a responder a esses avanços na ciência moderna. Em praticamente todas essas reuniões, os cientistas ocidentais dominam a discussão, falando por mais de noventa por cento do tempo, enquanto Sua Santidade o Dalai Lama e outros budistas presentes têm breves oportunidades de responder e fazer perguntas aos especialistas ocidentais. De maneira geral, observei uma abertura muito maior por parte dos budistas para aprenderem sobre descobertas científicas nas ciências da mente do que por parte dos cientistas para aprenderem sobre as descobertas budistas. Por exemplo, Sua Santidade costuma comentar que, se os cientistas apresentarem evidências que refutem claramente qualquer crença budista, ele abandonará tal crença budista. Mas é raro encontrar qualquer cientista que igualmente concorde em, caso os contemplativos budistas fizessem descobertas replicáveis e intersubjetivamente validadas que refutassem claramente certas crenças materialistas, abandonar essas crenças. Quando os cientistas se reúnem com estudiosos e contemplativos budistas eminentes, eles poderiam abrir essa conversa com um espírito de humildade, reconhecendo os seguintes pontos:

- Embora o estudo científico da mente tenha sido realizado por mais de 135 anos, não houve progresso na solução do "problema difícil" ou na questão de como a atividade cerebral e as experiências conscientes estão correlacionadas.
- Embora centenas de livros e artigos científicos e filosóficos tenham sido publicados sobre a natureza da consciência, não há no momento uma definição científica de consciência, não há um meio objetivo de detectar fenômenos mentais, os correlatos neurais da consciência ainda não foram descobertos e não se

sabe se processos orgânicos são universalmente necessários para a geração de todos os estados possíveis de consciência.

- Desde 1950, foram feitos enormes avanços na compreensão das condições neurais que contribuem para doenças mentais, um grande número e variedade de psicofármacos foram desenvolvidos e têm sido amplamente prescritos por profissionais médicos, especialmente em países ricos, e mais de duzentas escolas de psicoterapia foram criadas para ajudar pessoas com problemas psicológicos. No entanto, apesar de todos esses avanços, durante esse mesmo período houve um aumento de dez vezes na depressão, que agora é a principal causa de incapacitação no mundo, sendo o risco de depressão trinta e dois por cento maior nos países ricos.

- Desde 1950, nos Estados Unidos, o produto interno bruto aumentou cinquenta vezes, mas a mudança relatada no bem-estar permaneceu inalterada. Portanto, apesar dos recentes avanços na psicologia positiva, parece haver pouca ou nenhuma melhoria na saúde mental e no bem-estar geral da humanidade.

Assim, poderiam dizer, à luz das limitações evidentes das abordagens materialistas para compreender a mente, a consciência, a saúde mental e o bem-estar, nós, cientistas, queremos aprender sobre as teorias, os métodos e as descobertas budistas nessas áreas. Os budistas poderiam responder com um espírito semelhante de humildade, reconhecendo que, nos últimos 2500 anos, o budismo não desenvolveu nenhum estudo científico quantitativo do comportamento ou do cérebro, e não há nenhum ramo da psicologia budista especificamente dedicado ao diagnóstico e tratamento de doenças mentais. No entanto, a tradição budista desenvolveu meios altamente sofisticados de desenvolver e utilizar a atenção e a introspecção no estudo direto da consciência e em uma ampla gama de estados e processos mentais.

Eu adoraria participar de conferências com diálogos entre budistas e cientistas, nas quais eles tivessem o mesmo tempo para apresentar suas opiniões, e com abertura mútua, que tem sido extremamente rara até agora. Por exemplo, em inúmeras reuniões com cientistas, quando Sua Santidade falava de evidências empíricas relativas a crianças e contemplativos que expressaram claras lembranças de vidas passadas, os cientistas rapidamente mudavam de assunto, sem dar crédito a essas evidências nem indagar sobre as teorias budistas que expliquem essas memórias. Essa atitude mental estreita é frustrante e geralmente se aplica a qualquer evidência ou raciocínio que desafie as suposições não questionadas do materialismo científico.

Embora as teorias e métodos da ciência em geral sejam amplamente compatíveis ou complementares aos do budismo, as crenças e restrições metodológicas do materialismo científico são fundamentalmente incompatíveis com todas as escolas budistas ao longo da história. As relações entre os defensores do materialismo científico e os do budismo são complexas, mas podem ser caracterizadas por meio das seguintes metáforas, por mais chocantes que possam ser:

1. Regimes comunistas, como a antiga União Soviética e a República Popular da China, que adotam o materialismo científico como religião de estado, são como lobos em pele de lobos, pois vêm cometendo consistentemente genocídio contra o budismo, muitas vezes empenhados em sua total destruição e deslegitimização, bem como o assassinato em massa e encarceramento de seus proponentes.

2. Os cientistas que adotam o materialismo como a ideologia não questionada são como lobos disfarçados de cães pastores, que assumiram o papel aparentemente benigno de levar o rebanho budista ao matadouro, onde o budismo é massacrado e um "filé do budismo" é vendido ao público, depois de cuidadosamente removidos todos os ossos de controvérsias nos quais o budismo é incompatível com o materialismo.

3. Muitas pessoas que se apresentam como "budistas seculares", mas que de fato adotam sem questionamentos as crenças do materialismo científico, são como lobos em pele de cordeiro, pois tentam se misturar ao rebanho de budistas, tentando persuadir a todos ao seu redor dizendo que seu budismo é o novo budismo, a versão melhorada, livre de todas as superstições da religião, incluindo o relato do próprio Buda sobre sua iluminação e os inúmeros relatos de adeptos budistas posteriores que compreenderam a natureza da mente e, a partir dessa perspectiva, revelaram que o materialismo está intelectual e moralmente falido.

4. Os budistas que falham em desafiar esses ataques ao budismo são como ovelhas castradas que mantêm a cabeça baixa e os olhos fechados, enquanto testemunham passivamente a integridade de sua própria tradição sendo sacrificada no altar do materialismo, do niilismo, do consumismo e do hedonismo.

Como observou o psicólogo de Harvard, Jerome Kagan, durante a conferência Mind and Life, no MIT em 2003, "Os humanos não gostam de ser lobos", e devo acrescentar que também não gostamos de ser levados ao massacre por eles. Na conclusão desta reunião, o geneticista do MIT, Eric Lander, comentou:

> Quais são as bases para qualquer tipo de diálogo entre diferentes tradições? A primeira base é um compromisso com a abertura, o debate, a evidência, uma abordagem não-dogmática e o respeito. O que realmente significa estar aberto? Significa estar disposto a mudar de ideia e dizer que você pode estar errado... Não basta que os budistas estejam abertos a repensar. A ciência também deve estar aberta a repensar. Na sua melhor versão, ciência é estar constantemente em dúvida e manter uma humildade constante sobre o quão pouco sabemos. Na prática, no dia a dia, essa humildade nem sempre surge...
>
> [Os budistas] trazem práticas tradicionais que foram desenvolvidas por meio da experimentação e do pensamento cuidadoso ao longo de cerca de 2500 anos. Como devemos encarar essas práticas tradicionais? Uma maneira é considerá-las algo semelhante à sabedoria popular, a maneira como as empresas farmacêuticas consideram um remédio popular: eles têm algum conhecimento e agora descobriremos qual é a base real disso. Não acho que seja o caminho certo para tratar disso. Estou convencido de que temos todos os motivos para considerar [essas práticas tradicionais] uma tecnologia refinada que poderia desempenhar um papel muito importante na ciência...
>
> Por fim, o que o mundo poderia ganhar com isso? Várias coisas: o conhecimento específico sobre a mente e sobre o cérebro. As perguntas são muito desafiadoras e precisamos de toda a ajuda possível. Mas existem outras coisas que o mundo poderia ganhar. Vou falar agora como um cientista preocupado com a nossa sociedade. Vivemos em

> um mundo onde a ciência é um paradigma muito poderoso e eficaz, e ainda assim sabemos que não tem todas as respostas para todas as necessidades humanas. Como qualquer dieta unidimensional, consumir apenas ciência leva à desnutrição. O fato de a ciência não ter a resposta para todas as necessidades humanas produziu em muitas pessoas, pelo menos em nosso país, o que alguns chamaram de fuga da razão: uma rejeição da ciência e a atração por coisas fantásticas... Este debate é notavelmente diferente disso. Não se trata de fugir da razão ou da ciência. É possível que a ciência e o budismo reconheçam com alegria que a ciência é apenas uma maneira de entender o mundo. Pode ser incorporada, pode ser trabalhada, não precisa ser rejeitada. Eu acho isso muito importante. Nosso mundo seria muito melhor com debates baseados no respeito e na tentativa de entender. A ciência precisa muito estar disposta a participar desses debates porque tem muito, mas não tudo, para oferecer ao mundo.[236]

Jerome Kagan, em seguida, ofereceu suas próprias reflexões, incluindo o seguinte:

> O objetivo principal desta reunião era compreender se indivíduos treinados na forma budista de introspecção seriam capazes de descobrir fatos significativos sobre a mente humana que nenhum outro método poderia revelar; e, segundo, se esses fatos teriam um acesso especial ou privilegiado ao que seria a verdade... Embora os budistas afirmem que a introspecção especialmente treinada possa revelar verdades profundas sobre a mente humana que o scanner de EEG ou RMIf de Richard Davidson nunca poderia des-

---

[236] Arthur Zajonc and Anne Harrington, eds., *Investigating the mind: The Dalai Lama at MIT* (Cambridge: Harvard University Press, 2006), 181–89.

cobrir, lembro que Niels Bohr, o grande físico dinamarquês que é um herói para mim, sugeriu que nenhum método tem um poder exclusivamente privilegiado de revelar a verdadeira natureza da mente humana ou a verdadeira natureza de qualquer coisa. Não importa se registramos atividade neuronal, comportamento, latências em um experimento inicial ou produtos de introspecção treinada. Cada método revela algo diferente sobre o todo, e precisamos de uma variedade de procedimentos para nos aproximarmos de respostas que, é claro, nunca teremos...

Acredito, no entanto, que a introspecção treinada pode revelar sutilezas de percepção e sentimento que nenhum outro método científico atualmente pode descobrir. Foi por isso que vim a esta reunião e, portanto, esta informação é útil. E eu concordo com Eric Lander e com o consenso nesta reunião de que essa evidência deve ser incorporada em nossos estudos da psicologia humana.

Dou as boas-vindas à contribuição dos estudiosos budistas para esta missão. Eles têm algo importante para nos dizer sobre a mente e talvez sobre o cérebro. Embora suas ideias não tenham maior validade ou, se você preferir, não sejam mais verdadeiras do que qualquer outro corpus, a introspecção treinada é uma fonte valiosa de evidência, outro instrumento a ser adicionado aos do geneticista, biólogo celular, neurocientista, historiador, psicólogo, sociólogo, antropólogo, romancista, poeta e todos os outros que desejam ser observadores mais sábios dos fenômenos que nunca seremos capazes de conhecer completamente.[237]

---

237 Ibid., 194-98.

Finalmente, Eric Lander ofereceu este maravilhoso desafio aos budistas:

> Gostaria de enfatizar a importância do ponto de que os budistas podem ser mais capazes de nos dizer que tipos de testes psicológicos e psicofísicos se aplicariam para determinar se alguém desenvolveu ou não a habilidade de perceber ou controlar as emoções. Eu gostaria de enfatizar essa questão, porque alguns desses testes podem ser feitos sem os aparelhos de ressonância magnética em Wisconsin. Eles poderiam ser realizados por budistas em Dharamsala. Para uma colaboração significativa em pesquisa ter continuidade, ela deve continuar sendo feita na Índia e no Tibete também. É simplesmente a boa ciência. Nós todos devemos realmente nos envolver no desenvolvimento de experimentos para que a conversa seja a melhor. Um grande resultado seria os budistas tibetanos fazendo e publicando experimentos lá com seus colaboradores nos próximos anos. Isso é algo demonstrável que alguém poderia tentar realizar. Eu acho que eles fariam experimentos diferentes e muito interessantes. Os experimentos seriam selecionados e depois testados no Ocidente.[238]

A resposta de Sua Santidade o Dalai Lama aos comentários acima foi clara e sucinta:

> Ao ouvir as apresentações de Eric Lander e de Jerome Kagan, que fizeram um belo resumo de alguns dos pontos mais importantes levantados nas conversas, fiquei profundamente impressionado, e a única coisa que eu poderia dizer é: sim, concordo com vocês... Nós, seres humanos, temos um corpo físico, mas também temos esta mente. Para termos uma vida feliz e significativa, precisamos

---

238 Ibid., 211–12. A referência aos "aparelhos de RMI em Wisconsin" pertence aos estudos na Universidade de Wisconsin, Madison.

cuidar do corpo e da mente. Então, acho que tradições espirituais e o progresso material devem andar juntos, em combinação.[239]

Infelizmente, desde essa reunião histórica, muito pouco foi feito pela comunidade científica ou pela comunidade budista para implementar essas sugestões provocadoras e inovadoras de Lander e Kagan, entusiasticamente endossadas por Sua Santidade o Dalai Lama. É chegada a hora de começar a organizar conferências sobre budismo e ciência, para as quais sejam convidados cientistas, filósofos e budistas verdadeiramente abertos, dispostos a questionar suas crenças e as limitações de seus respectivos modos de investigação. Esses seriam verdadeiros diálogos, em que os dois lados teriam tempo equivalente para compartilhar as descobertas e ideias de suas tradições, diferente da abordagem atual na qual os cientistas fornecem tutoriais para os budistas e os convidam a comentar. A colaboração interdisciplinar e transcultural genuína deve se basear no respeito mútuo, no qual todos os participantes não estão apenas dispostos, mas ansiosos para questionar até mesmo as suposições mais caras, que devem ser examinadas e avaliadas à luz de evidências convincentes e de raciocínio sólido. Este é o ideal comum do budismo e da ciência.

Também já é tempo de os budistas estabelecerem seus próprios centros de pesquisa contemplativa, baseados principalmente na tecnologia contemplativa de "treinamento superior do samādhi"[240] e na ciência contemplativa de "treinamento superior em sabedoria"[241], ambos enraizados no "treinamento superior em ética".[242] Visto que shamatha e vipaśyanā são amplamente consideradas práticas essenciais da meditação budista, seu cultivo e realização devem ser centrais para todo treinamento e investigação contemplativa budista. Embora virtualmente todas as pesquisas científicas sobre meditação tenham exigido cientistas estudando o cérebro e o comportamento dos meditadores como sujeitos da investigação científica, a verdadeira pesquisa colaborativa deve envolver a integração dos métodos científicos em terceira pessoa e dos métodos contemplativos em primeira pessoa.

Em suma, o que é necessário nestes tempos modernos, nos quais a humanidade e a ecosfera de maneira geral estão sendo assoladas por tantas crises provocadas pelo homem, é uma verdadeira revolução nas ciências da mente e um

---

239 Ibid., 214–15.
240 Sâns. *adhisamādhiśikṣa*.
241 Sâns. *adhiprajñāśikṣa*.
242 Sâns. *adhiśīlaśikṣa*.

verdadeiro renascimento na investigação contemplativa. Se essas duas grandes transições forem realizadas, conseguiremos restaurar o equilíbrio e a harmonia onde foram perdidos na vida dos indivíduos e de nossa comunidade global como um todo. Esses ideais podem ser alcançados por meio de uma colaboração estreita entre pesquisadores científicos e contemplativos, que tem o potencial de abrir vastos novos horizontes de conhecimento que transcenderão as atuais fronteiras entre ciência e religião.

Como um passo para concretizar esses ideais e realizar as sugestões de Kagan e Lander, o *Center for Contemplative Research* (*CCR*) (Centro de Pesquisa Contemplativa) está sendo desenvolvido neste momento em um local anteriormente chamado Eremitério Nada, em Crestone, Colorado. O CCR proporcionará um ambiente adequado para explorar os potenciais internos da mente humana e a natureza e as origens da consciência, integrando as metodologias da investigação contemplativa em primeira pessoa com as metodologias de investigação científica em terceira pessoa. O CCR faz parte do Santa Barbara Institute for Consciousness Studies (Instituto de Estudos da Consciência Santa Barbara), que fundei em Santa Barbara, Califórnia, em 2003, como uma organização sem fins lucrativos dedicada à pesquisa e educação no campo de estudos interculturais e interdisciplinares sobre a natureza e o potencial da mente.

Nas últimas décadas, cientistas reconhecidos em todo o mundo começaram a explorar os benefícios da meditação e estão ansiosos para trabalhar com as tradições contemplativas. Este centro será a primeira instalação no mundo dedicada a pesquisas sobre a natureza da mente e da consciência por contemplativos e cientistas, trabalhando lado a lado, em um espírito de abertura, respeito e apreciação mútuos. Já existe um interesse entusiástico por parte de especialistas internacionais nesses campos de estudo, e o único elo perdido até o momento era a criação de um centro de pesquisa projetado para oferecer o ambiente ideal para pesquisas aprofundadas e de longo prazo. O centro, localizado em 110 acres de terra agraciados com pinheiros, aninhados na base da imponente cordilheira de Sangre de Cristo, inclui uma capela, salão de reuniões, prédios de manutenção e onze cabines de retiro para contemplativos receberem treinamento profissional e prolongado em meditação em colaboração estreita com cientistas.

Embora tenha sido feito um grande progresso nas ciências da mente ao longo do século passado, a natureza e as origens da consciência permanecem tão misteriosas atualmente como sempre foram, e não houve avanços significativos em relação ao chamado problema mente-corpo ou à maneira como a mente interage com o corpo. Da mesma forma, na física quântica, o "problema da medição", relacionado ao papel do observador na realização de medições quânticas, permanece sem solução. Uma hipótese de trabalho para pesquisa no CCR é de que a falta de progresso nessas duas frentes ocorre porque o empirismo radical que tem sido a marca das grandes revoluções científicas do passado foi negligenciado no que diz respeito ao estudo científico da mente. Galileu aplicou uma abordagem radicalmente empírica ao estudo da astronomia e da física, Lavoisier adotou essa abordagem para a química, e Darwin a aplicou ao estudo de organismos biológicos. Resumidamente, essa abordagem implica a observação rigorosa, não-tendenciosa e direta dos fenômenos naturais que se busca compreender. Embora as ciências da mente tenham desenvolvido uma sofisticada gama de métodos para estudar indiretamente a mente por meio da investigação dos correlatos neurais da atividade mental e de suas expressões comportamentais, elas não conseguiram desenvolver métodos rigorosos para observar e investigar a mente diretamente. Isso pode ser feito apenas por meio da introspecção, que tem sido amplamente negligenciada nas ciências da mente há mais de um século.

Esses métodos radicalmente empíricos de observar e explorar a natureza e as origens da mente foram desenvolvidos ao longo de muitos séculos no Oriente e no Ocidente, principalmente pelos contemplativos budistas, hinduístas, jainistas, taoístas, judeus, cristãos e sufis. Mas esses métodos nunca foram integrados aos da ciência moderna e, no mundo de hoje, geralmente são marginalizados pelas tradições nas quais foram originalmente desenvolvidos. A principal missão do CCR é ajudar a catalisar a primeira verdadeira revolução nas ciências da mente e uma *renaissance* na investigação contemplativa.

O CCR oferecerá instalações para que indivíduos qualificados se dediquem a um treinamento profissional extensivo em práticas meditativas, começando com o cultivo e o atingimento de shamatha e vipaśyanā, e passando em seguida para práticas contemplativas mais avançadas, especialmente as ensinadas na tradição Dzogchen. Dedicando-se a essas práticas ao longo de anos de treinamento em tempo integral, é possível alcançar níveis de expertise praticamente desconhecidos no mundo moderno. Com a estreita colaboração entre esses contemplativos e psicólogos, neurocientistas, físicos e filósofos altamente treinados, nossa missão principal é desvendar os mistérios mais profundos da consciência e do papel da mente na natureza para o benefício da humanidade.

Na primavera de 2017, o Santa Barbara Institute começou a oferecer uma série anual de programas de treinamento contemplativo intensivos de oito semanas, focados nos cinco tratados visionários Dzogchen revelados por Düdjom Lingpa. Durante o primeiro desses retiros, ofereci a transmissão oral e comentários ao *Darma tolo de um idiota vestido de barro e penas*, de Düdjom Lingpa, e *Estado búdico sem meditação*. Em 2018, nos dedicamos a *O Tantra do Vajra Cortante da Consciência Lúcida* e o comentário de Düdjom Lingpa, intitulado *Essência do significado claro*. No ano seguinte, focamos *A visão iluminada de*

Samantabhadra e, na primavera de 2020, tivemos um retiro on-line focando as primeiras três fases da *Essência Vajra*. Dezenas de pessoas participaram desses retiros pessoalmente, e centenas de participantes de todo o mundo ouviram os podcasts dessas transmissões orais e comentários. Em 2017, os participantes do retiro de oito semanas colaboraram com uma equipe internacional de cientistas para explorar os efeitos desse treinamento sob as perspectivas em primeira pessoa e em terceira pessoa. Prevemos novos estudos desse tipo ao longo de toda essa série de retiros.

O estudo científico dos efeitos da meditação ainda está em fase inicial de desenvolvimento e, até o momento, tem se limitado a cientistas que conduzem seus estudos sobre meditadores, que são simplesmente sujeitos – não verdadeiros colaboradores – em tais pesquisas. O CCR explorará maneiras sem precedentes de apoiar pesquisas mutuamente respeitosas e verdadeiramente colaborativas entre contemplativos e cientistas, de maneira a ambos tirarem o melhor proveito dos pontos fortes de cada tradição. Os graduados desses programas de oito semanas estarão preparados para trazer os benefícios desse treinamento contemplativo a todos os aspectos da sociedade moderna, incluindo educação, negócios, saúde, governo, artes e atletismo.

O CCR explorará métodos para melhorar a atenção, habilidades de memória, atenção plena e equilíbrio emocional. Essa pesquisa explorará os benefícios potenciais da meditação como uma alternativa aos medicamentos para a prevenção e tratamento de transtornos mentais, incluindo depressão, transtorno de déficit de atenção e hiperatividade (TDAH), transtorno geral de ansiedade e transtorno de estresse pós-traumático (TEPT). Um campo adicional será o estudo do valor de diferentes tipos de meditação para desenvolver níveis elevados de saúde mental e bem-estar. Esses estudos se concentrarão no cultivo do bem-estar genuíno que surge do cultivo da paz interna e do equilíbrio mental, sem depender de condições externas. Para conseguir isso, levantamos a hipótese de que é necessário desenvolver e sustentar quatro tipos de equilíbrio mental: (1) conativo, que implica o cultivo de desejos e intenções inteligentes, (2) atencional, que implica a capacidade de focar a atenção com estabilidade e clareza, (3) cognitivo, que implica discernimento, e (4) emocional, implicando o desenvolvimento da inteligência emocional. Nos meus quarenta e dois anos de experiência como professor de meditação, descobri que a saúde mental e o bem-estar excepcionais são o resultado natural desse treinamento nesses quatro aspectos do equilíbrio mental. Agora teremos a oportunidade de colocar essas hipóteses à prova por meio de estudos científicos rigorosos.

Os contemplativos e cientistas dedicados à criação do CCR têm a visão de que este centro se torne o núcleo de uma rede internacional de centros pertencentes à Associação para Pesquisa em Ciência Contemplativa (ARCS). Grande interesse por essa rede interdisciplinar e intercultural já foi manifestado por indivíduos e instituições em países do mundo todo, incluindo Índia, Cingapura, Mongólia, Brasil, México, Estados Unidos, Austrália, Reino Unido, Espanha, Itália, Áustria e Rússia. A visão é modelar essa associação a exemplo do Projeto Genoma Humano, com vários centros de pesquisa colaborando para que sejam feitas descobertas fundamentais sobre a mente e seu papel na natureza.

A ideia de criar esse centro de pesquisa despertou grande entusiasmo internacional, em parte porque foi inspirada e totalmente apoiada por Sua Santidade o Dalai Lama. O Santa Barbara Institute for Consciousness Studies (Instituto Santa Barbara para Estudos da Consciência) já conduziu uma pesquisa como essa em vários campi da Universidade da Califórnia, da Universidade Emory, da Universidade do Arizona e da Universidade de Viena, e colaborou com muitos cientistas em todo o mundo. No futuro, deveremos trabalhar com outros centros contemplativos e instituições científicas em todo o mundo, iniciando assim a formação de uma rede internacional, espiritual, cultural e de colaboração científica – a Association for Research in Contemplative Science (Associação de Pesquisa em Ciência Contemplativa).

Glossário

aflições mentais (tib. *nyon mongs*, sâns. *kleśa*). Desejo intenso, hostilidade, delusão, e assim por diante; perturbações mentais que nos impulsionam a realizar ações negativas e perpetuar o saṃsāra.

Akaniṣṭha (sâns., tib. *'og min*). Lit. "insuperável", o campo búdico de Samantabhadra, no qual todos os seres acabam no final alcançando a suprema iluminação.

arhat (sâns., tib. *dgra bcom pa*). Alguém que alcançou o nirvāṇa, a cessação completa das causas do sofrimento e de seus efeitos.

āryabodhisattva (sâns., tib. *'phags pa'i byang chub sems dpa'*). Um bodisatva que alcançou uma realização direta, não-conceitual, sem mediação da vacuidade no caminho da visão.

asura (sâns., tib. *lha ma yin*). Um titã, ou semideus, cuja existência é caracterizada por agressão e conflito com os devas.

atenção plena (tib. *dran pa*, sâns. *smṛti*). A faculdade mental de prestar atenção continuamente, sem esquecimento, em um objeto com o qual já estamos familiarizados.

atividade mental (tib. *yid*, sâns. *manas*). A atividade da mente que é a base para a emergência de todas as formas de aparências, deste modo revelando o aspecto luminoso da consciência. A partir dessa "refração" da luz da consciência nos cinco modos de aparências sensoriais, a reificação dessas aparências tende a continuar, resultando numa intensa identificação e delusão.

atividade mental aflitiva (tib. *nyon yid*, sâns. *kliṣṭamanas*). Um sentido primitivo, pré-conceitual, subjetivo de identidade pessoal localizada aqui, que está separado do espaço objetivo da consciência, lá fora. Ela é a expressão mais primária da fixação à ideia de "eu" (tib. *ngar 'dzin pa*), que em sânscrito é literalmente conhecida como "criador do eu" (sâns. *ahaṃkāra*).

atravessar (tib. *khregs chod*). A primeira das duas fases principais na prática da Grande Perfeição, focada em alcançar a realização direta e contínua da pureza original da consciência prístina.

ausência de identidades (tib. *bdag med*, sâns. *nairātmya*). Estado de ausência de essência própria ou uma ausência de identidade inerente. Há dois tipos: (1) a ausência de identidade pessoal e (2) a ausência de identidade dos fenômenos.

autoaparente (tib. *rang snang*). Manifestando-se de si mesma, uma característica da consciência primordial. Também traduzido como "suas próprias aparências".

autoemergente (tib. *rang byung*). Emergindo de si mesma, uma característica da consciência primordial.

autofixação (tib. *bdag tu 'dzin pa*, sâns. *ātmagrāha*). Fixação a uma suposta identidade inerentemente existente das pessoas ou coisas.

bardo (tib. *bar do*, sâns. *antarabhāva*). Ver fase de transição e período intermediário para um significado mais amplo e específico.

base da existência (tib. *gzhi*, sâns. *āśraya*). A base de todo saṃsāra e nirvāṇa, que é o dharmakāya. Este termo tibetano é, às vezes, traduzido como "a condição da base" quando se refere àquilo que existe no estado natural mesmo sem depender da prática do caminho.

Bhagavān (sâns., tib. *bcom ldan 'das*). Lit. "O Abençoado", um epíteto do Buda. O termo tibetano tem a conotação de alguém que superou todos os obscurecimentos, que está imbuído de todas as qualidades excelentes e que transcendeu o saṃsāra.

bindu (sâns., tib. *thig le*). Um orbe de luz ou fluido. Neste texto se refere às essências vitais, ou às gotas essenciais vermelha e branca de fluidos vitais no corpo sutil, incluído na tríade de canais, orbes e energias vitais.

bodicita (sâns., tib. *byang chub kyi sems*). Lit. "mente do despertar", ela é descrita como possuindo dois aspectos relativos, de aspiração e de engajamento, assim como um aspecto absoluto, definitivo. O cultivo da bodicita de aspiração se dá pelo desejo de alcançar a iluminação para liberar todos os seres sencientes do saṃsāra. A bodicita é chamada de engajada quando alguém efetivamente pratica com essa motivação para alcançar o estado búdico. Na Grande Perfeição, a bodicita é a base primordial, originalmente pura, que permeia todo o saṃsāra e o nirvāṇa. Nesse contexto, então, a realização da bodicita definitiva é a realização do estado de ausência de identidades como a exibição da consumação de saṃsāra e nirvāṇa, livre de atividades e elaborações conceituais. A preciosa bodicita resume todas as realidades autênticas e é a fonte definitiva de todos os fenômenos; ela manifesta a sabedoria de realizar o estado de ausência de identidades, liberando os três reinos do saṃsāra como a exibição dos três kāyas.

bodisatva (sâns., tib. *byang chub sems dpa'*). Um ser em quem a bodicita surge sem esforços e que se devota ao cultivo das seis perfeições para alcançar a iluminação para o benefício de todos os seres.

Bodhisattvayāna (sâns., tib. *byang chub sems dpa'i theg pa*). O veículo espiritual dos bodisatvas, por meio do qual eles selam saṃsāra e nirvāṇa com a bodicita.

brâmane (sâns., tib. *bram ze*). Um membro da casta religiosa no sistema de castas da Índia, que pratica a conduta pura, se alimenta de coisas puras e do qual se esperam atitudes virtuosas.

buda (sâns., tib. *sangs rgyas*). Lit. "ser desperto", um ser iluminado no qual todas as aflições mentais e obscurecimentos foram dissipados, e todas as qualidades excelentes foram conduzidas à perfeição.

campo búdico (tib. *sangs rgyas kyi zhing khams*, sâns. *buddhakṣetradhātu*). Lit. "reino de um campo búdico", um "reino puro" que é gerado espontaneamente a partir da mente iluminada de um buda.

carma (sâns., tib. *las*). Ações maculadas por aflições mentais, especialmente a delusão da fixação a si mesmo.

cármica, energia (tib. *las rlung*). Uma energia vital que flui através do corpo e é impulsionada pelo carma anterior. *Ver também* prāṇa.

cármica, marca (tib. *bag chags*, sâns. *vāsanā*). O potencial armazenado na consciência substrato pelas ações passadas e intenções que amadurecerá como uma experiência ao encontrar condições adequadas. *Ver também* propensões habituais.

causa substancial (tib. *nyer len gyi rgyu*, sâns. *upādānakāraṇa*). Uma causa anterior de algo que efetivamente se transforma em seu efeito, como uma semente se transforma em um broto, ou matéria se transforma em energia.

chakra (sâns., tib. *rtsa 'khor*). Uma "roda" de canais através dos quais as energias vitais correm. A classificação quíntupla dos chakras inclui o chakra do grande êxtase na coroa da cabeça, o chakra do desfrutar na garganta, o chakra do dharma no coração, o chakra da emanação no umbigo e o chakra do êxtase contínuo na região genital.

cinco ações de retribuição imediata (tib. *mtshams med pa lnga*, sâns. *pañcānantarya*). Ações com uma tamanha força cármica negativa que, logo ao morrer, levam o agente a renascer imediatamente no inferno, desviando do período intermediário: parricídio, matricídio, matar um arhat, fazer por maldade com que um buda sangre, criar um cisma na Saṅgha.

cinco venenos (tib. *dug lnga*). Delusão, hostilidade, orgulho, desejo intenso e inveja.

clara luz (tib. *'od gsal*, sâns. *prabhāsvara*). A natureza iluminadora da lucidez prístina.

condição auxiliar (tib. *lhan cig byed rkyen*, sâns. *sahakārikāraṇa*). Um fator auxiliar na geração de um efeito, que ocorre ao mesmo tempo que a causa substancial, porém não possui a mesma substância que seu efeito. Por exemplo, é como trabalhadores no campo que plantam as sementes para gerar uma colheita, ou os esforços da pessoa que produz um pote, ou a faculdade sensorial que governa um momento de consciência.

consciência (tib. *rig pa*, sâns. *vidyā*). A ação fundamental de conhecer. *Ver também* lucidez prístina.

consciência (tib. *shes pa*, sâns. *jñāna*). A experiência básica de saber, conhecer ou estar atento.

consciência condicionada (tib. *rnam par shes pa*, sâns. *vijñāna*). As qualidades de claridade e conhecimento da mente que emergem no aspecto do objeto e que estão fixadas por reificação. *Ver para comparação* consciência primordial.

consciência primordial (tib. *ye shes*, sâns. *jñāna*). O estado manifesto da base, que é autossurgido, naturalmente luminoso e livre de obscurecimentos externos e internos; é indivisível da expansão que tudo permeia, lúcida, clara, do espaço absoluto dos fenômenos, livre de contaminações. A palavra é utilizada em muitos contextos na literatura budista, em que também pode simplesmente se referir a uma forma atemporal de conhecimento, livre de elaboração conceitual, que realiza a vacuidade.

consciência primordial, cinco facetas da (tib. *ye shes lnga,* sâns. *pañcajñānāni).* Consciência primordial semelhante ao espelho, consciência primordial discriminativa, consciência primordial da igualdade, consciência primordial da realização e consciência primordial do espaço absoluto dos fenômenos.

consciência primordial discriminativa (tib. *so sor rtog pa'i ye shes,* sâns. *pratyavekṣaṇajñāna).* Consciência primordial que discerne sem impedimentos as manifestações da lucidez prístina, que conhece a realidade tal como ela é e que percebe a variedade completa dos fenômenos.

consciência primordial do espaço absoluto dos fenômenos (tib. *chos kyi dbyings kyi ye shes,* sâns. *dharmadhātujñāna).* A natureza essencial autoemergente da base pura, que é a grande vacuidade primordial, e que engloba todos os fenômenos do saṃsāra e do nirvāṇa.

consciência primordial da igualdade (tib. *mnyam pa nyid kyi ye shes,* sâns. *samatājñāna).* Consciência primordial da pureza equânime de saṃsāra e nirvāṇa na grande vacuidade.

consciência primordial da realização (tib. *bya ba sgrub pa'i ye shes,* sâns. *kṛtyānuṣṭhānajñāna).* Consciência primordial por meio da qual todas as ações e atividades puras, livres, simultaneamente perfeitas são realizadas naturalmente, por si mesmas.

consciência primordial semelhante ao espelho (tib. *me long lta bu'i ye shes,* sâns. *ādarśajñāna).* Consciência primordial autoiluminadora, que é de uma natureza lúcida, clara, livre de contaminação, e que permite as aparências incessantes de todas as formas de objetos.

consciência primordial, três facetas da (tib. *ye shes gsum).* Isto se refere à natureza essencial vazia, à natureza luminosa manifesta e à compaixão que tudo permeia como a divisão tríplice da consciência primordial, ou lucidez prístina, como ela se encontra na base, e pode, assim, ser realizada por meio da prática nos três kāyas de um buda.

consciência substrato (tib. *kun gzhi rnam shes,* sâns. *ālayavijñāna).* Um estado eticamente neutro, direcionado para dentro, livre de conceituação, no qual as aparências de eu, outros e objetos estão ausentes. É nesta dimensão da consciência que a mente grosseira se dissolve ao atingir shamatha.

corpo de arco-íris da grande transferência (tib. *'ja' lus 'pho ba chen po).* A forma mais elevada pela qual os agregados de um praticante do caminho da Grande Perfeição podem ser liberados ao atingir a perfeita iluminação. *Ver* vajrakāya (tib. *rdo rje sku).*

ḍākinī (sâns., tib. *mkha' gro ma).* Uma bodisatva altamente realizada, que se manifesta no mundo para servir os seres sencientes. O termo tibetano significa "aquela que se move no céu", em referência ao fato de que tais seres se movimentam na expansão do espaço absoluto.

deidade (tib. *lha*, sâns. *deva*). No contexto do budismo Vajrayāna refere-se a um ser iluminado que se manifesta em uma maṇḍala, ou morada secreta, pura.

deidade pessoal (tib. *yi dam*, sâns. *iṣṭadevatā*). A manifestação ou corporificação iluminada escolhida como objeto primordial de refúgio e prática meditativa.

delusão (tib. *'khrul pa, gti mug*, sâns. *bhrānti, moha*). Em especial a delusão de reificar a si mesmo e os outros fenômenos, o que serve como raiz para todas as outras aflições mentais.

delusórias, aparências (tib. *'khrul snang*). As aparências reificadas dos fenômenos que surgem devido à delusão.

deva (sâns., tib. *lha*). Neste texto, este termo geralmente se refere a um "deus" dentro do saṃsāra, que experimenta grande alegria, percepção extrassensorial e habilidades paranormais, mas que sofre enormemente quando confrontado pela morte. Para um significado alternativo, ver deidade.

Dharma (sâns., tib. *chos*). Ensinamentos espirituais e práticas que nos transportam irreversivelmente além do sofrimento e das fontes do sofrimento, em direção à realização da liberação e da iluminação.

dharmadhātu (sâns.). *Ver* espaço absoluto dos fenômenos.

dharmakāya (sâns., tib. *chos kyi sku*). A "corporificação iluminada da verdade", que é a mente dos budas.

dharmatā (sâns., tib. *chos nyid*). *Ver* realidade absoluta.

dhyāna (sâns., *pāli jhāna*). Estados avançados de concentração meditativa, geralmente apresentados em quatro níveis progressivamente mais profundos.

Dzogchen (tib. *rdzogs chen*). *Ver* Grande Perfeição.

elaboração conceitual (tib. *spros pa*, sâns. *prapañca*). Construções conceituais como as que se referem à existência, inexistência, nascimento e cessação. Este termo também pode se referir, sem uma conotação negativa, ao uso da imaginação em um ritual de iniciação ou prática avançada do tantra.

energia vital. *Ver* prāṇa e vāyu.

equilíbrio meditativo (tib. *mnyam bzhag*, sâns. *samāhita*). Posicionamento equilibrado, sem distrações, da mente sobre seu objeto pelo tempo desejado, alcançado pela primeira vez na realização de shamatha.

espaço (tib. *dbyings*, sâns. *dhātu*). No nível relativo refere-se ao espaço da consciência (tib. *chos kyi khams*, sâns. *dharmadhātu*), que em sua manifestação primal é o substrato (tib. *kun gzhi*, sâns. *ālaya*). No nível absoluto refere-se ao espaço absoluto dos fenômenos *(tib. chos kyi dbyings,* sâns. *dharmadhātu),* que é sinônimo da vacuidade.

espaço da consciência *(tib. dbyings,* sâns. *dhātu).* O termo tibetano *dbyings* pode significar o "espaço da consciência" relativo, quando não é uma abreviação de *chos kyi dbyings,* ou o "espaço absoluto dos fenômenos". O termo *espaço da consciência* pode ser considerado idêntico ao termo *elemento dos fenômenos (tib. chos kyi khams,* sâns. *dharmadhātu),* que denota a gama de fenômenos que podem ser percebidos pela mente e é um dos dezoito elementos *(tib. khams,* sâns. *dhātu)* comumente citados na fenomenologia budista.

espaço absoluto dos fenômenos *(tib. chos kyi dbyings,* sâns. *dharmadhātu).* A expansão de todos os fenômenos do saṃsāra e do nirvāṇa. Não se refere ao espaço no sentido newtoniano reificado, mas sim a uma dimensão absoluta de espaço a partir da qual todas as manifestações do espaço-tempo e massa-energia relativos emergem, na qual elas se encontram e na qual elas finalmente se dissolvem. Da mesma forma, todas as manifestações de estados relativos de consciência e processos mentais emergem como manifestações da consciência primordial, a qual, segundo a Grande Perfeição, sempre permaneceu indivisível do espaço absoluto dos fenômenos.

estabelecendo a mente em seu estado natural *(tib. sems rnal du babs pa).* A dissolução da mente grosseira em seu continuum de consciência mental subjacente (consciência substrato), que é alcançada por meio da realização completa de shamatha.

estágio da completude *(tib. rdzogs rim,* sâns. *utpanna-* ou *niṣpannakrama).* Um sistema Vajrayāna de prática, correspondendo à anuyoga, baseado na prática do estágio da geração e que utiliza aquilo que já está "completo" no corpo humano, ou seja, os canais, orbes e energias vitais – de modo a gerar as realizações do grande êxtase e vacuidade indivisíveis, e para manifestar a mente interna de clara luz em união com o corpo ilusório.

estágio da geração *(tib. bskyed rim,* sâns. *utpattikrama).* Um sistema de prática Vajrayāna, correspondendo à mahāyoga, no qual o próprio corpo, fala e mente são considerados como manifestações do corpo, fala e mente da deidade pessoal. Como resultado dessa prática: (1) é atingida a estabilidade na própria lucidez, (2) as aparências comuns, assim como o apego que acredita nelas como reais, são transferidos para a natureza dos campos búdicos e (3) o próprio corpo, fala e mente são transformados nos três vajras.

eticamente neutro *(tib. lung ma bstan,* sâns. *avyākṛta).* Uma característica de todos os fenômenos que não são por natureza virtuosos ou não-virtuosos.

excitação *(tib. rgod pa,* sâns. *auddhatya).* Agitação mental desencadeada pela aflição mental do apego. Um dos dois desequilíbrios da atenção aos quais a mente habitualmente tende e que é superado por meio do cultivo da estabilidade na prática de shamatha. *Para o outro desequilíbrio ver* lassidão.

exibição (tib. *rol pa*, sâns. *lalita*). A manifestação da realidade se desenrolando como uma "dança" ou "esporte".

exibições criativas, expressões criativas (tib. *tsal*). Efulgência, ou manifestações, tais como as exibições criativas da consciência primordial.

existência inerente (tib. *rang bzhin gyis grub pa*, sâns. *svabhāvasiddhi*). A qualidade própria da existência que é erroneamente projetada sobre os fenômenos. Apesar de os fenômenos aparecerem como se existissem dessa forma, de modo independente da mente que os apreende, se qualquer coisa existisse assim, seria imutável e não poderia ser conhecida.

existência mundana (tib. *srid pa*, sâns. *bhava*). O ciclo da existência no qual somos impulsionados vida após vida pela força das aflições mentais e do carma. Equivalente a saṃsāra.

extremos de elaboração conceitual, oito (tib. *spros pa'i mtha' brgyad*, sâns. *aṣṭānta*). As oito afirmações filosóficas de originação, cessação, existência, inexistência, vir, ir, diversidade e unidade.

flexibilidade (tib. *shin sbyang*, sâns. *praśrabdhi*). A maleabilidade e leveza do corpo e da mente que é cultivada por meio da prática de shamatha. O atingimento desta qualidade torna a mente eficiente de forma ótima para se dedicar ao cultivo da bodicita relativa e absoluta.

gandharva (sâns., tib. *dri za*). (1) Um ser etéreo descrito como subsistindo de fragrâncias; (2) um "músico celestial"; (3) um ser no período intermediário.

Grande Perfeição (tib. *rdzogs pa chen po*, sâns. *mahāsaṇdhi*). Dzogchen, ou atiyoga, o pináculo dos nove veículos transmitidos pela escola Nyingma. O espaço absoluto de clara luz dos fenômenos, não possuindo centro ou periferia, do qual todos os fenômenos de saṃsāra e nirvāṇa surgem espontaneamente como exibições criativas.

guru (sâns., tib. *bla ma*). Um professor ou mentor espiritual que nos conduz ao estado de liberação e despertar espiritual.

iluminação (tib. *byang chub*, sâns. *bodhi*). Despertar espiritual.

inato (tib. *lhan skyes*, sâns. *sahaja*). *Lit.* "nascido junto ao mesmo tempo", este termo é utilizado em vários contextos para aquilo que é natural ou espontâneo, seja quando se refere a um processo que está ocorrendo na existência cíclica ou a qualidades espirituais elevadas que emergem como parte do caminho que vai além da existência cíclica (como em "consciência primordial inata").

insight (inglês, tib. *lhag mthong*, sâns. *vipaśyanā*). *Ver* vipaśyanā.

instrução essencial (tib. *man ngag*, sâns. *upadeśa*). Uma instrução prática sucinta e poderosa, que vem da experiência do guru e da linhagem.

instrução direta (tib. *mdzub khrid, ngo sprod pa*). Uma introdução à natureza da mente.

intrínseco (tib. *gnyug ma*, sâns. *nija*). Aquilo que tem permanecido naturalmente dentro de nós desde o princípio (sem princípio), e que permanece continuamente. Também pode ser traduzido como "fundamental" ou "inato".

introspecção (tib. *shes bzhin*, sâns. *samprajanya*). A faculdade mental que monitora o funcionamento do próprio corpo, fala e mente. Ela é crucial para todas as formas de prática espiritual, incluindo meditação, e na prática de shamatha, em especial, refere-se ao monitoramento do fluxo de atenção, mantendo cuidado diante da ocorrência de lassidão e excitação.

iogue (sâns., tib. *rnal 'byor pa*). Um homem que é realizado na prática de yoga.

kāya (sâns., tib. *sku*). Uma reunião de facetas espontaneamente realizadas da consciência primordial e de qualidades da iluminação, designado como um corpo composto.

lassidão (tib. *bying ba*, sâns. *laya*). A perda de clareza da atenção, que é combatida com o cultivo da vivacidade na prática de shamatha. *Ver também* excitação.

liberação natural (tib. *rang grol*). *Lit.* "autoliberação" ou "soltar a si mesmo", também pode ser traduzido como "liberar a si mesmo" ou "soltar-se naturalmente". Quando não há fixação, os pensamentos e aflições são naturalmente liberados sem qualquer necessidade de antídotos, intervenções ou forças externas.

lucidez prístina (tib. *rig pa*, sâns. *vidyā*). No contexto da Grande Perfeição refere-se à dimensão absoluta da consciência, que é primordialmente pura, além de tempo e espaço, e que transcende todas as construções conceituais, incluindo os oito extremos de elaboração conceitual.

lucidez prístina que está presente na base (tib. *gzhir gnas kyi rig pa*). A natureza fundamental e que tudo permeia da consciência, que é equivalente ao dharmakāya.

luminosidade (tib. *gsal ba*, sâns. *prabhāsvara*). A claridade natural da consciência que torna manifestas todas as aparências.

luminosidade interna (tib. *mdangs*). A luminosidade natural (*rang mdangs*) da lucidez prístina, que está presente de forma transcendental na base e se expressa como consciência primordial interna autoemergente.

lung (tib. *rlung*). *Ver* vāyu.

Madhyamaka (sâns., tib. *dbu ma*). O Caminho do Meio, a mais elevada das duas escolas filosóficas Mahāyāna no sistema dos sutras, especialmente associada às obras do mestre indiano do século II, Nāgārjuna. No budismo tibetano, a visão do Caminho do Meio é compreendida segundo duas tradições de interpretação:

a dos Svātantrikas (tib. *rang rgyud pa*), que defendem a eficácia de uma linha autônoma de raciocínio para demonstrar que os fenômenos não são verdadeiramente existentes, e a dos Prāsaṅgikas (tib. *thal 'gyur ba*), que afirmam que o único tipo de argumento que pode conduzir a uma compreensão autêntica da vacuidade é aquele que leva a uma consequência absurda, ou uma forma de *reductio ad absurdum*.

Mahāmudrā (sâns., tib. *phyag rgya chen po*). O "Grande Selo", que é um sinônimo para vacuidade, o espaço absoluto dos fenômenos. Também se refere a um sistema de prática projetado para conduzir à realização da vacuidade por meio da mente muito sutil de clara luz.

Mahāyāna (sâns., tib. *theg pa chen po*). O "Grande Veículo", por meio do qual se atinge o estado de iluminação perfeita de um buda para liberar todos os seres sencientes.

maṇḍala (sâns., tib. *dkyil 'khor*). (1) Uma representação simbólica do mundo, que é oferecida ritualmente; (2) um mundo sagrado secreto, onde a figura divina principal emana e reabsorve mundos perfeitos consistindo em seres e nos ambientes distintos nos quais eles habitam; (3) uma representação dessa morada pura de uma deidade iluminada.

manifestação espontânea (tib. *lhun grub*, sâns. *anābhoga*). A emergência espontânea de qualidades e atividades do dharmakāya, cuja realização é o aspecto central da prática da travessia direta.

mantra (sâns., tib. *sngags*). Sílabas, palavras ou uma série de palavras em sânscrito imbuídas com significado simbólico especial ou bênçãos espirituais.

mente (tib. *sems*, sâns. *citta*). Nos textos discutidos aqui, geralmente se refere à consciência dualista que se apega às aparências, conceitualmente observa seus próprios processos, e evoca prazer e dor por meio de fabricações intelectuais e da aceitação e rejeição de virtudes ou negatividades.

mente-energia (tib. *rlung sems*). Um termo baseado na ideia comum a muitas apresentações do Vajrayāna e da Grande Perfeição, ou seja, de que as energias vitais sutis e muito sutis fluem associadas à consciência (*rlung sems ' jug pa gcig pa*), ou de que ambas possuem a mesma natureza essencial, compreendida a partir de diferentes pontos de vista (*ngo bo gcig ldog pa tha dad*). O par das energias e da mente é frequentemente referido por um único termo composto. Em geral isto se refere às energias cármicas e à mente condicionada, mas como às vezes há referências nos textos da Grande Perfeição a uma mente-energia purificada, ou nos textos do yoga tantra insuperável a uma mente-energia interna, muito sutil, associada à clara luz, parece que o mesmo termo pode também se referir às energias da consciência primordial.

mérito (tib. *bsod nams*, sâns. *puṇya*). Potencial cármico gerado por meio da realização de ações positivas com uma motivação virtuosa.

modo de existência (tib. *gnas tshul*). Como as coisas realmente são, em contraste ao seu modo de aparência (tib. *snang tshul*).

natureza (tib. *rang bzhin*, sâns. *prakṛti*). A qualidade ou característica de algum fenômeno, tal como a mente, cuja natureza é a luminosidade.

natureza búdica (tib. *sangs rgyas kyis rigs*, sâns. *buddhadhātu*). A natureza primordialmente pura, essencial da mente, equivalente à consciência prístina, que nada mais é que o dharmakāya, mas pode ser considerada provisoriamente como o potencial de cada um para atingir o despertar espiritual.

natureza essencial (tib. *ngo bo*, sâns. *svabhāva*). A natureza fundamental de um fenômeno, como no caso de a consciência ser a natureza essencial da mente. Isto também pode se referir à vacuidade, como a natureza essencial última de qualquer fenômeno, tal como a mente.

natureza da existência (tib. *gnas lugs*, sâns. *tathātva*). O modo fundamental de existência de todos os fenômenos, que é a vacuidade. Isto é frequentemente contrastado pela forma como as coisas aparecem (tib. *snang lugs*).

natureza última da mente (tib. *sems nyid*, sâns. *cittatā*). Lucidez prístina, o sugatagarbha. Também é a natureza vazia da mente, ou sua falta de identidade inerente.

niilismo (tib. *med par lta ba*). Uma doutrina que nega a possibilidade de conhecimento objetivo, significado, valores ou moralidade.

nirmāṇakāya (sâns., tib. *sprul pa'i sku*). Uma "corporificação de emanação" do sugatagarbha, que pode aparecer em qualquer lugar no universo para beneficiar os seres sencientes, sendo de quatro tipos: seres vivos, professores, criações e materiais.

nirvāṇa (sâns., tib. *mya ngan las 'das pa*). Liberação espiritual, na qual se alcança a liberdade definitiva da delusão e de todas as outras aflições mentais que dão origem ao sofrimento.

obscurecimento aflitivo (tib. *nyon mongs pa'i sgrib pa*, sâns. *kleśāvaraṇa*). Os obscurecimentos grosseiros que consistem em aflições mentais manifestas e suas sementes, que são abandonadas no caminho da meditação, depois do caminho da visão direta da natureza da realidade.

obscurecimento cognitivo (tib. *shes bya'i sgrib pa*, sâns. *jñeyāvaraṇa*). Os obscurecimentos mentais sutis que impedem a realização da onisciência, incluindo as propensões habituais para os fenômenos aparecerem como se possuíssem existência inerente.

pensamentos (tib. *rnam rtog*, sâns. *vikalpa*). Na maioria dos contextos refere-se aos pensamentos comuns, dualísticos, relativos aos objetos do saṃsāra.

percepção extrassensorial (tib. *mngon par shes pa*, sâns. *abhijñā*). Modos elevados de percepção que são desenvolvidos por meio das práticas de shamatha e vipaśyanā. Cinco tipos de tal percepção são geralmente listados nos textos budistas: (1) percepção extrassensorial por meio da qual capacidades paranormais são manifestadas, (2) clarividência (visão remota), (3) clariaudiência, (4) relembrar vidas passadas e (5) consciência das mentes dos outros.

perfeições, seis (tib. *pha rol tu phyin pa drug*, sâns. *satpāramitā*). As principais práticas de um bodisatva imbuído de bodicita: generosidade, disciplina ética, paciência, entusiasmo, meditação e sabedoria.

período intermediário (tib. *bar do*, sâns. *antarabhāva*). O intervalo entre a morte e o próximo nascimento, que inclui duas das seis fases de transição, ou seja, a fase de transição da verdadeira natureza da realidade e a fase de transição do vir a ser.

phowa (tib. *'pho ba*, sâns. *saṃkrānti*). Ver transferência.

prāṇa (sâns., tib. *rlung*). Energia vital, conhecida como "ventos" ou correntes de energia no corpo. *Ver também* energia cármica (tib. *las rlung*) e vāyu.

pratyekabuddha (sâns., tib. *rang sangs rgyas*). Lit. "buda solitário", alguém comprometido com sua própria liberação individual por meio da prática solitária.

preta (sâns., tib. *yi dvags*). Um espírito cuja existência é dominada por fome, sede e desejos insaciáveis.

processos mentais (tib. *sems byung*, sâns. *caitta*). Um evento mental que surge em conjunção com a consciência, por meio do qual nos engajamos de diversas formas com os objetos de apreensão.

propensões habituais (tib. *bag chags*, sâns. *vāsanā*). Marcas mentais acumuladas como resultado de experiências anteriores das ações, e que influenciam eventos e a conduta posteriores.

quatro aplicações diretas da atenção plena (tib. *dran pa nyer bzhag bzhi*, sâns. *catursmṛtyupasthāna*). As práticas fundamentais de vipaśyanā, nas quais a atenção plena é aplicada diretamente e com discernimento a corpo, sensações, mente e fenômenos.

radiância (tib. *gdangs*). A luminosidade natural da lucidez prístina.

realidade última (tib. *chos nyid*, sâns. *dharmatā*). A natureza última, essencial de todos os fenômenos, que é a vacuidade.

realização (tib. *rtogs pa*). Visão direta de algum aspecto fundamental da realidade. No contexto da Grande Perfeição refere-se ao conhecimento sutil e exato de como os fenômenos aparentes são não-objetivos e vazios por si mesmos, culminando no conhecimento decisivo do um só sabor da grande vacuidade – o fato de que todo o saṃsāra e o nirvāṇa naturalmente surgem da expansão da base e não são estabelecidos como qualquer outra coisa.

reificação (tib. *bden 'dzin*, sâns. *satyagrāha*). Fixação à ideia de existência inerente; apreender falsamente qualquer fenômeno como sendo existente por sua própria natureza, por si mesmo, independentemente da imputação conceitual.

reino do desejo (tib. *'dod khams*, sâns. *kāmadhātu*). O nível de existência que inclui seres dos infernos, pretas, animais, humanos, semideuses (ou asuras) e os deuses (devas) pertencentes ao reino da existência cíclica.

reino da forma (tib. *gzugs khams*, sâns. *rūpadhātu*). Uma dimensão do saṃsāra na qual seres imbuídos de corpos luminosos se encontram em alguma das quatro dhyānas, livres dos apegos do reino do desejo, mas ainda tendendo ao apego ao reino da forma.

reino da não-forma (tib. *gzugs med khams*, sâns. *arūpyadhātu*). Uma dimensão do saṃsāra na qual seres se encontram em alguma das absorções sem forma (sâns. *samāpatti*) até o pináculo da existência mundana. Imbuídos com corpos mentais transparentes, desprovidos de formas grosseiras, eles estão livres dos apegos dos reinos do desejo e da forma, mas ainda se fixam ao reino da não-forma.

reinos, três (tib. *khams gsum*, sâns. *trīdhātu*). Os reinos do desejo, da forma e da não-forma.

revelador de tesouros (tib. *gter ston*). Um ser altamente realizado que revela ensinamentos do Dharma ocultos no mundo físico ou na natureza da mente. *Ver* tertön.

rigpa (tib. *rig pa*, sâns. *vidyā*). *Ver* lucidez prístina.

rūpakāya (sâns., tib. *gzugs kyi sku*). Uma corporificação da forma de um ser iluminado, incluindo nirmāṇakāyas e sambhogakāyas.

sabedoria (tib. *shes rab*, sâns. *prajñā*). Refere-se em geral à faculdade de inteligência discriminativa. Mais especificamente nestes contextos refere-se ao conhecimento que determina todas as coisas incluídas no mundo fenomênico de saṃsāra e nirvāṇa como sendo vazias, destituídas de identidades, e não-objetivas, de tal modo que as aparências e estados mentais são gradualmente extinguidos no espaço da consciência.

samādhi (sâns., tib. *ting nge 'dzin*). Concentração meditativa. No sentido estreito do termo significa concentração focada (alcançada especificamente por meio da prática de shamatha), mas no sentido mais amplo é um dos três "treinamentos mais elevados", assim como a ética e a sabedoria. Nesse contexto refere-se a estados excepcionais de equilíbrio mental e bem-estar.

Samantabhadra (sâns., tib. *kun tu bzang po*). *Lit.* "bondade total", com muitos significados dependendo do contexto: (1) o nome de um bodisatva específico, que é um

Glossário • 257

dos oito principais discípulos bodisatvas do Buda Śākyamuni, (2) um sinônimo para a natureza búdica em geral e (3) um sinônimo para o dharmakāya, na forma do buda primordial Samantabhadra, do qual, segundo os tantras Nyingma, os diversos corpos búdicos emanam e do qual as linhagens tântricas mais elevadas surgem. Como tal, Samantabhadra é também o resultado atingido por meio da prática da Grande Perfeição do atravessar.

shamatha (tib. *zhi gnas*). Um grau avançado de concentração meditativa no qual a estabilidade da atenção e a vivacidade foram desenvolvidas ao ponto de podermos nos engajar completamente no cultivo da visão, ou vipaśyanā.

sambhogakāya (sâns., tib. *longs spyod rdzogs pa'i sku*). O "corpo de deleite completo" de um ser iluminado, que é perceptível apenas para os āryabodhisattvas e budas. Ele é completo com os sinais e símbolos da iluminação (*ver verbete abaixo*), e está normalmente adornado com joias elaboradas e elegantes vestimentas.

saṃsāra (sâns., tib. *'khor ba*). O ciclo da existência, perpetuado pelo renascimento compulsivo devido ao poder das aflições mentais e do carma.

Saṅgha (tib. *dge 'dun*). Tecnicamente é a assembleia de āryas (aqueles que realizaram a vacuidade diretamente), mas de forma mais geral é a congregação dos praticantes budistas.

seres sencientes dos seis reinos (tib. *'gro drug*). Isto normalmente se refere aos seres nascidos em um dos seis domínios do reino do desejo, ou seja, deuses, asuras, humanos, animais, pretas e seres infernais.

siddha (sâns., tib. *sgrub thob*). Alguém que realizou um ou mais siddhis (*ver verbete abaixo*). Um grande siddha (ou *mahāsiddha*) é alguém que atingiu tanto as capacidades e realizações comuns quanto as supremas.

siddhi (sâns., tib. *dngos grub*). Uma capacidade ou realização sobrenatural. O siddhi supremo é a iluminação perfeita de um buda, enquanto os oito siddhis comuns incluem: (1) o siddhi dos reinos celestiais, a capacidade de habitar em reinos celestiais enquanto ainda vivo; (2) o siddhi da espada, a capacidade de vencer qualquer exército hostil; (3) o siddhi das pílulas medicinais, a capacidade de se tornar invisível ao segurar pílulas abençoadas em sua mão; (4) o siddhi dos pés velozes, pelo qual você pode andar ao redor de um lago em um instante ao calçar botas que abençoou; (5) o siddhi do vaso, pelo qual você pode criar um vaso que torna inexauríveis as coisas que colocar dentro dele, comida ou dinheiro, por exemplo; (6) o siddhi dos yakṣas, o poder de tornar os yakṣas seus servos; (7) o siddhi da ambrosia (sâns. amṛta), que lhe traz uma longevidade como a do sol e da lua, a força de um elefante e a beleza de um lótus, e o torna tão leve quanto o algodão sempre que você se levanta do seu assento; e (8) o siddhi do bálsamo da clarividência, que ao ser aplicado aos seus olhos permite ver coisas abaixo da terra, tais como tesouros e assim por diante.

sinal (tib. *mtshan ma*, sâns. *nimitta*). Um objeto apreendido pela mente conceitual.

sinais e símbolos da iluminação (tib. *mtshan dang dpe byad*). As trinta e duas marcas de excelência e oitenta símbolos de um supremo buda nirmāṇakāya.

sofrimento (tib. *sdug bsngal*, sâns. *duḥkha*). A natureza insatisfatória do saṃsāra, consistindo no sofrimento óbvio, o sofrimento da mudança e o sofrimento existencial.

śrāvaka (sâns., tib. *nyan thos*). *Lit.* "ouvinte", um(a) discípulo(a) do buda que está comprometido(a) com sua liberação individual ao seguir o caminho delineado pelo Buda.

Śrāvakayāna (sâns., tib. *nyan thos kyi theg pa*). O veículo espiritual dos śrāvakas, que é aperfeiçoado por meio da realização da ausência de identidade pessoal.

substancialismo (tib. *dngos por lta ba*). A visão de que os fenômenos existem por suas próprias naturezas inerentes, anteriores e independentes da designação conceitual.

substrato (tib. *kun gzhi*, sâns. *ālaya*). Um estado de vácuo imaterial, não-conceitual, experienciado no sono profundo e sem sonhos, quando desmaiamos, quando morremos e quando a mente se estabeleceu em seu estado natural a partir da realização de shamatha, na qual as aparências que surgem para a mente desapareceram. É a manifestação primária do espaço da consciência.

sugata (sâns., tib. *bde bar gshegs pa*). *Lit.* "aquele que se foi para a bem-aventurança", um epíteto de um buda, trazendo o sentido de alguém que partiu para a margem distante da liberação, satisfazendo as necessidades próprias e as dos outros ao alcançar a iluminação perfeita.

sugatagarbha (sâns., tib. *bde gshegs snying po*). A essência, ou útero, dos sugatas; sinônimo de "natureza búdica".

Sukhāvatī (sâns., tib. *bde ba can*). *Lit.* "terra da bem-aventurança", este é o campo búdico de Amitābha na direção oeste.

sūtra (sâns., tib. *mdo*). Discursos atribuídos ao Buda, mas não incluídos entre os tantras.

svabhāvikakāya (sâns., tib. *ngo bo nyid kyi sku*). A "corporificação natural" dos budas, que é a natureza única de dharmakāya, sambhogakāya e nirmāṇakāya.

talidade (tib. *de bzhin nyid*, sâns. *tathatā*). A realidade inefável da vacuidade; a natureza última de todos os fenômenos.

tantra (sâns., tib. *rgyud*). Uma linha ou continuum. Uma escritura pertencente à classe do budismo Vajrayāna, em contraste aos ensinamentos exotéricos dos sūtras. Muitas dessas escrituras são também atribuídas ao Buda histórico (como no caso do *Guhyasamāja* e *Kālacakra Tantras*) ou a emanações posteriores dos budas, tais como os que foram revelados a Düdjom Lingpa.

tathāgata (sâns., tib. *de bzhin gshegs pa*).

Lit. "aquele que se foi (ou alcançou) a talidade", um epíteto de um buda.

terma (tib. *gter ma*). Um "tesouro", ou texto ou objeto ocultos, que podem estar escondidos no solo, água, espaço ou mesmo no fluxo mental de um adepto, aguardando ser descobertos por um "revelador de tesouros" no momento mais propício. *Ver* tertön.

terras e caminhos (tib. *sa lam*, sâns. *Bhūmimārga*). Os estágios de realização e os caminhos que conduzem a eles. Há cinco caminhos sequenciais culminando na liberação de um śrāvaka, cinco culminando na liberação de um pratyekabuddha e cinco caminhos dos bodisatvas culminando na iluminação perfeita de um buda. De acordo com a tradição dos sutras, há dez terras dos āryabodhisattvas. Segundo a tradição da Grande Perfeição, há vinte terras dos āryabodhisattvas, seguidas pela culminância da vigésima primeira terra.

tertön (tib. *gter ston*). Um revelador de tesouros escondidos por grandes mestres da tradição da Grande Perfeição para o benefício das gerações futuras.

transferência (tib. *'pho ba*; sâns. *saṃkrānti*). Transferência de consciência de uma forma de existência para a próxima. Segundo a Grande Perfeição, a transferência insuperável é a realização do domínio prístino do espaço absoluto dos fenômenos, o sugatagarbha.

transição, fase de (tib. *bar do*, sâns. *antarabhāva*). Qualquer uma das seis fases de transição do viver, meditar, sonhar, morrer, da natureza verdadeira da realidade, e do vir a ser. *Ver também* período intermediário.

transição do vir a ser, fase de (tib. *srid pa bar do*). O período intermediário semelhante ao sonho que se segue imediatamente à fase de transição da natureza verdadeira da realidade e na qual o ser está em seu caminho para o próximo renascimento.

travessia direta (tib. *thod rgal*, sâns. *vyutkrāntaka*). A segunda das duas fases de prática da Grande Perfeição, que tem por propósito realizar as manifestações espontâneas do dharmakāya.

tulku (tib. *sprul sku*, sâns. *nirmāṇakāya*). Um ser realizado que está enraizado no caminho da iluminação, ou que já alcançou a iluminação e encarna para o benefício do mundo.

um só sabor (tib. *ro gcig*, sâns. *ekarasa*). (1) O terceiro dos quatro estágios da meditação Mahāmudrā. (2) A natureza vazia de todos os fenômenos do saṃsāra e do nirvāṇa: igualmente não-existentes, igualmente puros, naturalmente surgidos da expansão da base e não estabelecidos como qualquer outra coisa.

vacuidade (tib. *stong pa nyid*, sâns. *śūnyatā*). A ausência de existência verdadeira, inerente com relação a todos os fenômenos. A própria vacuidade não deve ser reificada.

vajra (sâns., tib. *rdo rje*). Um símbolo da realidade absoluta, com os sete atributos de invulnerabilidade, indestrutibilidade, realidade, incorruptibilidade, estabilidade, estado de desobstrução e invencibilidade. Também, no Vajrayāna, os "três vajras" podem se referir ao corpo, fala e mente de um ser iluminado, ou às vibrações sutis do mantra que são sua fonte.

vajrakāya (tib. *rdo rje sku*). *Lit.* "corporificação vajra", um termo geralmente combinado com corpo de arco-íris da grande transferência. Ele enfatiza a indestrutibilidade e incorruptibilidade de tal corporificação – o fato de que nunca mais ele passará por uma transferência de consciência –, enquanto corpo de arco-íris enfatiza sua aparência ilusória como luz de cinco cores. *Ver* corpo de arco-íris da grande transferência.

Vajrayāna (sâns., tib. *rdo rje'i theg pa*). O veículo dos ensinamentos e práticas budistas esotéricos que têm por objetivo conduzir alguém rapidamente ao estado iluminado.

vāyu (sâns., tib. *rlung*). Normalmente refere-se a uma ou todas as cinco energias sutis primárias ou cinco secundárias que correm pelo corpo de um ser humano na condição original. O termo *prāṇa-vāyu* às vezes refere-se especificamente a apenas uma das cinco energias primárias, a "energia vital da força da vida" (tib. *srog 'dzin gyi rlung*), apesar de a palavra *prāṇa*, isoladamente, também poder ser usada de forma mais genérica.

vipaśyanā (sâns., tib. *lhag mthong*). *Lit.* "visão superior", visão contemplativa dos aspectos fundamentais da realidade, tais como impermanência, sofrimento, ausência de identidades e vacuidade.

vīra (sâns., tib. *dpa' bo*). *Lit.* "ser heroico", alguém que demonstra grande coragem ao não sucumbir às aflições mentais e ao se esforçar diligentemente na prática espiritual. Um bodisatva masculino altamente realizado que se manifesta no mundo para servir os seres sencientes.

yakṣa (sâns., tib. *gnod sbyin*). Uma das oito classes de seres arrogantes, não-humanos, que geram prejuízos aos seres humanos.

yāna (sâns., tib. *theg pa*). Um veículo para a prática espiritual que conduz a graus variáveis de liberação espiritual e iluminação.

yidam (tib. *yi dam*, sâns. *iṣṭadevatā*). *Ver* deidade pessoal.

yoga (sâns., tib. *rnal 'byor*). *Lit.* "união", uma prática meditativa envolvendo corpo e mente.

yoguine (sâns., tib. *rnal 'byor ma*). Uma mulher que é realizada na prática de yoga.

Bibliografia

Texto-raiz

Düdjom Lingpa. *A Essência Vajra: da matriz de aparências puras e consciência primordial, um tantra sobre a natureza autoemergente da existência. Dag snang ye shes drwa ba las gnas lugs rang byung gi rgyud rdorje'i snying po*. Volume 17 de *Obras Reunidas dos Grandes Tesouros Emanados, os Tesouros Profundos e Secretos de Düdjom Lingpa*, 48–85. Thimpu, Butão: Lama Kuenzang Wangdue, 2004. (Buddhist Digital Resource Center W28732.)

Citações

Abi-Rached, Joelle M. e Nikolas Rose. "The birth of the neuromolecular gaze." *History of the human sciences* 23, nº 1 (2010): 11–36.

Amanzio, Martina e Fabrizio Benedetti. "Neuropharmacological dissection of placebo analgesia: expectation-activated opioid systems versus conditioning-activated specific subsystems". *Journal of Neuroscience* 19, nº 1 (1999): 484–94.

"Atomic education urged by Einstein." *New York Times*, 25/05/1946.

Bacon, Francis. "Idols which beset man's mind." http://www.sirbacon.org/baconidols.htm.

Bailey, Lee W. "A 'little death': the near-death experience and Tibetan delogs." *Journal of Near-Death Studies* 19, nº 3 (2001): 139–59.

Ball, Philip. "We might live in a computer program, but it may not matter." *BBC Earth*, 05/09/2016.

Barrow, John D., Paul C. W. Davies e Charles L. Harper, Jr., eds. *Science and ultimate reality: quantum theory, cosmology, and complexity*. Cambridge: Cambridge University Press, 2004.

Bates, Marcia. "Fundamental forms of information." *Journal of the AmericanSociety for Information and Technology* 57, nº 8 (2006): 1033–45.

Begley, Sharon. *Train your mind, change your brain: how a new sciencereveals our extraordinary potential to transform ourselves*. Nova York: Ballantine Books, 2007.

Barsky, Robert F. *Noam Chomsky: a life of dissent*. Cambridge: MIT Press, 1998.

Bitbol, M. e C. Petitmengin. "On the possibility and reality of introspection." *Mind and Matter* 14, nº 1 (2016): 51–75.

Bojowald, Martin. "Cosmology: unique or not unique?" *Nature* 442 (31/08/2006): 988–90.

Boorstin, Daniel J. *The discoverers: a history of man's search to know hisworld and himself*. Nova York: Vintage Books, 1985.

Brukner, **Časlav** e Anton Zeilinger. "Information and fundamental elements of the structure of quantum theory." In *Time, quantum and information*, editado por Lutz Castell e Otfried Ischebeck, 323–55. Berlim: Springer-Verlag, 2003.

Caird, Edward. *Hegel*. Edimburgo: W. Blackwood, 1883.

Carroll, Sean. *The big picture: on the origins of life, meaning, and the Universe itself*. Nova York: Dutton, 2016.

Ceballos, Gerardo, Paul. R. Ehrlich e Rodolfo Dirzo. "Biological annihilation via the ongoing sixth mass extinction signaled by vertebrate population losses and declines." *Proceedings of the National*

Academy of Sciences 114, nº 30 (2017): doi:10.1073/pnas.1704949114: http://www.pnas.org/content/early/2017/07/05/1704949114.full.

Chagmé, Karma. *O grande comentário* [de *Mi'gyur rdo rje*] *estado búdico na palma de sua mão* (*Sangs rgyas lag 'chang gi 'grel chen*). Bylakuppe, Índia: Monastério Nova Yorkingmapa, data desconhecida.

_____. *Naked awareness: practical instructions on the union of Mahāmudrā and Dzogchen*. Comentário por Gyatrul Rinpoche. Traduzido por B. Alan Wallace. Ithaca, Nova York: Snow Lion Publications, 2000.

_____. *A spacious path to freedom*. Comentário por Gyatrul Rinpoche. Traduzido por B. Alan Wallace. Ithaca, Nova York: Snow Lion Publications, 2009.

Chökyi Gyatso, Lozang Do-ngak. "Oral instructions of the wise." In Wallace, *Open mind*, 209–24.

Cole, K. C. *The hole in the Universe: how scientists peered over the edge of emptiness and found everything*. Nova York: Harcourt, 2001.

Danziger, Kurt. "The history of introspection reconsidered." *Journal of the History of the Behavioral Sciences* 16 (1980): 241–62.

Davies, Paul C. W. "An overview of the contributions of John Archibald Wheeler." In Barrow, Davies e Harper, *Science and ultimate reality*, 3–25.

_____. "That mysterious flow." *Scientific American* 16, nº 1 (2006): 6–11.

De Lange, Catherine. "The fragility of you and what it says about consciousness." In *Untold story*, 26/07/2017, https://www.newscientist.com/article/mg23531360-600-the-fragility-of-you-and-what-it-says-about-consciousness/.

Delog Dawa Drolma. *Delog: journey to realms beyond death*. Traduzido por Richard Barron (Chökyi Nova Yorkima) com Sua Eminência Chagdud Tulku Rinpoche. Junction City, CA: Padma Publishing, 1995.

Düdjom Lingpa. *A clear mirror: the visionary autobiography of a Tibetan master*. Traduzido por Chöi Drolma. Hong Kong: Rangjung Yeshe Publications, 2011.

_____. *Heart of the Great Perfection*. Vol. 1 de *Düdjom Lingpa's Visions of the Great Perfection*. 3 vols. Prefácio por Sogyal Rinpoche. Traduzido por B. Alan Wallace. Editado por Dion Blundell. Boston: Wisdom Publications, 2015.

_____. *Buddhahood without meditation*. Vol. 2 de *Düdjom Lingpa's Visions of the Great Perfection*. 3 vols. Prefácio por Sogyal Rinpoche. Traduzido por B. Alan Wallace. Editado por Dion Blundell. Boston: Wisdom Publications, 2015.

_____. *The Vajra Essence*. Vol. 3 de *Düdjom Lingpa's Visions of the Great Perfection*. 3 vols. Prefácio por Sogyal Rinpoche. Traduzido por B. Alan Wallace. Editado por Dion Blundell. Boston: Wisdom Publications, 2015.

Ellis, George F. R. "True complexity and its associated ontology." In Barrow, Davies e Harper, *Science and ultimate reality*, 607–36.

Everett, Hugh. "Short article." *Reviews of Modern Physics* 29 (1957): 454.

Feuerbach, Ludwig. *The essence of christianity*. Traduzido por Marian Evans. Nova York: Calvin Blanchard, 1855.

Feynman, Richard P. *The character of physical law*. Cambridge: MIT Press, 1967.

Feynman, R. P., R. B. Leighton e M. Sands. *The Feynman lectures on physics*. vol. 1. Reading, MA: Addison-Wesley, 1963.

Finkelstein, David Ritz. "Emptiness and relativity." In Wallace, *Buddhism and science*, 365–84.

French, Christopher C. "Near-death experiences in cardiac arrest survivors." In *Progress in brain research*, vol. 150, editado por Steven Laureys, 351–67. Amsterdã: Elsevier Science, 2005.

Freud, Sigmund. "The future of an illusion" [1927]. In *Mass psychology and other writings*, traduzido por J. A. Underwood, 107–64. Londres: Penguin Books, 2004.

Fuchs, Christopher A., N. David Mermin e Rüdiger Schack. "An introduction to QBism with an application to the locality of quantum mechanics." *American Journal of Physics* 82, nº 8 (2014): 749–54.

Fuente-Fernández, Raúl de la et al. "Expectation and dopamine release: mechanism of the placebo effect in Parkinson's Disease." *Science* 293, nº 5532 (2001): 1164–66.

Galileo Galilei. *Le opere di Galileo Galilei*. Editado por Antonio Favaro. 20 vols. Florença: Barbera, 1890–1909.

Gefter, Amanda. "A private view of quantum reality." *Quanta Magazine*, 04/06/2015, https://www.quantamagazine.org/20150604-quantum-bayesianism-qbism.

Gen Lamrimpa. *Realizing emptiness: Madhyamaka insight meditation*. Traduzido por B. Alan Wallace. Ithaca, Nova York: Snow Lion Publications, 2002.

Genz, Henning. *Nothingness: the science of empty space*. Traduzido por KarinHeusch. Cambridge, MA: Perseus Books, 1999.

Geshe Lundrup Sopa et al. *The wheel of time: the Kalachakra in context*. Ithaca, Nova York: Snow Lion Publications, 1991.

Gould, Stephen Jay. *Ever since Darwin: reflections in natural history* [1980]. Nova York: W. W. Norton, 1992.

_____. *Rocks of ages: science and religion in the fullness of life*. Nova York: Ballantine, 1999.

Graziano, Michael S. A. "Are we really conscious?" *New York Times*, 10/10/2014, https://www.Nova Yorktimes.com/2014/10/12/opinion/sunday/are-we-really-conscious.html.

Greyson, Bruce. "The near-death experience scale: construction, reliability, and validity." *Journal of Nervous and Mental Disease* 171, nº 6 (1983): 369–75.

Harrington, Anne, ed. *The placebo effect: an interdisciplinary exploration*. Cambridge: Harvard University Press, 1997.

Harvey, Peter. *The selfless mind: personality, time, consciousness and nirvana in early buddhism*. Surrey, Inglaterra: Curzon Press, 1995.

Hawking, Stephen. "Interview with Ken Campbell." *Reality on the rocks: Beyond Our Ken*, transmitido em 26/02/1995.

_____. "10 questions for Stephen Hawking." *Time*, 15/11/2010, http://content.time.com/time/magazine/article/0,9171,2029483,00.html.

Hawking, S. W. e Thomas Hertog. "Populating the landscape: a topdown approach." *Physical Review D* 73, nº 12 (2006): 123527-1-9.

Heisenberg, Werner. *Physics and philosophy: the revolution in modern science*. Nova York: Harper & Row, 1962.

Henry, Richard Conn. "The mental universe." *Nature* 436 (07/07/2005): 29.

Hoffman, Donald. "Do we see reality as it is?" 11/06/2015. https://www.ted.com/talks/donald_hoffman_do_we_see_reality_as_it_is/transcript?language=en.

Houshmand, Zara, Robert B. Livingston e B. Alan Wallace, eds. *Consciousness at the crossroads: conversations with the Dalai Lama on brain science and buddhism*. Traduções por Geshe Thubten Jinpa e B. Alan Wallace. Ithaca, Nova York: Snow Lion Publications, 1999.

Huxley, Thomas H. *The elements of physiology and hygiene: a text-book for educational institutions*. Nova York: D. Appleton & Co., 1868.

_____. "Materialism and idealism." In *Collected Essays*, vol. 1, *Methods and Results*. Nova York: Cambridge University Press, 2011. http://www.bartleby.com/library/prose/2766.html.

_____. "On the physical basis of life." *Fortnightly Review* 5 (1868).

_____. "Science and 'church policy'." *The Reader*, dezembro de 1864.

_____. "Science and religion." *The Builder* 17 (janeiro de 1859).

James, William. "A plea for psychology as a 'natural science'." *The Philosophical Review* 1, nº 2 (1892): 146–53.

_____. *A pluralistic universe* [1909]. Cambridge: Harvard University Press, 1977.

_____. *The principles of psychology*. 2 vols. Nova York: Dover Publications, 1950.

_____. *The varieties of religious experience: a study in human nature* [1902]. Nova York: Penguin, 1985.

Kaku, Michio. "Consciousness can be quantified." 13/04/2015. https://www.youtube.com/watch?v=0GS-2rxROcPo&feature=youtu.be.

Kandel, Eric R. "The new science of mind." *New York Times*, 06/09/2013, http://www.newyorktimes.com/2013/09/08/opinion/sunday/the-new-science-of-mind.html.

_____. "The origins of modern neuroscience." *Annual Review of Neuroscience* 5 (1982): 299–303.

Kelly, Edward F., Emily Williams Kelly, Adam Crabtree, Alan Gauld, Michael Grosso e Bruce Greyson. *Irreducible mind: toward a psychology for the 21st century*. Lanham, MD: Rowman & Littlefield, 2007.

Kirsch, Irving. "Conditioning, expectancy, and the placebo effect: comment on Stewart-Williams and Podd (2004)." *Psychological Bulletin* 130, nº 2 (2004): 341–43.

Koch, Cristof. *The quest for consciousness: a neurobiological approach*. Englewood, CO: Roberts and Company. Nova York Publishers, 2004.

LaBerge, Stephen e Howard Rheingold. *Exploring the world of lucid dreaming*. Nova York: Ballantine Books, 1990.

Lerab Lingpa. "The vital essence of primordial consciousness." Em Wallace, *Open mind*, 3–120.

Lewin, Roger. "Is your brain really necessary?" *Science* 210 (12/12/1980): 1232–34.

Linde, Andrei. "Inflation, quantum cosmology and the anthropic principle." In Barrow, Davies, e Harper, *Science and ultimate reality*, 426–58.

LiveScience Staff. "Girl sees fine with half a brain." *LiveScience.com*, 27/07/2009, http://www.livescience.com/health/090727-one-eye-vision.html.

Lozang Chökyi Gyaltsen. *Collected works (Gsung 'bum) of Blo bzang chos kyi rgyal mtshan, the 1st Paṇchen Lama, reproduced from tracings from prints of the Bkar shis lhun po Blocks*. Nova Delhi: Lama Mongol Gurudeva, 1973. Também publicado como *The autobiography of the first Paṇchen Lama Blo bzang chos kyi rgyal mtshan*. Nova Delhi: Ngawang Gelek Demo, 1969.

Ma, Xiao-song et al. "Experimental delayed-choice entanglement swapping." *Nature Physics* 8, nº 6 (2012): 479–84.

Mermin, David N. "Physics: QBism puts the scientist back into science." *Nature* 507, nº 7493 (2014): 421–23.

Muckli, Lars et al. "Bilateral visual field maps in a patient with only one hemisphere." *PNAS* 106, nº 31 (2009): 13034–39, doi:10.1073/pnas.0809688106.

Nagel, Thomas. *The view from nowhere.* Nova York: Oxford University Press, 1986.

Ñāṇamoli, Bhikkhu e Bhikkhu Bodhi, trans. *The middle length discourses of the Buddha: a translation of the Majjhima Nikāya.* Boston: Wisdom Publications, 1995.

Nyanaponika Thera. *The heart of buddhist meditation: Satipaṭṭhāna.* São Francisco: Red Wheel/Weiser, 1996.

Padmasambhava e Karma Lingpa. *The Tibetan book of the dead: liberation through understanding in the between.* Traduzido por Robert A. F. Thurman. Nova York: Bantam Books, 1994.

Padmasambhava. *Natural liberation: Padmasambhava's teachings on the six bardos.* Comentário por Gyatrul Rinpoche. Traduzido por B. Alan Wallace. Boston: Wisdom Publications, 2015.

Pema Tashi. *Essence of clear meaning: a short commentary on the "Sharp Vajra of Conscious Awareness Tantra".* In Düdjom Lingpa, *Heart of the Great Perfection*, 39–138.

Petersen, Aage. "The philosophy of Niels Bohr." *Bulletin of the Atomic Scientists* 19, nº 7 (1963): 8–14.

Petitmengin, Claire. "Describing one's subjective experience in the second person: an interview method for the science of consciousness." *Phenom. Cogn. Sci.* 5 (2006): 229–69.

Petitmengin, C., A. Remillieux, B. Cahour e S. Carter-Thomas. "A gap in Nisbett and Wilson's findings? A first-person access to our cognitive processes." *Consciousness and Cognition* 22, nº 2 (2013): 654–69.

Probability and uncertainty: the quantum mechanical view of nature. Dirigido por Richard P. Feynman. Produzido por British Broadcasting Corp. Television, Londres, 18/11/1964, http://www.richard-feynman.net/videos.htm.

Putnam, Hilary. *Realism with a human face.* Editado por James Conant. Cambridge: Harvard University Press, 1990.

Rosenberg, Alex. *The atheist's guide to reality: enjoying life without illusions.* Nova York: W. W. Norton, 2011.

_____. "Why you don't know your own mind." *New York Times*, 18/07/2016, http://www.Nova York-times.com/2016/07/18/opinion/why-you-dont-know-your-own-mind.html.

Śāntarakṣita. *Tattvasaṃgraha.* Editado por D. Shastri. Varanasi, India: Bauddhabharati, 1968.

Śāntideva. *A guide to the bodhisattva way of life: Bodhicaryāvatāra.* Traduzido por Vesna A. Wallace e B. Alan Wallace. Ithaca, Nova York: Snow Lion Publications, 1997.

Searle, John R. *Consciousness and language.* Cambridge: Cambridge University Press, 2002.

_____. *Mind: a brief introduction.* Nova York: Oxford University Press, 2004.

_____. *The rediscovery of the mind.* Cambridge: MIT Press, 1994.

Shabkar Tsogdruk Rangdrol. *The life of Shabkar: the autobiography of a Tibetan yogi.* Prefácio por Sua Santidade o Dalai Lama. Traduzido do tibetano por Matthieu Ricard, Jakob Leschley, Erik Schmidt, Marilyn Silverstone e Lodrö Palmo. Editado por Constance Wilkinson, com Michal Abrams e outros membros do Padmakara Translation Group. Ithaca, Nova York: Snow Lion Publications, 2001.

Shar Khentrul Jamphel Lodrö. *Demystifying Shambhala: the profound and secret nature that is the perfection of peace and harmony as revealed by the Jonang tradition of Kalachakra.* Belgrave, Austrália: Tibetan Buddhist Rimé Institute, 2016.

Singh, Simon. *Fermat's last theorem: the story of a riddle that confounded the world's greatest minds for 358 years*. Londres: Fourth Estate, 1997.

Skinner, B. F. *About behaviorism*. Nova York: Alfred A. Knopf, 1974.

_____. *Science and human behavior*. Nova York: Macmillan, 1953.

Steering Committee on Science and Creationism. "Science and creationism: a view from the National Academy of Sciences." Washington, DC: NAS Press, 1999.

Stewart, Ian. *Concepts of modern mathematics*. Nova York: Dover Publications, 1995.

Sua Santidade o Dalai Lama. *The universe in a single atom: the convergence of science and spirituality*. Nova York: Morgan Road Books, 2005.

Susskind, Leonard. "The world as a hologram." SU-ITP-94-33, setembro de 1994, arXiv:hep-th/9409089.

Titchener, Edward B. *Experimental psychology: a manual of laboratory practice*. Nova York: Macmillan, 1901-5.

_____. *A primer of psychology*. Edição revisada. Nova York: Macmillan, 1899.

Tsongkhapa. *The great treatise on the stages of the path to enlightenment (Lam rim chen mo)*. vol. 3. Traduzido por The Lamrim Chenmo Translation Committee. Ithaca, Nova York: Snow Lion Publications, 2002.

_____. *Illumination of the true thought: an extensive explanation of "Entering the Middle Way"* (tib. *Dbu ma la 'jug pa'i rgya cher bshad pa dgongs pa rab gsal*). No vol. *ma* da edição em blocos de madeira de Tashi Lhunpo de *Collected Works of the Lord* (*Rje'i gsung 'bum*). Dharamsala, Índia: Sherig Parkhang, 1997.

Tsultrim Zangpo. "An ornament of the enlightened view of Samantabhadra." In Wallace, *Open mind*, 159-208.

Van Lommel, Pim. *Consciousness beyond life: the science of near-death experience*. Nova York: HarperOne, 2010.

Von Baeyer, Hans Christian. *QBism: the future of quantum physics*. Cambridge: Harvard University Press, 2016.

Wall, Patrick David. "Pain and the placebo response." In *Experimental and theoretical studies of consciousness*, editado por G. R. Bock e J. Marsh, 187-211. Chichester, Reino Unido: John Wiley & Sons, 1993.

Wallace, B. Alan. *The attention revolution: unlocking the power of the focused mind*. Boston: Wisdom Publications, 2006.

_____. *Balancing the mind: a Tibetan buddhist approach to refining attention*. Ithaca, Nova York: Snow Lion Publications, 2005.

_____, ed. *Buddhism and science: breaking new ground*. Nova York: Columbia University Press, 2003.

_____. *Budismo com atitude: o treinamento tibetano da mente em sete pontos*. Teresópolis, RJ: Lúcida Letra, 2017.

_____. *Choosing reality: a buddhist view of physics and the mind*. Ithaca, Nova York: Snow Lion Publications, 1996.

_____. *Dreaming yourself awake: lucid dreaming and Tibetan dream yoga for insight and transformation*. Boston: Shambhala Publications, 2012.

_____. "A general theory of ontological relativity." In Wallace, *Hidden dimensions: the unification of physics and consciousness*, 70-84. Nova York: Columbia University Press, 2007.

_____. *Minding closely: the four applications of mindfulness*. Ithaca, Nova York: Snow Lion Publications, 2011.

_____, trad. *Open mind: view and meditation in the lineage of Lerab Lingpa*. Boston: Wisdom Publications, 2017.

_____. *Aquietando a mente: ensinamentos sobre shamatha, segundo a Essência Vajra de Düdjom Lingpa*. Teresópolis, RJ: Lúcida Letra, 2014.

_____. *The taboo of subjectivity: toward a new science of consciousness*. Oxford: Oxford University Press, 2000.

_____. "Vacuum states of consciousness: a Tibetan buddhist view." In *Buddhist thought and applied psychological research: transcending the boundaries*, editado por D. K. Nauriyal, 112–21. Londres: Routledge, 2006.

Walshe, Maurice, trad. *The long discourses of the Buddha: a translation of the Dīgha Nikāya*. Boston: Wisdom Publications, 1995.

Watson, John B. "Psychology as the behaviorist views it." *Psych. Rev.* 20 (1913): 158–77.

_____. *Psychology from the standpoint of a behaviorist*. Londres: Frances Pinter, 1983.

Wegner, Daniel M. *The illusion of conscious will*. Cambridge: MIT Press, 2003.

Weinberg, Steven. *Dreams of a final theory: the scientist's search for the ultimate laws of nature*. Nova York: Vintage Books, 1992.

_____. *The first three minutes: a modern view of the origin of the universe*. Nova York: Basic Books, 1993.

Weragoda Sarada Maha Thero. *Treasury of truth: illustrated Dhammapada*. Taipé, Taiwan: The Corporate Body of the Buddha Education Foundation, 1993.

Wheeler, John Archibald. "Law without law." In *Quantum theory and measurement*, editado por John Archibald Wheeler e Wojciech Hubert Zurek, 182–213. Princeton, NJ: Princeton University Press, 1983.

Wiener, Norbert. *Cybernetics: or control and communication in the animal and the machine* [1948]. Cambridge: MIT Press, 1961.

Yin, Juan, et al. "Bounding the speed of 'Spooky Action at a Distance'." *Phys. Rev. Lett.* 110, nº 26 (2013): http://arxiv.org/abs/1303.0614.

The yogis of Tibet: a film for posterity. Dirigido por Jeffrey M. Pill. JEHM Films, 2002.

Zajonc, Arthur, ed. *The new physics and cosmology: dialogues with the Dalai Lama*. Nova York: Oxford University Press, 2004.

Zajonc, Arthur e Anne Harrington, eds. *Investigating the mind: The Dalai Lama at MIT*. Cambridge: Harvard University Press, 2006.

Sobre o autor

B. Alan Wallace iniciou seus estudos de budismo, língua e cultura tibetanos em 1970, na Universidade de Göttingen, Alemanha. Continuou os seus estudos durante os catorze anos seguintes, na Índia, na Suíça e nos Estados Unidos. Ordenado monge budista por S.S. Dalai Lama, em 1975, ele vem ensinando meditação e filosofia budistas por todo o mundo desde 1976, e serviu como intérprete para diversos eruditos e contemplativos tibetanos, incluindo o Dalai Lama. Depois de se graduar *summa cum laude* no Amherst College, onde estudou Física e Filosofia da Ciência, ele devolveu os seus votos monásticos e prosseguiu para obter o seu ph.D. em estudos religiosos, na Universidade de Stanford. Lecionou por quatro anos no Departamento de Estudos Religiosos da Universidade da Califórnia, em Santa Barbara, e hoje é o fundador e presidente do Instituto Santa Barbara para Estudos da Consciência (http://sbinstitute.com). Ele também é diretor e presidente da Academia Internacional de Phuket, um Centro de Pesquisas da Mente (thanyapura.com/mind-centre) na Tailândia, onde conduz retiros de meditação. Editou, traduziu, escreveu e contribuiu com mais de 40 livros sobre budismo tibetano, medicina, linguagem, cultura e as trocas entre ciência e religião.

O selo eureciclo faz a compensação ambiental das embalagens usadas pela Editora Lúcida Letra.

Que muitos seres sejam beneficiados.

Para mais informações sobre lançamentos da Lúcida Letra, cadastre-se em www.lucidaletra.com.br

Impresso na gráfica Vozes sobre papel Avena 80g.
Este livro foi composto em DGP e Neutra Sans.
Janeiro 2021.